中原文化集萃

王明贵 主编

河南人民出版社

图书在版编目(CIP)数据

中原文化集萃／王明贵主编. 2版. —郑州:河南人民出版社,2012.8
ISBN 978-7-215-07282-4

Ⅰ.①中… Ⅱ.①王… Ⅲ.①文化史－研究－河南省 Ⅳ.①K296.1

中国版本图书馆 CIP 数据核字(2010)第 153555 号

河南人民出版社出版发行
(地址:郑州市经五路66号 邮政编码:450002 电话:65788051)
新华书店经销 中国人民解放军测绘学院印刷厂印刷
开本 710毫米×1000毫米 1/16 印张 22.25
字数 300 千字
2012年8月第2版 2012年8月第1次印刷

定价:38.00 元

序　言

"文化是民族的血脉，是人民的精神家园。"文化作为一种精神力量，在人们认识世界的过程中转化为物质力量，是社会进步和经济发展的重要推动力，人类历史上任何一个昌盛时期、每一项文明创举，无不展现出文化的巨大张力与韧性。文化又是一个国家综合实力的物质彰显，是增强民族生命力、凝聚力、创造力的力量源泉，在当今世界的文明冲突中，谁占据了文化发展制高点，拥有了强大文化软实力，谁就能够在激烈的国际竞争中赢得主动。

中华文化源远流长、博大精深，积淀着中华民族的深厚追求，是中华民族生生不息、团结奋进的不竭动力，是发展中国特色社会主义文化的深厚基础。正确地认识自身的文化传统，彰显我们的文化特色和优势，中华文化才能更好地走向世界，屹立于世界民族之林。

清代学者张澍说过："参天之木，必有其根；怀山之水，必有其源，是谓'寻根'；草木祖根，山祖昆仑，江河祖海，是谓'问祖'。"任何一种文化的发展和复兴，都依赖于在既有文化传统基础上的传承和创新。离开了传统，割断了血脉，文化的延续就会迷失自我和失去根本。因此，考察和研究传统文化，探寻现代文化的"根"与"祖"，是加强文化建设的一个重要方面。

回顾历史的轨迹，追根溯源，炎黄子孙的始祖诞生在黄河中下游流域,华夏文明的根脉源头在中原。中原地区是中华文明发端的历史摇篮,中原文化在华夏文明形成进程中具有母体和中心地位。辉煌灿烂的古代中原文化,以其"深、厚、重、实"的显著特点,引领中华文明数千年,照亮了中华民族历史的天空。早在史前时代,中原就是华夏文明孕育形成的核心地带,是中华民族文明史的起点。考古发现,从距今8000年的裴李岗文化开始,经历距今7000年的仰韶文化、距今5000年的龙山文化、距今4000年的二里头文化的洗礼,发展到二里岗文化、安阳殷墟遗址和甲骨文化,中原的祖先创造和引领了辉煌的农业文明,创立了最早的汉语文字体系,建造了中国最早的城市。"盘古开天"、"女娲造人"、"神农尝百草"、"愚公移山"等神话诉说着中原早期文明的悠久历史。至今在嵩山中岳庙中尚有"岳立天中"碑,一个"中"字,标志着中原地区成为中国古代文明的制高点。遥望历史的星空,圣贤荟萃中原。困于忧思,增演八卦,周文王在汤阴羑里城"拘而演周易";东来紫气,骑牛西行,老子函谷关前留下五千言《道德经》;周游列国,劝行仁政,孔子诲人不倦,开创儒学;白马驮经,佛学东渐,天竺僧人白马寺译出了第一部汉文佛经《四十二章经》。老庄哲学、汉代经学、魏晋玄学、宋明理学、佛教文化、易学文化等中国传统文化中主流意识形态,都在中原地带形成或兴盛。可以形象地说,中原,是中国人的精神家园,是中华之源、中国之源。没有中原文化,我们都会失去回家的路,我们的灵魂将无所皈依。

中原文化是五千年中华文明的缩影,反映了中华文明发展的历史轨迹,折射着中国历史发展的脉络。透过中原文化可以从总体上认识中国社会和中原的历史发展,并从中总结出社会前进的有益借鉴。与此同时,中原文化的圣贤们发现并阐发的许多精辟思想,至今仍闪烁着真理的光芒,具有重要的世界观和方法论意义。

文化是根,文化是魂,文化是力,文化是效。文化在科学发展进程中,在中国特色社会主义建设进程中,在社会主义核心价值体系建设进程中,都发挥着重要的作用。在当今社会主义文化大发展大繁荣的时代呼唤下,《国务院关于支持河南省加快建设中原经济区的指导意见》对河南的战略定位之一,就是建设华夏历史文明传承创新区。华夏历史文明传承创新区的历史定位,承载着中央对河南繁荣发展历史文化的重托。依托深厚的中原文化积淀,创新区浓聚了中原文化的厚重,挖掘潜力,打造特色,涌现出一批响亮的文化品牌。这里有洛阳龙门石窟、安阳殷墟、登封"天地之中"历史建筑群等3处世界文化遗产,有上千处国家级、省级重点文物景点,馆藏文物180多万件,河南地下文物居全国第一位,地上文物居全国第二位,馆藏文物占全国八分之一。在中国八大古都中,河南有洛阳、安阳、郑州和开封,独占其四。在圣贤、姓氏、汉字、武术、宗教、戏曲、诗文、民俗等历史文化领域均有深厚的历史传承和发展,还有大量的非物质文化遗产。至今,河南文化仍完整地保留着中华民族的基因。河南就是一个天然的、活态的、立体的、具有鲜明历史年代标志的中华文化博物馆。凭借这种优势,为文化资源大省向文化强省转变探路,是河南肩负的使命,也是"华夏历史文明传承创新区"现实定位的独特内涵。

弘扬中原文化,做好传承与创新这两篇大文章,既是建设华夏历史文明传承创新区的重要途径,也是传播优秀传统文化的现实需求。应时代发展而生,《中原文化集萃》得以修订再版。这本书最大的亮点在于,它以中华民族沉淀的文化精髓为导引,追溯中华文明的"根"和"源",并以其独特方式诠释中原文化的厚重和久远,为我们了解中原文化乃至中华文明提供了一个有价值的文化窗口。作者着重从民间民俗文化出发,多角度、多层次地系统梳理了中原文化的历史渊源、发展演变、传说典故、圣贤名人等,将中原文化有形的文化基因、散碎的文化现象串成链条,形成了研究深入、展现通俗的这么一本读物。书中介绍的图腾、姓氏、养德、武术等文化风俗,为广大群众感同身受、耳熟能详,具有文化普及作用。难能可贵的是,作者还着眼于中原文化的发展创新,把其精神内涵收入书中,如焦裕禄精神、红旗渠精神等,使古与今、历史与现实有机融合,体现了取其精华、去其糟粕,立足现实、古为今用的眼界思路,相信对读者会有裨益和启迪。

2012 年 8 月 1 日

(娄源功,教授,博士生导师,河南省优秀专家,世界大学校长联合会(IAUP)东北亚分会主席,河南省技术经济协会会长,现任河南大学校长。)

目 录

绪 论 ·· 1

第一节 中原文化的内涵 ·· 2
　一、中原文化的概念 ·· 2
　二、中原文化的基本内容 ·· 4
第二节 中原文化的地位 ·· 6
　一、中原文化是中华文明的源头 ······································· 7
　二、中原文化是中华文明的主干 ······································· 8
第三节 中原文化的特色 ·· 10
　一、精忠报国——中原文化的脊骨 ···································· 10
　二、亲民从善——中原文化的精髓 ···································· 11
　三、天地和合——中原文化的内核 ···································· 12
　四、革故鼎新——中原文化的生命 ···································· 14
第四节 中原文化的作用 ·· 15
　一、认知作用 ··· 15
　二、感化作用 ··· 16
　三、凝聚作用 ··· 17

四、引领作用 ……………………………………………… 18

　　五、激励作用 ……………………………………………… 19

第一章　龙的传人——中原图腾文化 …………………………… 21

第一节　龙——汉民族的智慧图腾 ……………………………… 21

　　一、什么是图腾 …………………………………………… 22

　　二、我国的图腾研究 ……………………………………… 23

　　三、龙图腾溯源 …………………………………………… 24

　　四、河南是龙文化重要发祥地 …………………………… 26

第二节　中原人文始祖崇拜 ……………………………………… 28

　　一、盘古崇拜 ……………………………………………… 29

　　二、伏羲崇拜 ……………………………………………… 31

　　三、女娲崇拜 ……………………………………………… 33

　　四、"真图腾活化石" ……………………………………… 35

第三节　世代相传的中原门神文化 ……………………………… 37

　　一、捉鬼钟馗 ……………………………………………… 38

　　二、福禄寿三星 …………………………………………… 39

　　三、和合二仙 ……………………………………………… 42

　　四、灶王爷门神 …………………………………………… 44

　　五、牛王爷、马王爷 ……………………………………… 45

第二章　请问您贵姓——中原姓氏文化 ………………………… 48

第一节　中国姓氏渊源 …………………………………………… 49

　　一、古代的姓与氏 ………………………………………… 49

　　二、姓氏的演变 …………………………………………… 51

第二节　根在中原 ………………………………………………… 54

　　一、源于中原的黄帝传说 ………………………………… 54

　　二、中华民族姓氏的根在中原 …………………………… 56

第三节　中原姓氏寻根活动 ·· 59
一、源于中原的十大姓氏 ·· 59
二、中原第一侨乡 ·· 68
三、滑县白马城 ·· 70
四、微子祠宋氏寻根 ·· 71
五、信阳潢川黄姓寻根 ·· 72
六、卫辉林姓寻根 ·· 73

第三章　一片甲骨惊世界——中原汉字文化 ·················· 75

第一节　汉字的起源 ·· 75
一、仓颉造字 ·· 75
二、甲骨文 ·· 79

第二节　汉字的发展 ·· 81
一、篆书 ·· 81
二、隶书 ·· 84
三、草书 ·· 86
四、楷书 ·· 87
五、行书 ·· 88

第三节　汉字的魅力 ·· 91
一、汉字以其独有的魅力影响着世界 ···························· 91
二、汉字表现力强,所含信息量大 ·································· 93
三、汉字成就了世界上唯一的文字艺术 ························ 97
四、汉字将中华民族用同一个符号连接在一起 ············ 99
五、汉字具有无限广阔的发展前景 ······························ 100

第四节　汉字与养生 ·· 103
一、练习汉字可以使人长寿 ·· 103
二、练习汉字可以强身健体 ·· 105
三、神奇功效的原因所在 ·· 106

第五节　汉字的传承 ·· 109
　　一、汉字传承中出现的问题 ····································· 109
　　二、汉字传承的有效途径 ······································· 113

第四章　上善若水，厚德载物——中原养德文化 ············ 116

第一节　中原养德文化的内涵和形成 ······················· 116
　　一、中原养德文化的内涵 ······································· 117
　　二、中原养德文化的形成 ······································· 118

第二节　中原养德文化的特征 ···································· 120
　　一、刚健有为，自强不息 ······································· 120
　　二、以和为贵，天人合一 ······································· 123
　　三、爱国兴邦，行侠仗义 ······································· 125
　　四、忍辱负重，忠于职守 ······································· 127
　　五、善良敦厚，淡泊名利 ······································· 128
　　六、勇于献身，轻利重义 ······································· 131

第三节　中原养德文化的传承与弘扬 ······················· 132
　　一、坚持德才兼备 ·· 132
　　二、坚持以学养德 ·· 133
　　三、坚持注重平时的养成 ······································· 135
　　四、坚持用传统文化养德 ······································· 136
　　五、借鉴和吸收人类道德文明优秀成果 ···················· 137
　　六、反对全面继承和全盘否定的两种倾向 ················· 138

第五章　谁知盘中餐，粒粒皆辛苦——中原廉俭文化 ······ 139

第一节　廉俭文化的根在中原 ···································· 140
　　一、中原是祖先定居之所 ······································· 140
　　二、中原是兵家必争之地 ······································· 143
　　三、中原是灾害频发之域 ······································· 144

第二节 中原廉洁文化的解读 …… 146
一、古代廉洁文化 …… 146
二、现代廉洁文化 …… 152

第三节 中原勤俭文化的解读 …… 155
一、中原勤文化 …… 156
二、中原俭文化 …… 159

第四节 倡导中原廉俭文化的现实意义 …… 164
一、贯彻科学发展观的内在要求 …… 164
二、巩固党的执政地位的迫切要求 …… 167
三、树立社会主义核心价值观的必然要求 …… 170
四、坚守中华民族传统美德的时代要求 …… 171

第六章 百善孝为先——中原孝悌文化 …… 175

第一节 中原孝悌文化的内涵 …… 175
一、中原"孝"文化的内涵 …… 176
二、中原"悌"文化的内涵 …… 178

第二节 中原孝悌文化的历史发展 …… 179
一、孝悌文化的形成 …… 180
二、孝悌文化的发展 …… 182
三、孝悌文化的变革 …… 188

第三节 中原孝悌文化的历史地位 …… 189
一、孝悌文化是立德之本 …… 190
二、孝悌文化是和谐之基 …… 192
三、孝悌文化发挥了社会保障功能 …… 194
四、剔除孝悌文化中的糟粕 …… 196

第四节 弘扬中原孝悌文化 …… 197
一、以孝道热爱国家 …… 198
二、以行动孝敬父母 …… 199

三、以仁爱对待兄弟姐妹 …………………………………………… 200

第七章　爆竹声中一岁除——中原节庆文化 …………………… 203

第一节　中原节庆文化根深 …………………………………… 204
一、因神话传说而起 …………………………………………… 204
二、与节气民俗而同 …………………………………………… 208
三、与地域农耕相联 …………………………………………… 218

第二节　中原节庆文化叶茂 …………………………………… 223
一、"百重孝为先",以节祭先人 ……………………………… 224
二、"行行出状元",以节庆敬名人 …………………………… 225
三、"以人为本",以节伴人生 ………………………………… 227

第三节　中原节庆文化花更红 ………………………………… 230
一、传承节庆聚人心 …………………………………………… 231
二、融合节庆旺人气 …………………………………………… 232
三、运用节庆促发展 …………………………………………… 235

第八章　民以食为天——中原饮食文化 ………………………… 238

第一节　中原饮食文化源远流长 ……………………………… 238
一、中原饮食文化历史上的"神" …………………………… 238
二、中原饮食文化历史上的"早" …………………………… 241
三、中原饮食文化历史上的"名" …………………………… 241

第二节　中原饮食文化丰富多彩 ……………………………… 243
一、具有文化风味的菜 ………………………………………… 244
二、"北方人的面" …………………………………………… 252
三、"唱戏的腔,厨师的汤" …………………………………… 255
四、琳琅满目的小吃 …………………………………………… 257
五、悠久醇香的名酒 …………………………………………… 262
六、源远流长的名茶 …………………………………………… 268

第三节　中原饮食文化强势发展 ······················· 271
　　一、注重传统创新发展 ····························· 271
　　二、注重融合协调发展 ····························· 272
　　三、注重文化持续发展 ····························· 273

第九章　天下功夫出少林——中原武术文化　275

第一节　中原武术概谈 ································· 275
　　一、中原武术 ····································· 275
　　二、中原武术与中原文化的关系 ····················· 276
　　三、中原武术的形成和发展 ························· 276

第二节　中原武术的文化内涵及其功能 ··················· 279
　　一、中原武术的文化内涵 ··························· 279
　　二、中原武术的功能 ······························· 282

第三节　中原武术的主要流派 ··························· 287
　　一、少林拳 ······································· 288
　　二、太极拳 ······································· 291
　　三、苌家拳 ······································· 295
　　四、河南派心意拳 ································· 297

第四节　中原武术的现状与发展方向 ····················· 302
　　一、中原武术的现状 ······························· 303
　　二、中原武术的发展方向 ··························· 304

第十章　得中原者得天下——中原军事文化　308

第一节　中原军事文化概谈 ····························· 308
　　一、中原军事文化的主要特征 ······················· 309
　　二、军事文化对战斗力的影响 ······················· 310

第二节　中原军事文化之名战 ··························· 313
　　一、牧野之战 ····································· 313

二、泓水之战 ………………………………………… 315
三、桂陵之战 ………………………………………… 316
四、马陵之战 ………………………………………… 317
五、成皋之战 ………………………………………… 318
六、昆阳之战 ………………………………………… 318
七、林南战役 ………………………………………… 319
八、豫东战役 ………………………………………… 320

第三节　中原军事文化之名人 ………………………… 321
一、黄帝 ……………………………………………… 321
二、妇好 ……………………………………………… 322
三、姜尚 ……………………………………………… 323
四、鬼谷子 …………………………………………… 324
五、范蠡 ……………………………………………… 325
六、吴起 ……………………………………………… 326
七、张良 ……………………………………………… 327
八、花木兰 …………………………………………… 328
九、岳飞 ……………………………………………… 329
十、戚继光 …………………………………………… 331
十一、吉鸿昌 ………………………………………… 332
十二、许世友 ………………………………………… 334

第四节　中原军事文化之名著 ………………………… 337
一、《风后八阵兵法图》 …………………………… 337
二、《吴子》 ………………………………………… 338
三、《六韬》 ………………………………………… 340
四、《尉缭子》 ……………………………………… 341

后　　记 …………………………………………………… 343

绪　　论

每个人都有自己的民族,每个民族又都有自己的传统文化,文化是一个民族赖以生存和发展的精神支柱。

胡锦涛同志在党的十七大报告中,对文化建设给予了充分的关注,他说:"当今时代,文化越来越成为民族凝聚力和创造力的重要源泉,越来越成为综合国力竞争的重要因素,丰富精神文化生活越来越成为我国人民的热切愿望。"

"中华文化是中华民族生生不息、团结奋进的不竭动力。要全面认识祖国传统文化,取其精华,去其糟粕,使之与当代社会相适应、与现代文明相协调,保持民族性,体现时代性。加强中华优秀文化传统教育,运用现代科技手段开发利用民族文化丰厚资源。"

"中华民族伟大复兴必然伴随着中华文化繁荣兴盛。要充分发挥人民在文化建设中的主体作用,调动广大文化工作者的积极性,更加自觉、更加主动地推动文化大发展大繁荣,在中国特色社会主义的伟大实践中进行文化创造,让人民共享文化发展成果。"

胡锦涛同志在中央政治局第 22 次集体学习时指出:"文化是民族凝聚力和创造力的重要源泉,是综合国力竞争的重要因素,是经济社会发展的重要支撑。"

中共十七届中央委员会第六次全体会议公报也指出:"中国共产党从成立之日起,就既是中华优秀文化的忠实传承者,又是中国先进文化的积极倡导者和发展者。我们党历来高度重视运用文化引领前进方向,凝聚奋斗力量,团结带领全国各族人民不断以思想文化新觉悟、理论创造新成果、文化建设新成就推动党和人民事业向前发展,文化工作在革命、建设、改革各个历史时期都发挥了不可替代的重要作用。"

今天,我们学习、研究中原文化,就是弘扬、传承我们民族文化的一个重要步骤和举措。

第一节　中原文化的内涵

学习研究中原文化,首先要了解中原文化的内涵。内涵是指反映于概念中对象的本质属性的总和,也就是先认清"是什么"的问题。

一、中原文化的概念

中原,是一个以河南为中心的区域性概念。相传大禹治水的时候把中国分为九个州,"九州"最早见于《禹贡》,九州的说法不一,比较流行的一种说法是:冀州、兖州、青州、徐州、豫州、扬州、荆州、梁州和雍州。

"九州"常常用以代表中国,成了中国的代称。这在唐朝诗人王昌龄的诗《放歌行》中就有体现:"清乐动千门,皇风被九州。"几千年来,"九州"一直在多种典籍中出现,有"月照九州,祝福祖国"、"四方风气,九州云变,玉箫有心音犹在,铁甲无生意依然"等诗句。

九州中的"豫州",就是今天河南这一块,因居九州之中,故称"中州",又因境内平原较多,故又称"中原",是天下至中的原野之意。

中原是一个有着不同外延的词汇,大体上有三种不同的理解:

大概念:泛指黄河中、下游地区;

中概念:主要指黄河中游地区,包括河南、陕西、山西、安徽和山东一部分,湖北一小部分;

小概念：特指河南省，即河南的别称。

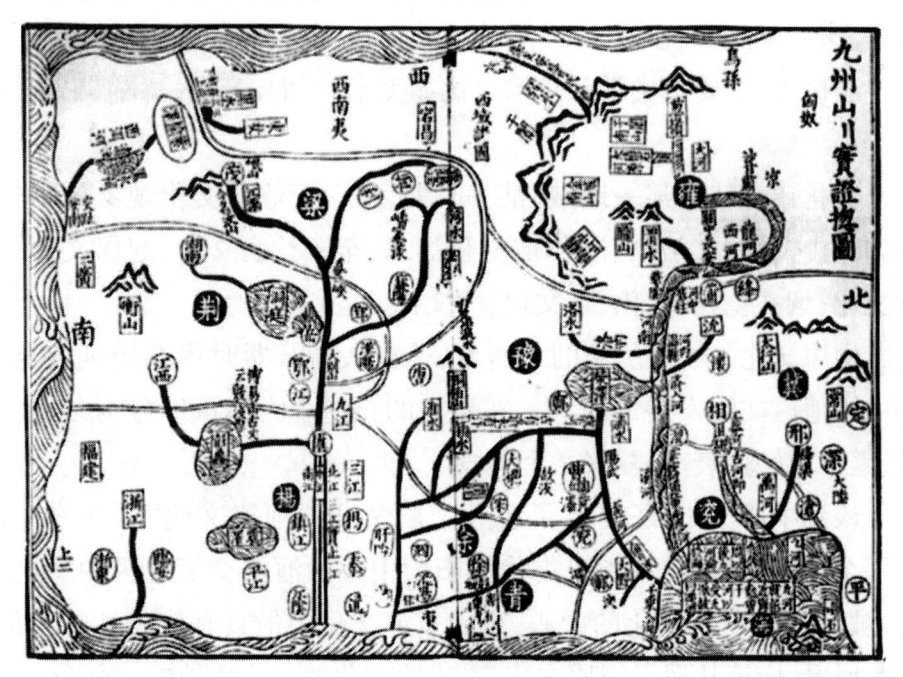

九州山川实证揔图

文化，最早出现于《易·贲卦》，有"观乎人文，以化成天下"的说法，这里的"文化"是指文治与教化的意思。尽管迄今为止，文化还没有形成一个让世人共同认可的定义，但人类对文化的研究热情却历来不减。据说有人统计过，仅从1871年到1951年这80年间，关于文化的定义就有164种之多。

这些定义大致有这样几种：一种是"总和说"，如《辞海》的解释："文化是人类创造的物质财富和精神财富的总和"；一种是"观念价值说"，强调的是精神现象；一种是"生活方式说"，认为通过学习从社会获得的那一部分就叫文化；还有"二分说"、"工具符号说"等。

对文化大体上也有三种不同的理解：

大概念：凡是人类创造的东西，而不是自然存在的事物，都是文化。包括精神和物质，有些是精神和物质的统一体，例如古时的"四大发明"、"地动仪"，今天的"鸟巢"、"水立方"等。

中概念：特指精神财富。如知识、信仰、艺术、道德、法律、习俗、科学等。

小概念：主要指文学和艺术。比如美术、戏曲、音乐、舞蹈、书法、电影等。

文化还有特指某一地域、某一时期、某一行业的文化现象的用法，例如龙山文化、半坡文化、仰韶文化等，甚至于饮食文化、起居文化、企业文化、烟文化、酒文化、茶文化、性文化、厕所文化等。

中原文化——从历史的角度看，是指从新石器时代开始延续至今的中原地区文明发展的总和。在历史的长河中大体可以分为孕育、形成、繁荣、鼎盛、衰落、复兴六个阶段。

谈到中原文化，还需要了解一个概念，即"河洛文化"。河洛文化是一个学术概念，它是指以古代洛阳为中心的河洛交汇地区的文化现象，被认为是中原文化的中心，也是黄河文化中最具有代表性的文化。从归属看，应该从属于中原文化，是中原文化的一个重要组成部分。

我们通常讲的中原文化，一般都是特指河南文化这个小概念。

二、中原文化的基本内容

中原文化是一个体系，内容十分丰富。有人把它分为史前文化、图腾文化、帝王文化、圣贤文化、思想文化、名流文化、英雄文化、农耕文化、商业文化、科技文化、医学文化、汉字文化、诗文文化、宗教文化、戏曲文化、民俗文化、武术文化、姓氏文化、饮食文化、政治文化20项，也有人分为16项、18项，版本多有不同。

徐光春同志在2007年1月举行的香港恳谈会上的主题演讲中，把中原文化归结为18项内容[1]，分别为：

1. 史前文化。中原在夏朝建立之前存在着丰富的文明成果，主要体现在大量的考古成果方面。例如裴李岗文化、仰韶文化、龙山文化、

---

[1] 徐光春：《中原文化与中原崛起》，河南人民出版社2007年版，目录。

贾湖文化、二里头文化等。

2. 神龙文化。神龙是中国人智慧、勇敢、吉祥、尊贵的象征。河南是龙的故里,被称为人文始祖的太昊伏羲以龙为图腾,他的主要活动区域今河南周口淮阳一带被认为是龙图腾文化的发源地。1987年在河南濮阳出土的贝壳龙被称为中华第一龙。

3. 政治文化。历史上中原长期是政治角逐、政权更替、"你方唱罢我登场"的大舞台,积累了大量的政治智慧和经验,形成了丰富的政治文化。

4. 圣贤文化。中原涌现出许多圣贤,受到人们的崇尚,他们有着丰富的知识和思想,创造出一大批经典著作,成为中华文化发展的不朽丰碑。

5. 思想文化。中原是百家思想集大成的地方,道家、儒家、墨家、名家、兵家、法家等都活跃在中原地区。中原思想文化传达着自强不息、中庸尚和的生活哲学,是中华民族思想文化的核心。

6. 名流文化。中原是历史名人名流辈出的地方,名流以其文化素养、文化格调和文化创造影响着社会,形成一种社会文化效应和文化风尚。

7. 英雄文化。中国人崇拜英雄,中原大地也造就了许许多多的英雄人物,既有神话传说中的女娲补天、夸父逐日、大禹治水、愚公移山等,也有彪炳史册的岳飞等。

8. 农耕文化。中原地区是农业最早兴起的地方,农耕文化包含了众多的耕作技术、工具创造和科技发明等。

9. 商业文化。自古以来,中原地区就有比较自觉的商业意识,产生了许多商业文化的第一,例如最早的实物货币贝币就出现在中原。

10. 科技文化。中原科技文化比较发达,具有内容的广博性、发明的前沿性、创造的实用性、发展的传承性等特点。比如中国的四大发明都在中原孕育或发明。

11. 医学文化。中医、中药以独特的疗效著称于世,被誉为国粹。

中原中医药文化源远流长,《黄帝内经》《伤寒杂病论》等是中国医方之祖,黄帝、张仲景、孙思邈等中医药大师荟萃于中原。

12. 汉字文化。汉字的产生以及每一个重要发展阶段几乎都发生在中原大地上,汉字文化可以说就是一部中原的汉字文化史。

13. 诗文文化。中原是中国文学的发祥地,也是大家辈出的地方,据《中国文学史》统计,仅河南籍的著名诗人和文学家就占全国的50%以上。

14. 宗教文化。中华民族传统文化的一个重要特点就是儒、释、道"三教合一",三者的繁荣和发展都与中原息息相关。

15. 戏曲文化。戏曲文化起源于中原,形成于中原,春秋战国时期的"郑卫之乡"被认为是戏曲之源,今日的开封在夏代就有"求倡侏儒而为奇伟之戏"的记载。

16. 民俗文化。中原地区民俗文化特点鲜明,斑斓多姿,主要体现在饮食、服饰、起居、礼仪、信仰、节令、集会等诸多方面。

17. 武术文化。武术文化是中原文化的重要内容,源于河南的武术有少林拳、太极拳、心意拳、苌家拳四大拳派,又有"天下功夫出少林"之说。

18. 姓氏文化。河南是中华姓氏的摇篮,中华许多姓氏的起源或衍生都与中原有着密切的关系。

除上述提到的内容,中原文化还有很多方面需要发掘和研究,比如军事文化、饮食文化、绘画文化、音乐文化、廉俭文化、陶瓷文化等。

第二节 中原文化的地位

中原文化博大精深、源远流长、内涵丰富、光辉灿烂。从表层看,中原文化是一种地域文化;从深层看,她又不是一般的地域文化,而是中华民族传统文化的根源和主干,在整个中华文明体系中具有发端和母体的地位。

一、中原文化是中华文明的源头

中原是我们炎黄子孙最早生息的地方。河南古代简称"豫","豫"字在古文字中的形象就是一个人牵着大象。由此可见,在史前的黄河流域、中原地带就有人类和大象的生存,这证明这里就是中华民族最早繁衍生息的地方。

为什么我们的祖先会选择这块土地生息呢?远古时期,社会生产力水平低下,人类的生存主要依赖自然环境,原始人的御寒能力十分低下,就只能选择温暖的地方生活。中原地区气候宜人,四季分明,属于亚热带半干旱半湿润的气候,具有高山、平原、盆地、湿地等多种地形,而且紧靠黄河,河流纵横交错,生长、生活着众多种类的亚热带植物和动物。有水的地方最利于人类生存,也最适合农作物的生长。

中原是炎黄子孙最早生息的地方

从考古发现来看,发现于河南的裴李岗文化、仰韶文化、二里头文化、二里岗文化等考古遗址都有中原先民的生活遗迹,古代先民在中原地区开启了文明之光。

中原文化是民族之根。中华民族的人文始祖"三皇五帝",大都与中原有十分密切的关系。伏羲与炎帝定都在淮阳,黄帝定都在新郑。体现民族血脉的中华姓氏中,古今有1500个姓氏起源于河南。

中原文化是文化之源。以"河图"与"洛书"为代表的中国文化的源头,发生在洛阳。中国元典文化中,儒家文化的源头在中原,道、法、墨、纵横、杂家等诸子百家,其创立者或为河南人,代表作或完成于河南。宗教思想方面,汉传佛教的祖庭为洛阳白马寺,禅宗的祖庭为少林寺,道教尊崇的鼻祖是鹿邑人老子,道教的圣地有济源的王屋山。而在科技文化中,四大发明也基本上完成于中原。汉字文化中最早的文字雏形为舞阳贾湖遗址的契刻符号,最早的成熟汉字为商代甲骨文。

无论是史前文明,还是有文字记载以来的历史文明,都充分证实了中原大地是中华文明的发祥地。

二、中原文化是中华文明的主干

一棵枝叶茂繁的大树,离不开主干供给养分。我们的中华文明就像一棵大树,而它的主干就是中原文化。5000年的中华文明史有一大半是在中原发源、发展起来的,它慢慢成长、壮大,"长"成了"主干",其余的一切都是这个"主干"上的"分支"。

中原文化这个"主干"上的"分支"有两种分法:一种是内层的分支,包括齐鲁文化、客家文化、巴蜀文化、江南文化、闽粤文化、燕赵文化等;一种是外层的分支,例如东亚文化、东南亚文化等。

关于"主干"与"分支"的关系,不少专家学者都有着精辟的论述。例如祁和晖教授曾撰文《古蜀文化与古彝文化都是炎黄文脉的重要分支》,认为"炎黄子孙"与"与子同胞"是中华民族形成的一个基本事实。文中列举了大量的实例、事实证明这一观点。

光明网载文《高丽国历史起点及灭亡华夏族发展的分支》,作者根据中国古籍的记载和考古凭据,结合朝鲜古史,查阅了《尚书》、《汉书》、《史记》、《三国遗事》、《东史纲目》、《高丽史》、《丽史提纲》、《东国通鉴》等大量的资料,证明了高丽文化是中原文化分支这一论断。

中原地区自夏代开始至金代的3400年间,长期为中国的定都之地。在此期间200余位帝王定都或迁都河南,中国八大古都,河南有郑州、安阳、洛阳、开封四个。在中原地区,最为辉煌的时期为夏商时期,以郑州、洛阳、安阳为中心;东周、东汉、魏晋北朝以洛阳为中心;北宋、金代以开封为中心。王朝的制度建设、都城体系的完善、主流思想的形成都与中原密不可分。这不仅造就了中原文化的灿烂,而且使政治化的文化政策、措施达于四方,影响后世的文化观念。

而宋金以后的战乱又使得中原士民将中原先进文化带到东南地区,以至岭南地区,从而促进了边远地区文化的进步,影响了客家文化、巴蜀文化、闽粤文化等地域文化的形成。

从文学角度看,中国古代文学可分为:中原、齐鲁、吴中、浙东、荆楚、关中、巴蜀、闽中、滇黔等派别,但这些地域文学的形成,则都可上溯到甲骨卜辞、诗三百、先秦诸子、楚辞。而在帝王、英雄、文字、书画、医药、科技、戏剧、武术、姓氏、商业、民俗、饮食等文化领域,中原文化在中华文明中的主干地位也是有目共睹的。

就连我们周边一些国家的文字,也可以说是中原文化中汉字文化的一个分支。比如说日文,日本在古代并没有自己的文字,据说在公元405年,一个叫王仁的人带着一本《论语》到日本讲学,并教授汉字,这时日本人才开始用汉字来记录语言,现在日本文字中还有不少汉字。

朝鲜原来一直使用汉字,只不过加上他们自己的读音,叫做吏读。还有越南,在秦朝时也一直是用汉字作为他们的文字,直到后来才发明了自己的文字,叫做"字喃"。

东至朝鲜、日本,南至越南、缅甸,西至西域,北至漠北,在这广阔的土地上,形成一个汉字文化圈。

从以上种种事实中得出一个结论:中原文化是中华文明的主干,其地位无可替代。

第三节　中原文化的特色

中原文化博大精深、源远流长、内涵丰富、光辉灿烂,在几千年的发展中形成了自己的鲜明特色。

一、精忠报国——中原文化的脊骨

在中原文化中,无论是上古神话,还是历史上的英雄人物,最为鲜明突出的一个表现特征就是精忠报国。

精忠报国在古时的表现就是忠君、爱国,每当我们的国家遭受外敌入侵的时候,总有一大批爱国志士、民族英雄挺身而出,征战沙场,甚至为国捐躯,为国尽忠。

出身河南汤阴的岳飞,就是中国家喻户晓的忠君爱国的英雄,在他背上,岳母刺下了"尽忠报国"四个字,表达了岳飞忠诚国家的决心。(因宋高宗曾亲手书写"精忠岳飞"四个字嘉奖岳飞,后误传是"精忠报国"。)

他在战场上英勇征战,他的《满江红》大气磅礴,他的书法"还我河山"更显得大义凛然,表现出他对国家的大忠大义。

在岳飞死后的860多年间,全国为他立的庙数以万计,记录他的书数以万计,传诵他故事的人数以万计,形成了"岳飞文化"。

在中原文化中,精忠报国的人物很多。在开封,有天波杨府、杨湖、潘湖等旅游景点,通过这些,我们可以想象到北宋的杨家将一门忠烈,像穆桂英、佘太君等人物及七郎八虎闯幽州等故事早已深入人心。

南北朝时期河南虞城的花木兰,女扮男装替父从军;明末抗击清兵的史可法,弹尽粮绝,死守扬州,壮烈殉国。

近现代则有民族英雄吉鸿昌、杨靖宇、彭雪枫、吴焕先(红二十五军政委)等。河南新县被誉为"将军县"、"红色首府",在战争年代,不足

10万人的县就有5.5万人为革命献出了生命,走出了许世友、李德生、郑维山等90多位将军和省部级领导,他们都是为国尽忠的典范。

相反,对那些不忠不义之徒,人们表现出极大的愤慨。对于像秦桧、王夫人等这些反面人物,人们将其铸成铁像,并让他们常年跪着,遗臭万年,这也从反面印证了中原文化的尽忠思想。

二、亲民从善——中原文化的精髓

构建和谐社会,必须以人为本。中原文化的亲民从善就体现出以人为本的思想。

从道理上讲,"亲民"主要对官员而讲,河南著名戏曲《七品芝麻官》里,七品芝麻官唐成有一句名言:"当官不为民做主,不如回家卖红薯!"这是对为官者职业道德的形象化概括。

唐代河南陕州的姚崇,就是亲民的一代名臣。有一年山东发生蝗灾,姚崇派人捕杀,当时反对者很多,有人说"不可捕杀,应该修德,以感动上天",有人说"此乃天灾,人怎能制服",有人说"捕杀太多,有伤和气"。但姚崇力排重阻,极力捕蝗,使庄稼有了收成。毛泽东称赞姚崇为古代的"大政治家,是唯物论者"。

河南南阳内乡县衙是全国保存最为完整的县衙,其中有大量的对联都体现出亲民的思想,感人肺腑。例如,"得一官不荣失一官不辱勿说一官无用地方全靠一官,吃百姓饭穿百姓衣莫道百姓可欺自己也是百姓",充分体现了中原文化以民为贵、以民为天、爱民如身的民本思想。

官员要真正做到亲民,自己必须先做到廉政。说起廉政,人们自然会想到包拯,开封府的"黑老包"成为清官化身,他的名字妇孺皆知,被老百姓亲切地称为"包青天",有关他的故事和戏文也非常多。

在当代,"中国十大女杰"、"全国优秀人民警察"、登封市公安局党委原书记任长霞,有"女神警"、"女包公"、"任青天"的美称,她上任17天,就下令抓捕社会黑势力的主要成员,为人民除了害,解决了10多年的积案,查结案230多起。她常说"人民需要职业良知",所谓职业良知,就是廉政和为民。

"从善"是对我们每个人的道德要求。"百善孝为先",孝悌是从善的重要内容。"孝"就是孝敬父母,"悌"就是尊敬兄长。封建社会的二十四孝故事,尽管有着封建愚孝思想在其中,但其核心内涵对后世的孝道有着引领示范作用,其中有不少都发生在中原地区。

广为流传的花木兰替父从军的传奇故事,不但反映出她保家卫国的一腔激情,同时还流露出对父亲的孝心,是用孝心感动了世人。

现在的中原大地上,孝道及从善文化依然在传承、在发扬。谢延信,妻子的母亲多病,他细心照料,后来岳父瘫痪,还有一个傻呆的妻弟,再加上自己的女儿,这一老、一瘫、一呆、一幼都靠他一人负担,他多次拒绝组建新的家庭,一直坚持了30多年,被评为十大感动中国人物。在中原,这种孝悌文化还在不断延续。2009年10月15日至21日,《大河报》开展了"绿城新二十四孝"评选活动,郭树深、陈裕等孝子当选,他们的大爱之举倡导和弘扬了"新孝",让孝悌文化得到了光大和升华。

"从善"在当代更表现为帮助他人、关爱社会的善心善举。汶川大地震后,南阳人刘汉杰放下自己的美发店生意,自愿到绵阳震区做志愿者,每天连续十几个小时不间断地给灾民理发,累得胳膊都抬不起来,晚上用热毛巾敷一敷第二天继续理发。灾区人民深受感动,央视等多家媒体报道了他的事迹,被誉为"最美理发师"。濮阳供电局巡线工孙文杰是平均1000人才有2例的RH阴性血,被称为"熊猫血",他坚持献血12年,做到了"功夫熊猫,随叫所到"。信阳公务员王立新患白血症,在生命最后签下捐献器官的协议,医生说:"保守估计,他捐献的器官最少能救活5个人。"

三、天地和合——中原文化的内核

和合就是和睦、和谐、和善、和美的意思。关于"和合"有一个故事：唐代有寒山、拾得两个人，亲如兄弟，但同时爱上了一个女子，寒山知道后为了朋友就主动退出，离家当了僧人，拾得也为了朋友离开女子去找寒山，二人都成了僧人，更是亲如一人。后来清雍正皇帝封寒山为"和圣"，封拾得为"合圣"，这就是"和合二仙"的传说。

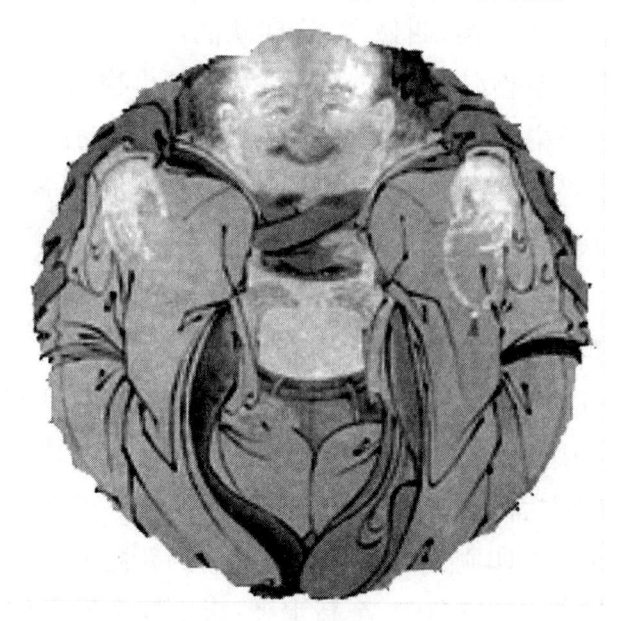

儒、佛、道三教合一图

"和"文化是中原文化和中国哲学的核心之一，它崇尚和为贵的精神。从黄帝到尧、舜，乃至夏、商、周三代，我们的先人从生活实践中认识到人与天要保持和谐的关系。

中原文化重"和"，讲究兼容并包，关于此的论述很多，例如：《中庸》说："和也者，天下之达道也。"《孟子》说："天时不如地利，地利不如人和。"《易经》说："万国咸宁。"《国语·郑语》说："夫和实生物，同则不继，以它平它谓之和，故能丰长而物归之。"

黄帝是最早对天人关系做出思考的人，他的思想包含着和谐治世、民为邦本的理念。周易文化提出一阴一阳之道，主张阴阳平衡，追求自然、社会、人际、人与自然的全面和谐。墨家文化主张兼爱友善，"强不执弱、众不劫寡、富不侮贫"。道家文化向往与天、人相和的至德之世。

儒家文化讲究仁政、实证、为民之政，同时主张"天地合一"，强调在自然变化之前加以引导，在自然变化既成之后应该顺应，做到天不违人，人亦不违天，即天人互相协调。

"和实生物"意思是在某一事物中，存在着许多对立面，将这些对立的关系调整，使其平衡，叫做和，这样就能产生出新事物。"同则不继"是说把相同的事物混合起来，是不能产生新事物的。

讲究和合，是中原文化的精华之一，在今天建设社会主义和谐社会、实现民族复兴中，我们必须弘扬民族传统，提倡"和合"精神，把它作为凝聚中华民族团结奋进的精神支柱。

四、革故鼎新——中原文化的生命

在中原文化发展的过程中，产生过大量的新思想、新知识、新技术，这些都是推动中国经济发展和社会发展的动力。

在科学技术方面，东汉蔡伦发明的造纸术实现了文字载体的新突破；北宋毕昇的活字印刷术开创了知识传播的新纪元；宋代的火药，把人类征服自然的能力提高到一个新水平；指南针引发了航海技术的新革命。此外，还有冶铁、地动仪、唐三彩、汝瓷、钧瓷等，都为社会生产的发展作出了贡献。

在思想革新方面，子产改革，申不害、李悝、商鞅变法，光武中兴，魏孝文帝改制，庆历新政（也称范仲淹变法）和王安石变法等，这些大都发生在中原地区的变法改革，都具有与时俱进的创新精神，起着推动历史进步的积极作用。

子产是春秋时期的政治家，郑州新郑人，公元前554年任郑国卿以后，实行一系列政治改革：承认私田合法性，向土地所有者征收军赋；铸刑书于鼎，是我国最早的成文法律；主张保留乡校。他听取国人的意见，善于因才任使，将郑国治理得井井有条。

申不害是战国中期的改革家，今荥阳人，在韩国推行变法，主要内容有：整顿吏治，加强君主集权统治；奖罚分明，见功而于赏，因能而授官;整肃军兵,加强军事训练和兵器制造;号召百姓多开荒地、多种粮食等。

中原文化同样在知识传承中表现出强大的创新精神,比如中医理论的形成,儒、佛、道"三教合流"的宗教文化,天文历法(在大河村遗址发现5000~7000年前的天象图)和数学成就(在6000~7000年前的仰韶文化中就有角与度计算的记载)等,都显示出中原文化创新成果的辉煌。

中原文化革新、创新的特点,论证了"科学技术就是生产力"、就是"文化力"的意蕴,在中原文化的发展史上,每一次创新、改革、革新成果的出现,都像一台功率巨大的引擎,推进中华文明发展。

第四节　中原文化的作用

中原文化对于历史进程的推动,对于中华文明的形成、民族精神的传承、经济社会的发展乃至世界文明的进步,都发挥了独特的、重要的作用。

一、认知作用

"知我中华,爱我中华",这是学习中原文化的目的之一。因为知国才会爱国。如果连自己国家的历史、文化、社会的发展都不了解、不认知,那就根本谈不上热爱这个国家。

知国是爱国的前提,报国是爱国的最高体现。对祖国的历史文化了解得越多,对国家就爱得越深,报国的信念也就越坚定、越自觉。

我们的祖国有几千年的历史,是世界四大文明古国之一,有发达的农业和手工业,有灿若星河的伟大思想家、科学家、艺术家、军事家和文学家,有闻名世界的四大发明,有丰富的文化典籍……

我们学习中原文化,是因为中原文化是中华文明的缩影,它反映了中华文明的发展轨迹,折射出中国历史发展的脉络。透过中原文化,我们可以大体上认识中原的发展乃至中国社会的发展,并从中可以总结出推动社会前进的有益借鉴。

我们学习中原文化,就是学习中华民族建设美好家园、创造灿烂文明的光辉历史。要把爱国的热情建立在对我国悠久历史、灿烂文化、大好河山、英雄人民的深刻学习和理解上。只有这样,才能从内心热爱我们的祖国,并自觉地为她做好自己应做的工作。

二、感化作用

长期以来,中原文化以其文化的理想引领着东方文明的发展,她已经成为全人类共同的文明成果。

中原文化是中国传统文化的源头和主干,中华文化是世界上最优秀、最先进的文化之一,我们都应该为自己是炎黄子孙、龙的传人而感到自豪,为有着这样灿烂的文化而自豪。

中原文化不但感化了中原人,而且还感化了一代又一代中国人,我们炎黄子孙无论在国内还是在国外,无论我们的祖国母亲是兴旺发达之时,还是贫穷落后之际,都能做到热爱我们的祖国,并兢兢业业地为她而工作、而奋斗。

我军首位"南丁格尔奖"获得者、我国护理工作的奠基人黎秀芳,有60多位亲人居住海外,母亲劝她到美国工作,她说:"您是我的母亲,祖国也是我的母亲,祖国需要我,我就要为她而工作,我的事业在中国。"她独自在中国大西北工作了66年。

钱学森等一批科学家,不忘自己是炎黄子孙,为了打破大国的核垄断,放弃了国外优厚的待遇,于1955年义无反顾地回到祖国,开创了我国"两弹一星"的事业。

叶永烈回忆说:"他(钱学森)在美国生活了20年,但回国后,在正式场合演讲,从来不讲英语,全使用汉语。另外,他过去写的是一手漂亮的繁体字,自回国后,他就开始用简体字写文章,我在他回国后的手稿中,没有发现一个繁体字,真是让人钦佩。"①

近年来,就连不少外国人也被中原文化、中华文明所感化、所吸引,他们不远万里,来到中国研究、传播中国文化。例如,我们所熟悉的大山、爱华等人就是这方面的代表。

三、凝聚作用

中原文化深藏着博大雄浑的优秀文化因子,构成了绵延不断的历史信息链,无所不包地传递着中华民族的心理密码,是中华民族的个性特征和独特精神的重要表现。

中原文化固有的向心力在促进民族的伟大复兴中发挥着聚合作用,中原文化是广泛吸收众多民族优秀品质而形成的中华文明的主流文化,团结和谐、爱国统一始终是她倡导的主题,千百年来一直广泛而深刻地影响着海内外华人,报效国家、热恋故土等炽热情怀一直成为全球华人的民族意识和价值追求。②

中原文化作为中华民族的根文化,作为传承中华文明的主干文化,长期以来是海内外华人魂牵梦萦的精神寄托,大家无论身在何方,都有"常回家看看"的心理愿望。浓郁的中原寻根文化就是一个突出的表现。

中原地区是众多姓氏的发源地,寻根祭祖的祭祀活动可以增强民族的凝聚力,促进社会的和谐发展。新郑黄帝拜祖大典和周口姓氏文化节的成功举办,就是中原文化这种特有历史震撼力和时空穿透力的生动展现。

每当我们的国家受到威胁、遭到危难的时候,炎黄子孙都会更加团结一致,齐心协力,共渡难关,体现出一种不可抗拒的凝聚力量。

在抗日战争时期,我党推行了统一战线,全球华人有钱出钱,有力出力,不少海外华人慷慨解囊、捐钱捐物、捐飞机捐大炮,为抗击日本帝

---

① 《大河报》,2009 年 11 月 14 日。
② 徐光春:《中原文化与中原崛起》,河南人民出版社 2007 年版,第 36 页。

国主义的侵略作出了自己的贡献。

　　1937年抗日战争一开始,南洋华侨筹赈祖国难民总会就在新加坡成立,华侨企业家陈嘉庚任主席。从卢沟桥事变开始后的4年半时间,就为祖国筹款、捐款15亿多元。

南洋华侨筹赈祖国难民总会的募捐活动

　　在5·12汶川地震时,炎黄子孙更是弘扬了中华民族这种团结、凝聚的伟大精神,谱写出自强不息、团结奋斗的英雄凯歌。有资料证明:汶川地震后全球华侨、华人通过各种渠道,捐款数额达11.33亿元,而玉树地震后收到的海内外捐款更是有52亿元之多。

四、引领作用

　　中原文化具有引领作用,有着很强的辐射能力和影响能力,集中表现在三个方面:

　　一是辐射各地。如岭南文化、闽台文化以及客家文化,其核心思想都来源于中原的河洛文化。唐代的河南思想家、文学家韩愈就极大地影响了潮汕文化。

　　二是化民成俗。中原文化中的一些基本的礼仪规范常常被统治者编成统一的范本,推广到社会及家庭教育的各个环节,从而实现了"万里同风"的社会效果,诸如结婚贴囍字、新春贴春联、各地办庙会等。

三是远播异域。秦汉以来,中原文化主要是通过陆路交通向东西两个方向广泛传播,不仅影响了朝鲜、日本的古代文明,而且还开辟了延续千年的丝绸之路。班超出使西域、玄奘西天取经、鉴真东渡扶桑等历史记载,都书写了中原文化传播的壮丽画卷。从北宋开始,中原文化凭借着当时最发达的航海技术,远播南亚、非洲各国,开辟了世界文明的新纪元。

中原文化在精神层面构建的文化理想,已经成为全人类共同的文明成果,引领着东方文明的进程,引领着世界文明的进程。天下大同的文化气度、天人合一的理想境界、尊道贵德的理性气质、大德曰生的人文情怀、中庸辩证的思维理路……这些不仅是引领人类社会发展的美好理想,而且对于我们今天进行道德建设、人格完善,甚至对于整个民族素质的提升,乃至世界文明的进步,都具有积极的引领作用。[1]

五、激励作用

无数中原儿女以创业精神、奋斗精神、创新精神,创造了辉煌的中原文化,是我国民族文化的精华。当我们对本民族文化表现出无限赤诚和热爱时,就会激发出强烈的责任感,并激励鞭策着我们奋发向上。

我们要坚持先进文化的前进方向,为实现中原的崛起、国家的复兴贡献自己的力量。那么,我们应该做些什么呢?总的来说,就是学习中原文化,弘扬中原文化,捍卫中原文化。

一是学习中原文化。

学习中原文化可以提高我们的人文素质,激发爱国主义热情,并汲取中华民族的优秀品德,提高自己的道德修养,做一个"有利于人民的人"。

学习的方法很多:

读书:中原文化古籍浩如烟海、卷帙浩繁,投身图书馆摊开古籍潜

---

[1] 参阅徐光春:《中原文化与中原崛起》,《河南日报》,2007年2月7日。

心研读是我们汲取文化营养和同历代圣贤神交的最佳途径。

参观:"纸上得来终觉浅,觉知此事要躬行。"学习中原文化最重要的是我们应躬身实践。徜徉博物馆,仔细端详一件件馆藏,在叹为观止中产生一次次视觉冲击,我们无形中和书上所学进行了对照,加深了印象,巩固了记忆。

旅游:流连名山大川、旅游景点,感受古人情怀,触摸历史痕迹,体验时代变化,领会地域文化,必定会让我们震撼较大、感慨颇深、受益匪浅。

拜访:向一些造诣深厚或身怀绝技的人悉心请教,登门拜访,会让我们萌生曲径通幽的美感。

二是弘扬中原文化。

中原文化源远流长,靠的是代代相传,我们一定要担当起传承中原文化的重任,决不能在我们这一代身上使这一优秀传统文化断档。

中原文化的丰富内容各成一体、根深叶茂,我们每个人都可以根据自己的兴趣爱好进行重点攻关,力求突破,遇到机会和平台充分施展。可以充分利用各种文艺样式,把中原文化作为载体,对民众进行全方位的宣传,使中原文化深深植根民心,蓬勃发展。

我们要以弘扬中国优秀传统文化为己任。我们不但要练好本领,用武力保卫祖国的安全,还要认真学习、宣传、继承我们的优秀文明,为民族的复兴、强盛作出自己的贡献。

三是捍卫中原文化。

捍卫中原文化,就要像历史上一大批爱国志士、民族英雄一样,当我们的祖国遭受外敌侵略的时候,做到挺身而出,征战沙场。

捍卫中原文化,就要把个人的幸福与国家的富强联系在一起,明白"国家贫弱,其民必辱,国家富强,其民亦荣"这一道理。

捍卫中原文化,就要无论在什么工作岗位上,都兢兢业业做好自己的本职工作,为祖国的繁荣昌盛添砖加瓦。

这是我们每个人的职责。

第一章
龙的传人
——中原图腾文化

在中华文明发祥地——中原大地上,我们的先民在这里日出而作,日落而息,在这里创造了伟大的物质文明和精神文明,留下了许许多多异彩纷呈的神话传说。神话是人类的童话,德国的哲学家恩斯特·卡西尔说:"一个民族的神话不是由它的历史确定的,相反,它的历史是由它的神话决定的。"[①]作为炎黄子孙,今天我们需要重新走进中原大地,走近这些渐渐被人们淡忘的图腾崇拜、神话传说,从而更好地去凝视我们这个民族,更好地去理解和把握我们民族的根。

第一节 龙——汉民族的智慧图腾

龙,作为汉民族的共同图腾,陪伴着我们这个伟大的民族走过了8000年的历史。它恰似炎黄子孙的一张文化身份证,深深地嵌进每一位儿女的灵魂。无论走到哪里,"龙的子孙"、"龙的传人"这些称谓都

---

① 恩斯特·卡西尔著,黄龙保等译:《神话思维》,中国社会科学出版社1992年版,第2页。

令我们从内心深处涌起一种血脉相连的情愫,自尊和自豪油然而生。

一、什么是图腾

"图腾"一词,是英文 totem 的音译,原为南美洲印第安人语,意思为"它的亲属"、"它的标记"。在原始人类的信仰中,本氏族人的起源都与某种特定的物种相关,自己的祖先就来源于某种动物或植物,或是与某种动物或植物发生过亲缘关系,于是,图腾信仰便与祖先崇拜有了联系。图腾对象有动物也有植物,不过大多以动物为图腾,如龙、虎、鸟、蛇、马、牛、羊、猪、鱼、狼、熊、鹰、犬、蜂等。一直到今天,有些少数民族还保留着这种动植物图腾崇拜。如我国台湾地区,现在一些土著人中,如排湾族、鲁凯族,还保持着以蛇为图腾的传统,有百步蛇为祖先化身的传说和不准捕食蛇的禁忌。

图腾作为一个民族的崇拜之物,有很多禁忌。弗洛伊德在《图腾与禁忌》书中,介绍了法国人类学家雷诺在1900年提出的图腾禁忌12个原则:(1)禁止杀害或食用某种动物,可是,此种动物却可个别地被豢养和照顾。(2)某种动物因意外而死亡时,它将像其他族人的死亡一样受到哀悼和埋葬。(3)在某些情形下,禁食的禁制只局限于动物身体的某一部分。(4)当某种通常已被赦免的动物,由于事实需要而必须加以杀害时,则常需举行请求宽恕的仪式,同时,制造了不同的技巧和借口来试图减轻破坏禁忌(也就是指此种谋杀)后所可能遭受的报复。(5)当动物被用作某一种仪式典礼的牺牲时,它将得到庄严的哀悼。(6)在某些庄严的场合和宗教仪式里,人们披上了某种动物的皮革。在此情形下,图腾崇拜仍然存有其作用,因为,它们是图腾动物。(7)部落和个人采用了动物的名称即图腾动物。(8)许多部落在他们的军旗和武器上画上动物的形态,人们将动物的形态绘到身体上。(9)如果图腾是一种令人害怕或危险的动物,那么,人们深信在部落中以它为名的人们能够免于遭受痛苦。(10)图腾动物能够保护和警告它的部落。(11)图腾动物能够对部落内的忠贞族人预言未来并作为他们的领导。(12) 在图腾部落内的人们常深信他们和图腾动物源自相同的祖先。[①]

图腾崇拜在世界文化史上占有非常重要的地位。通过对一个民族图腾的深入研究,可以了解这个民族的历史和风俗,以及民族的共同心理,这对认识这个民族的民族特点具有非常重要的参考意义。现在研究图腾,已不再局限于将其作为民族崇拜物或民族标志,更多的是从思想意识和文化象征方面去研究。如果我们进一步深入理解,把图腾的内涵加以延伸,现今世界许多国家的国旗、国徽上的图案,很多大型活动,如奥运会、世界博览会等,均会使用一些吉祥物,其实,这些做法都与古代的图腾意识有着密切关系。2008年北京奥运会上的吉祥物"福娃",尽管不算图腾,但不可否认,与我们中华民族传统的图腾意识有着密切关系。从这个意义上讲,现在世界各民族与国家可以说几乎都有自己的民族图腾,这是历史的继承,同时也是对图腾历史的发展。

二、我国的图腾研究

在我国古代,并没有对图腾的专门研究,但是类似图腾及图腾崇拜的描述,却在古籍中大量存在,且内容十分丰富。中华民族文明史中,丰富多彩的神话故事、民间传说,为我们今天研究中华民族的图腾文化提供了完整、丰富的资料。所以,研究图腾及图腾文化,中国一样有着得天独厚的条件。

我们古代一直就有崇拜各种动物的传统,如古代的四方神——东方青龙、西方白虎、南方朱雀、北方玄武,就是古人观天象,看到天上四方的某些星体组合类似某种动物而联想起来的。最常见的动物崇拜当属麟、凤、龟、龙,《礼记》中曾说:"麟凤龟龙,谓之四灵。"[②]四灵可以说曾经是我国古代的图腾,有关它们的传说在史书和民间都大量流传,通

---

① 弗洛伊德著,文良文化译:《图腾与禁忌》,中央编译出版社2005年版,第122~123页。
② 张树国注:《礼记》,青岛出版社2009年版,第103页。

过研究它们，可以更好地了解我们的文化史。

作为民族的崇拜物和民族标志，图腾常常会对这个民族的文化和民族心理产生巨大的影响。以中华民族的龙图腾为例，在古代书籍中，涉及的内容就随处可见。著名的"五经"之一《周易》，开篇第一卦，其卦文均以龙为象征。"初九：潜龙，勿用"；"九二：见龙在田，利见大人"；"九三：或跃在渊，无咎"；"九四：飞龙在天，利见大人"；"九五：见群龙无首，吉"；"上九：亢龙有悔"。[①] 随着对龙崇拜的不断发展，龙逐渐发展成为中华民族的象征，皇帝被认为是龙的化身，尊称为真龙天子；秦始皇作为中国的第一个皇帝，被称为"祖龙"；炎黄子孙也就成了"龙的传人"。在汉语词汇中，龙占有极大的比例，在最权威的工具书《现代汉语词典》中，"龙"字为词头的词语多达 32 个，有些词语如"龙虾"、"龙门阵"、"龙胆"等深入人心。由于龙的这种至高无上的地位，人们编出了许多有关龙的故事，形成了许许多多与龙相关的民俗。

三、龙图腾溯源

龙是传说中的动物，现实中并不存在。它同时具有许多动物的特征，既有足、爪，还有角、鳞、鬣、须，正是这些特征集于一身，于是人们依据龙的某一部分特征论述其起源，产生了众多的关于龙的原形的说法。比较有代表性的有关龙的起源的说法有以下几种。

(一) 起源为蛇说

龙的原形为蛇的说法比较普遍，这主要是由龙的弯曲体形联想而来的，民间有好多龙蛇混说的情况，如十二属相的"蛇"，就被称为"小龙"，四川峨眉山的白龙寺其实是纪念《白蛇传》中的白蛇娘子。持龙的原形为蛇说的代表人物是近代著名学者闻一多先生，他通过研究认为，龙的主干部分和基本形态是蛇，所谓龙者，只是一种大蛇，这大蛇的

---

① 吴新楚：《简明周易读本》，华南理工大学出版社 1993 年版，第 27 页。

名字便叫做"龙",后来产生一个以这种大蛇为图腾的族群,逐步兼并、吸收了别的形形色色的图腾族群,并把这些族群的图腾特征反映到自己的图腾之中,于是大蛇接受了兽类的脚、马的头、鬣的尾、鹿的角、狗的爪、鱼的鳞和须……于是便成为我们现在所知道的龙了。

闻一多的观点影响深远,使得这一说法得到了普遍的认同。近代考古也发现了大量西汉末到东汉时期"人首蛇身"的伏羲、女娲绢画、石刻、壁画等,这表明对蛇的崇拜曾经盛极一时,其中有些画作中的蛇已经具备了传说中龙的形象,也成为龙起源于蛇的一个佐证。

蛇是日常生活中存在的动物,龙则可以理解为文化意义上的蛇,是蛇的形象神圣化的结果。

(二)起源为鳄鱼说

有人从文字学的角度,质疑龙起源于蛇的说法,认为甲骨文、金文中的"龙"和"蛇"字,作为象形字,各有明确的不同形象,可以推测龙、蛇原本是不同的动物,因此才有不同的象形图文。

最早提出龙的原形为鳄鱼的是中国古史专家卫聚贤,他认为龙起源于鳄鱼,首先是外形相似引起的联想。传说中龙的特征,脸部粗糙不平,嘴部窄而扁长,长着利齿,这些特点都是鳄鱼所独具的。据说中国的扬子鳄经常在雷雨前出现,有秋天藏匿、春天复醒的冬眠习惯,而且常于天下雨时出现,因而人们产生联想,鳄鱼能升天入水,幻化为龙,慢慢地就具有了文化上的意义。

(三)起源为马说

中国古代传说中有一个神奇的动物叫"龙马",是一种兼具龙和马特点的吉祥生物;现代汉语中还经常使用"龙马精神"这一成语;《西游记》中,唐僧骑的也是一匹白龙马。于是有学者提出龙起源于马的学说。

从形体特征上看,龙首与马头很相似,主干部分和基本形态也很像马。同时,马是古代与人类生活密切相关的一个动物,正因为密切相关,所以很容易引起联想而被神化。

在中国古代的西域，有一个很奇特的族群——粟特人。这个民族与中国北方有着密切的文化联系，他们崇拜马，在其族徽上就有双马的形象，但他们却自称"龙部落"。这个称呼也从一个侧面显示了龙、马古代合一的事实。

除以上几种常见的观点外，还有很多不同的看法。如：有人认为龙是多种动物的组合体，有人认为龙为闪电，有人认为龙为云，有人认为龙为虹，有人认为龙为猪，甚至还有人认为龙起源于胚胎崇拜。这些不同的观点理由各异，给我们提供了理解龙的起源全新的视角，让我们对龙的理解更加全面。

四、河南是龙文化的重要发祥地

关于龙文化的发祥地，目前学术界认为，河南、辽宁、内蒙古、湖北都有原始的龙崇拜现象，一些重要的史料和风俗都充分表明，河南作为华夏文化的发源地，无疑是龙文化的一个重要发祥地。

太昊伏羲被称为中华民族的人文始祖，主要的活动范围就在现在河南境内。传说他曾在现在的河南淮阳一带，以龙的名义号令部族，命名自己的百官，如青龙官、黄龙官、赤龙官等，从而创建龙的图腾，聚合当时众多部族力量，实现了各部族的大融合。考古发现的很多壁画显示伏羲氏"蛇身人首"，很可能伏羲氏部族的图腾标志是以"蛇身人首"为形象的，也就是说这一氏族当时的图腾为蛇。根据龙起源为蛇的观点，可以推断，伏羲氏族的图腾——蛇也就自然成为融合后大部落的图腾，随着时间的推移，太昊部落把蛇进一步图腾神圣化，成为了龙的形象。

另一个中华民族人文始祖黄帝的主要活动范围也在河南。黄帝通过战争统一了中原，建立了我国历史上第一个大国。为凝聚思想，黄帝在河南新郑、新密一带，把龙作为统一后新部落的图腾。

中国人被称为"炎黄子孙"和"龙的传人"，就是由炎帝、黄帝以及他们的龙图腾而来。特别是黄帝，关于他与龙图腾的关系，在民间传说和文献记载方面材料非常丰富,主要表现在:一是他长得像龙,这是龙信仰的外部特征;二是黄帝诞生与龙有关,是母亲梦见龙而生;三是黄帝治理国家是受了天帝意旨,表现在受"河图"、"洛书"和"祭祀河洛"的神圣活动中;四是黄帝在河南省汝阳县举行部落联盟开国大典时,有龙前来祝贺他统一中原的伟大胜利;五是龙在黄帝治理国家时,多次暗助神力。

濮阳出土的"中华第一龙"

1987年,在位于河南省濮阳县城西水坡的仰韶文化遗址发现了距今6400年的龙的造型——用贝壳堆成的龙的形象,震惊全世界,被称为"中华第一龙"。考古人员在一个墓室中部的壮年男性骨架的左右两侧,发现了用蚌壳精心摆放的龙虎两个图案。其中龙的图案身长1.78米,高0.67米,昂首、弓身、长尾,前爪扒、后爪蹬,展现的是龙腾飞时的姿势。经考古学者验定,这是迄今发现的中国最早的龙的形象。

1959年,在河南省偃师市二里头遗址,也发现了大型绿松石龙形器,长约70厘米,头宽15厘米,身宽4厘米,由2000余片绿松石组成,距今至少3700年,被学者命名为"中国龙"。

河南各地的民俗,不少也与龙有关,如逢喜庆之日舞龙灯、吃龙须面等。在河南民间流传着这样一个神话故事:武则天当上皇帝,惹恼了玉皇大帝,传令四海龙王,三年内不得向人间降雨。不久,司管下雨的龙王听见民间百姓的哭声,看见饿死人的惨景,担心人间生路被断绝,便私下违抗玉皇大帝的旨意,偷偷为人间降了一次雨。玉帝得知,把这

个龙王打下凡间,压在一座大山下,山上立碑:"龙王降雨犯天规,当受人间千秋罪;要想重登灵霄阁,除非金豆开花时。"为了拯救龙王,人们到处找能开花的金豆。到次年农历二月初二,人们正在晒玉米种子时,看到玉米就像金豆,如果把玉米炒开了花,不就是金豆开花嘛!于是家家户户爆玉米花,并把开了花的"金豆"在院子里设案供上。玉帝一看人间家家户户院里"金豆"花开放,只好传谕,诏龙王回到天庭,继续给人间兴云布雨。从此,中原地区民间二月初二这一天爆玉米花,就成了一个传统。有些地方二月二要炒黄豆,也跟这个传说有关。

二月二日在饮食上有非常多的讲究,人们相信如果这一天龙颜大悦,未来一年就会风调雨顺,五谷丰登。所以这一天的饮食很多以龙为名。吃春饼叫做"吃龙鳞",吃面条则是"扶龙须",吃米饭叫做"吃龙子",吃馄饨叫做"吃龙眼",吃饺子叫做"吃龙耳",吃煎饼是为龙王嚼灾,扔煎饼是为了掩埋龙王的胎衣。这一切都是为了唤醒龙王,祈求龙王保佑一年风调雨顺,获得好收成。

这些源于河南的龙图腾文化除了在中华大地传播继承外,还被远渡海外的华人带到了世界各地,在世界各国的华人居住区或中国城内,最多和最引人注目的饰物就是龙。从中原大地产生并完善的龙的形象,目前已成为中华民族的象征、中华文明的精神内核、中华民族团结的纽带和共同的精神支柱。

第二节　中原人文始祖崇拜

中国古代的图腾文化总是与汉民族的人文始祖传说有着千丝万缕的联系,这些人文始祖,如盘古、蚩尤、女娲、黄帝、伏羲等,亦人亦神,关于他们的传说,也一样具有图腾文化的意味。

一、盘古崇拜

人类是从哪里来的？远在3000多年前的周朝，就广为流传着盘古的故事。传说他是开天辟地、繁衍人类、造化万物的创世大神。

史书中有很多关于盘古的记载，如《三五历记》记载："天地混沌如鸡子，盘古生其中。万八千岁，天地开辟，阳清为天，阴浊为地。盘古在其中，一日九变，神于天，圣于地。天日高一丈，地日厚一丈，盘古日长一丈。如此万八千岁，天数极高，地数极深，盘古极长。后乃有三皇。"[①]传说还把盘古的身体结构与大自然的一切联系起来，盘古的头是东岳，肚子是中岳，左臂是南岳，右臂是北岳，脚是西岳；盘古哭泣形成了江河，呼气形成了风，声音是下雨时的雷，眼神是天空中的电。

盘古的传说在河南省泌阳县的盘古山附近最为流行，当地每年农历三月三都有庙会，流传着盘古的各种传说：盘古开天辟地之后，和妹妹在盘古山休息。当时大洪水灭绝了人类和万物生灵，玉皇大帝派石狮子传旨希望盘古兄妹成亲，重新繁衍人类。他们觉得兄妹成亲有悖人伦，于是拒绝了。石狮子提出用滚石磨的形式测天意，兄妹每人执一个石磨分别从东西两山上推下，如果合在一起就是天意。两个石磨滚下山后，果然在河南驻马店的天中山合在一起。于是兄妹二人在三月初三结为夫妻。结婚后，生了两个大肉球，第一个大肉球里是一百个男孩子，第二个大肉球里是一百个女孩子，他们长大后配成一百对夫妻，这就成为后世的百家姓，人类又重新兴旺发展起来了。

现在盘古山上的盘古庙，已经成为当地每年一次集会的场所了。农历三月三，庙会热闹非凡，当地百姓前来烧香求子，拜祖保平安，丰富的娱乐活动也带动了当地的经济发展。

[①] 范垂长：《先秦文学详解》，东北财经大学出版社1988年版，第27页。

河南泌阳盘古山庙会

以前来盘古山组织集体祭拜的是盘古社的人。盘古社是盘古庙会上的祭拜团体，成员都是男子，他们代表家庭及亲人朝拜盘古，求得风调雨顺，阖家平安。这些男子用被单把香裱包起来，挎在身后，打着朝拜的各色大旗，成群结队向盘古庙进发。每个盘古社都会带一盘大绳子，绳子上系着红布条或红丝线，上山的时候领头人把绳子的一头系在自己身上，盘古社的其他人在其后依次抓着绳子，在领头人的带领下往上登攀，展示团结一心、共求幸福和平安的理想和精神。

来盘古山朝拜的妇女，主要是为求子。先到庙里给盘古爷磕头祷告，把自己的愿望告诉给司仪，如果想要个男孩儿，司仪就把红线套在盘古爷的左手指上，说几句求子的话，再把红线取下，系在求子人的衣服扣眼上；如果希望生个女孩儿，司仪要把红线套在盘古爷的右手指上。现在朝拜者越来越多，仪式也跟着有了改变，求子的人站在司仪面前，说明求男孩儿还是求女孩儿，如果是求男孩儿，司仪把红线系成疙瘩，想求女孩儿则把红线系成环。司仪说一套求子的吉祥话，然后将那根求子红线系在求子人的衣扣儿上。

拴红线是求子，拴白线的习俗则是为了祈福祛灾。司仪拿一根白线，一头缠在盘古爷手上，一头缠在祭拜人的身上，司仪根据祭拜人的要求说念一段吉祥祝祷的话,然后把白线从盘古爷手上取下来让祝祷的人带走,仪式完成。

求子求福的愿望如果在一年内实现了,就要在来年的三月三庙会上还愿。一般的还愿,只要把"愿物(钱)"交到庙会理事那里,烧上香、祭拜,说某某某来还愿了就行了。如果是还大愿,仪式就非常隆重,要打着彩旗,吹着乐器,敲着锣鼓,放着鞭炮,抬着愿物,热热闹闹地上山。随着社会的发展,还愿的形式也与时俱进,有请说书、唱戏的,也有请放电影的,庙会期间会有几十场电影齐放,数台大戏同演,文化活动热闹非凡。

为开发这种传统的文化资源,从 2003 年开始,泌阳县政府每年组织盘古文化节。节日期间,前来寻根拜祖、开展商贸、观光旅游的人浩浩荡荡,盛况空前。传统庙会成了集文化、旅游、经济开发、寻根拜祖、展示当地形象为一体的文化节。

二、伏羲崇拜

太昊伏羲也是中国神话传说中的一个人文始祖,在河南淮阳一带,流传着关于他的传说和对他的崇拜。

历史上伏羲是中国远古时候的部落领袖,大约生活于 7000 年前的时期,作为部落首领,伏羲带着他的部落从甘肃成纪(今天水)沿黄河东下,到达现在的淮阳。伏羲见这里土地肥沃,水草丰美,便在此建立了中国历史上第一个都城,开始了定居生活。

关于伏羲的传说很多:伏羲通过观察蜘蛛结网受到启发,学会了用网捕鱼狩猎;用网能猎到活的动物,于是把吃不完的动物养起来,开创了畜牧业的先河;伏羲钻木取火,使人类结束了茹毛饮血的蒙昧状态;定姓氏、制嫁娶,推动了社会的文明和进步;他根据龟背纹理和蓍草的草茎及自然界的现象创造了先天八卦,成为《易经》的源头;他创制历法,发明乐器;创立龙图腾,使龙成为中华民族的共同族徽和象征。

关于伏羲捏泥人、画八卦、创文字、制礼仪、造乐器、教织网捕鱼等各方面的神话传说,全国各地版本很多,如"伏羲和女娲"、"人祖爷"、"人的起源"、"兄妹造人"、"捏泥人"等。流传最广的则是伏羲、女娲兄妹补天修地、再造人类的故事。中原地区的传说是这样的:远古时期,灾难降临,洪水滔天,万物毁灭。伏羲、女娲两兄妹,被老白龟搭救,藏在龟肚子里方躲过大难。兄妹补天修地,成亲生子,抟黄泥再造了人类。从此,人类才又慢慢繁衍起来。因为太昊伏羲创下了如此巨大的功绩,所以被后人称做人祖,中原老百姓称为人祖爷,世世代代顶礼膜拜。

河南淮阳太昊陵祭祖

河南淮阳的太昊陵庙会历史悠久,相关传说可以追溯到六七千年前。伏羲为改变群婚乱配状态,制定了嫁娶礼节,禁止同姓结婚,选定每年二月为男女相会日期,让各个部落男女在此时自由选择对象。这一传统逐渐形成了每年的二月庙会。庙会期间人们来到太昊陵,一来祭祀祖先,二来求人祖爷保佑平安富足。淮阳当地人传说,二月二是当年各个部落归服、伏羲氏打出龙旗的日子,三月三则是伏羲女娲兄妹成婚、开始抟土造人的日子,所以每年的庙会从二月二开始,到三月三结束。

现在当地政府每年出面组织的祭祖大典,根据传说一般放在二月二举行,规格为最高的太牢祭祀,即祭祀用纯色的全羊、全牛、全豕三牲,仪式也非常严格。

大典结束后是持续一个月的民间祭拜。

庙会的活动与盘古庙会相似。结成社团前来祭祖的都是男子，他们是来求人祖爷保佑全家平安，人丁兴旺，四季发财。同社团的人排着长队，打着龙旗，带着社火表演队及乐器班子，抬着供品，捧着高香，一路吹吹打打，载歌载舞。妇女大都是来求子许愿的，求子程序有两项内容：一是摸子孙窑，也叫做扣子孙窑，二是到显仁殿女娲奶奶跟前拴娃娃。显仁殿东北角墙壁上，离地五尺高的一块青石板上有个十分光滑的石孔，当地人称做"子孙窑"，据说女人摸摸就会怀孕生孩子。每年的太昊陵庙会期间，子孙窑前都是人挤人，人扛人，争相来摸子孙窑。拴娃娃活动也热闹非凡，女娲奶奶像前的香案上放有很多泥娃娃，求子的妇女在女娲奶奶像前跪拜祷告，许下心愿，然后给旁边的道士送上愿钱，用红线绳拴住自己看中的那个泥娃娃，藏在衣服下匆忙离去，嘴里不停念着道士给孩子起的名字或自己事先想好的名字，一直到家，把娃娃藏在妇女床沿席下。如果怀上孩子，就认为是女娲奶奶赐给的。

祈愿得以实现，如求子得子，求财得财，考学得中，有病祛除，就要在来年的庙会上还愿，将当初许下的愿物、愿钱还上。求得男孩子的一般会更隆重一些，要等到孩子长到12岁时，家长把孩子十字披红打扮起来，举彩旗、请乐队，热热闹闹地到太昊陵前还愿，叩谢人祖爷、人祖奶奶的大恩。

三、女娲崇拜

女娲补天的传说在中国各地广为流传。女娲应该是我国原始社会晚期母系氏族社会的代表，与伏羲同一时代，生活在由母系氏族社会向父系氏族社会的过渡时期。

河南省西华县有个女娲城，当地传说就是当年女娲补天的地方。女娲城位于西华县聂堆乡都岗村西北角，考古发现该城址呈正方形，分内外两层，外郭城墙长4000米，内城墙长1440米。城墙高3米，宽约6米，城墙有烽火台，周围有城壕环绕。在其遗址出土了大量釜、罐、鬲、瓮、瓦等春秋时期遗物，表明春秋战国之际这里已筑有以女娲命名的城邑。女娲城古文化遗址于1986年被列为河南省级重点文物保护单位。

由于西华县的女娲城与太昊陵所在的淮阳相距不过百里，所以在淮阳和西华当地，有许多关于女娲的传说。

女娲被当地人称为娲皇或人祖奶奶，当地流传最多的是女娲补天和女娲造人的神话传说。女娲补天的传说是：开天辟地的时候，天下洪水泛滥，野兽出没，没有人烟。那时候天还没有长成，女娲就背着斧头从东山采来红砂石，从西山采来白玉石，又从南山、北山、中山采来其他三种颜色的石头，把它们一起放进熔炉里冶炼。过了九九八十一天，炼成了五彩石，用这些石头补住了天空的裂缝。天没有补好，补天的石子用完了，女娲看到东北还有一个窟窿，就随手拿起一块冰把东北角的窟窿堵上了，所以到现在还是一刮东北风就冷。女娲补天之后，用补天剩下的石头碎片修建了女娲城，所以这个城上经常会有五色祥云出现。

女娲造人的传说是：开辟天地之后，大地荒无人烟，女娲感觉到自己非常孤单。一次偶然的机会，女娲在一个清澈的水塘边，用黄泥按照自己的模样捏了一个泥娃娃，泥娃娃捏好之后居然蹦蹦跳跳地动了起来。女娲非常高兴，于是不停地用黄泥捏人，捏出许许多多的男人和女人。这些泥人围着女娲欢呼跳跃，然后分散到各地去，于是人类慢慢地在大地上生长繁衍起来。

还有一种传说是：当年天塌地陷，洪水泛滥，女娲带着人到处奔跑躲藏。天下的人都死光了，女娲就用黄泥和土捏泥人，泥人干了，女娲对着泥人吹口气，泥人就活了。因为天上有窟窿，所以天天下雨，女娲就用泥巴、石头补天。南边的用的是泥巴，所以雨多；北边用的是石头，所以干旱。东西两边还没有补，女娲就累得没有力气了，眼看天就要塌下来了，女娲就把自己的身体撕烂，连血带肉把东西两边补上了。这样，四边的天都补好了，女娲也因为补天而死了。因为女娲是用自己的血肉补了天，所以东西方早晚天上就会出五色彩霞。

1994年，西华县在女娲城遗址附近修建了新的女娲城，建造了女娲阁、牌坊殿、补天殿、娲皇殿、人祖殿、三皇殿、三清殿等，每逢农历的初一、十五,女娲城便有了庙会,前来祭拜请愿、观光旅游的人络绎不绝,热闹非凡。

四、"真图腾活化石"

在盛传伏羲传说的河南淮阳,有一种手工制作的民间艺术品——泥玩,当地人称之为泥泥狗。特别在当地太昊陵人祖庙会上,样式多样、色彩鲜艳的泥泥狗随处可见。

这些泥玩具形体各异,有九头鸟、人头狗、人面鱼、猴头燕、蟾蜍、蜥蜴、豆虫、蝎子等,还有各种抽象、变形的多种怪兽复合体。为何称为泥泥狗呢?当地传说:远古时代,狗被认为是玉皇大帝派到人间拯救生灵的保护神,后来还出现了以狗为图腾的氏族部落。《搜神记》卷十四《盘瓠篇》[①]中说:古代高辛氏时,有个妇人养了一条狗叫盘瓠,好五色衣,后与人成亲,是蛮夷族的祖先。在豫东一带也有这样的传说。伏羲的"伏"字,即人与犬合成的。人与狗成亲生子肯定是不可信的,但由此可以推测,伏羲氏族曾把狗作为本氏族的图腾。因此,泥泥狗的身世也应与古代当地的现实生活有关。太昊陵人祖庙会是泥泥狗广为流传的场所,故泥泥狗当地也叫做陵狗,或者以谐音叫做灵狗。

泥泥狗是淮阳这种泥玩具的总称,造型古朴别致,浑厚自然;用色以黑为主,饰以红、青、黄、白,采用当地的胶泥捏制而成。题材多为奇禽怪兽,种类繁多,极富神话色彩。制作工艺是:艺人先将胶泥捏制成型,然后放于锅中染上黑色,再着以红、白、黄、粉等色,最后用点线结构图案加以彩绘。通体凝重大方,有古代彩陶的风韵。

泥泥狗按其造型大小和着色的不同,可分为小泥鳖、小中板、娃娃头、大花货等四种类型。最具有代表性的作品是大花货类型的人面猴,形象类似早期人类,似人似猿,面目黑瘦,周身有毛发。这种处理方法,暗合了人类从猿猴进化而来的观点。

---

① 胡怀琛:《搜神记》,商务印书馆1957年版,第101页。

淮阳泥泥狗

淮阳泥泥狗当中,有一种玩具埙,与近年在西安半坡氏族遗址、平粮台古城遗址、湖北曾侯乙墓中出土的埙形状相似。埙是一种年代非常久远的乐器,现在已不多见了。《拾遗记·春皇庖牺》记载:"庖牺(即伏羲)丝桑为瑟,均土为埙,礼乐于是兴矣!"[1]传说埙这种乐器是伏羲创造的,又在伏羲陵周围地区流传,更增加了当地对伏羲氏的崇拜感。

泥泥狗题材丰富,牛、马、鸡、羊、鸠、蛙等均有表现,很具文化色彩,是中华民族在世界独树一帜的艺术之一。如"草帽老虎",就是古代男女婚姻的一种象征:一只老虎头戴一顶荷叶状的草帽,半蹲半卧,形神兼备,羞涩的面目遮盖在草帽下,始终不愿显露半分。

泥泥狗一般都是在春季开始捏制生产,待来年太昊陵古庙会期间绘彩出售。制作泥泥狗有老模子,代代相传。据民间老艺人说,老模子谁也不改动,改了就不是人祖爷的人和狗了。现在当地具有传世绝技的泥泥狗艺人并不多,他们制作的泥泥狗种类繁多,仅猴一样,就有抢桃猴、搬腿猴、撅嘴猴、歪头猴、亲吻猴、多头猴等数十样,风格各异,而

---

[1] [晋]王嘉:《拾遗记》,中华书局1981年版,第1页。

又万变不离其宗。

造型稀奇古怪的泥泥狗,被人们称为"真图腾活化石",就像一部活生生的《山海经》展现在人们面前,使我们领略到远古部落时期人类的生存环境和生活意味。夸张的手法、逼真的造型、对比强烈的色彩,使它呈现出一种古朴的原始美,呈现出一种中华民族文化的特色,蕴涵着不可估量的艺术价值。[1]

第三节 世代相传的中原门神文化

辞旧迎接,中原百姓的一件最重要的事便是贴门神、对联。从腊月二十八开始,家家户户都纷纷上街购买春联,有雅兴者自己也铺纸泼墨挥毫,将宅子里里外外的门户装点一新。门神原来是道教和民间信仰的守卫门户的神灵,人们都将其神像贴于门上,用以驱鬼辟邪、保家平安,是民间最受人们欢迎的保护神之一。

关于门神的起源,中原地区流传着这样一个传说:当年,秦王李世民率兵攻占了开封。开封父老向唐王诉苦:连年打仗,死人太多,城中夜里闹鬼,百姓的日子没法过了。晚上李世民休息,也常常被噩梦惊醒,不能入睡。大将秦琼、尉迟敬德知道后,秦琼手持双锏,敬德紧握金鞭,威风凛凛分站在门旁,一夜无事,李世民睡得很香。但两位大将不可能每天晚上不休息,而且怎么样能让全城百姓的安全也有保障呢?李世民灵机一动,让画家画了秦琼、敬德的像贴在两扇城门之上,以保整个城市的百姓平安。

位于河南省开封西南20公里的朱仙镇,有一位巧木匠来到开封,看到城门上两位将军的画像,回去后把两人的像刻在梨木板上印成门神。木匠的门神画一时供不应求,后来就发展成供喜庆节日张贴的年

---

[1] 焦艳娜:《中原神话的价值研究》,兰州大学2007年硕士论文,第17~18页。

画。从此,朱仙镇年画一举成名。

传说毕竟是传说,真假无从考证,但河南朱仙镇作为中国年画的源头,却已得到专家的充分论证。以朱仙镇年画为代表,可以看出中原的门神种类繁多,除了常见的秦琼、敬德之外,还有一些百姓喜闻乐见的门神形象。

这些风格多样的门神,也是现代社会某种意义上的"图腾",因为在这些保护神身上,寄托着百姓某些心灵深处的认同。有学者就从图腾信仰方面研究考证出灶神原型是图腾动物蛙和灶间动物蟑螂的说法。①

一、捉鬼钟馗

钟馗门神(朱仙镇年画)

钟馗是唐代就出现的一位门神,传说他不但捉鬼,而且吃鬼,所以人们常在除夕之夜或端午节将钟馗图像贴在门上,用来驱鬼辟邪。门神钟馗的形象是:豹头怒目,如钩鼻子,头戴乌纱帽,脚蹬黑朝靴,身穿大红袍,右手执剑,左手捉鬼,威风凛凛、正气凛然。

中原地区流传的钟馗传说是:钟馗是唐朝玄宗年间的一个举子,长得豹头虎额,铁面环眼,脸上长满虬须。钟馗才华出众,但因外貌丑陋

---

① 廖海波:《民间灶神信仰与传说研究》,华东师范大学博士论文。

而未被主考官录用。盛怒之下，拔出站殿将军腰间的宝剑，自刎而死。

钟馗蒙受的冤屈传到上天，感动了玉皇大帝。玉皇大帝对钟馗刚烈不屈的性格非常赞赏，有意对他委以重任。在黄泉路上，钟馗接到一纸聘书，被玉帝任命为阴阳两界的判官。

后来唐玄宗患病，请了许多医生救治，效果不佳，宫廷上上下下都很着急。一天晚上，唐玄宗梦见一小鬼偷窃宫中财物沿着殿墙边逃跑，急忙喊叫捉拿，只见一位相貌魁伟的大丈夫跑上殿来，捉住小鬼，挖眼吃掉了。玄宗问他是什么人时，他回答："钟馗。"唐玄宗醒来后，病竟然就好了。于是请来画师吴道子将钟馗的像画了下来，将画挂在宫门之上，作为门神。由于钟馗门神守门灵验，所以皇上就大量印制赐给群臣，钟馗门神也慢慢由皇宫走向了民间。

关于钟馗的民间传说还有很多，有些与历史明显相悖。钟馗真实原型无法考证。有人认为钟馗由终葵演变而来。终葵是一种辟邪利器，南北朝时许多人取名钟葵或钟馗，是希望像古人用以刺鬼的利器终葵那样，让所有的鬼魅望而止步，逐步演化为唐代人格化的钟馗。

道教也将钟馗视作祛恶逐鬼的判官。钟馗便成了道教驱鬼捉鬼的神将。中原地区民间流传有钟馗嫁妹、钟馗捉鬼、钟馗夜猎的故事。

二、福禄寿三星

福禄寿三星也是中原门神中常见的一种，由于三神分别掌管着人间的幸福、利禄、长寿，所以成为吉祥门神的代表。

福星是古代对木星的称呼，木星又称为岁星，古人经过观察发现，在木星活动的 12 年周期当中，气候也呈现周期性变化，因为木星与太阳的活动周期规律相似，所以可以用来纪年和修订历法。从《史记·天官书》的记载来看，2000 多年前的秦汉时期，就有政府专门建造的庙宇来供奉岁星[①]，这种祭祀制度一直持续到晚清。

---

① 司马迁：《史记》，吉林文史出版社 2003 年版，第 156～168 页。

现在发现最早的福星形象是唐代梁令瓒《五星二十八宿图》中的形象,该画绘制于唐朝开元时期,描绘了28位星神的形象,排在众星之首的就是福星。画中的福星长相似怪兽,头部似虎非虎,一双豹目圆睁,身着简朴长衫盘膝而坐,又像一位读书人,骑着一头硕大的野猪。发展到元朝时,福星已经是天庭饱满、地阁方圆、大福大贵之像了,后来这一形象一直变化不大。

福禄寿三星门神(朱仙镇年画)

福星的传说跟唐代的一个叫阳城的清廉官员有关。唐朝时期,道州每年需要把身材矮小的侏儒作为贡品,送到宫中做太监,由于道州并无那么多侏儒,历任道州刺史就把健康的儿童置身于陶罐中,只露出头部,由专人供给饮食,用这种残酷手段制造畸形侏儒进贡。阳城拼死上书给皇帝,请求停止上贡,为当地百姓免除了灾祸。根据这个真实的故事,大诗人白居易写了《道州民》一诗。出于对阳城的敬仰,当地人开始把他当做福星供奉。

禄星是主管功名利禄的星官,古代的读书人追求一试成名,做官发财,所以产生了对禄神的崇拜。特别是隋唐以后,科举制度的兴起,使平民百姓有机会靠读书做官改变自己的命运,然而能考中的毕竟是少数,于是士人开始祈求神灵相助,禄星开始走红起来。

禄星传说也是由一颗星辰演化而来,这颗星位于北斗七星的正前方,与北斗七星相伴升起。关于他的传说很多,有人认为他就是保佑考生金榜题名的文昌星,也有人认为他原本是身怀绝技的道士。

宋代文昌星的形象是一派朝廷命官气度,气质高贵不凡,配以蟾宫折桂等种种吉祥图案,营造出金榜题名的美好意境。

在明代,禄星又被赋予了一个全新的角色——送子的神仙。在流传的民间故事里,禄星被称为送子张仙,即一位姓张的神仙。这位张仙是五代时期一位道士,名张远霄,在巴蜀道教名山青城山修道成仙,擅长用弹弓打那些为害人间的妖魔鬼怪,百发百中。张仙怎么成为送子神仙的,传说不详。北宋有一则张仙送子的故事,苏洵两个儿子苏东坡和苏辙,就是张仙托梦送来的。苏东坡和苏辙两兄弟参加同一年科举考试,在同一考场上双双高中进士,一时轰动朝野,张仙送子的名声也随之大振。

寿星也是由一颗星辰转化而来的,从天文学的角度讲,它是船底座α星,位于南半球南纬50度左右。

寿星又称南极仙翁,相对于福星和禄星而言,寿星绝对是一个知名度最高的神仙。司马迁《史记·天官书》中记载,秦朝统一天下时就开始在首都咸阳建造寿星祠,供奉寿星。[①] 和蔼可亲的面容、突出的大脑门儿,一手执手杖、一手捧寿桃,这个形象深深地刻在了每一位中国人的脑海中。对于健康长寿的老人,人们都习惯地尊称他为"老寿星"。

寿星突出的大脑门儿,其实是古代养生术所营造的长寿意象的融合叠加,使人很容易联想到象征吉祥长寿的丹顶鹤头部;还会让人想到王母娘娘蟠桃会上特供的长寿仙果——寿桃,寿桃三千年一开花,三千年一结果,食用后立刻成仙长生不老。

手杖也是寿星一个突出特征。这个手杖是王杖,东汉明帝在位期间,曾主持一次祭祀寿星的仪式,还安排了一次特殊的宴会,邀请的都

[①] 司马迁:《史记》,吉林文史出版社,2003年版,第156~168页。

是年过70的古稀老人。盛宴之后,汉明帝颁发给老人王杖。王杖因顶端有斑鸠鸟的雕像,也称鸠杖。魏晋以后,寿星的手杖产生了变化,斑鸠的王杖换成了桃木手杖。据说是因为桃木能祛病强身,延年益寿,过去象征特权的王杖,现在成了寿星手中祛病强身的长寿吉祥物。

福禄寿三星,起源于远古的星辰自然崇拜。古人按照自己的意愿,赋予他们非凡的神性和独特的人格魅力。由于他们在民间的影响力,封建政府曾借助用于实施王道教化,道教也曾对他们大加推崇,以招徕信众,扩大自己的声势。虽然他们后来离开了政治,失去了高高在上的神威,却也因此获得自由,走入寻常巷陌,千家万户,成为古代民间世俗生活理想的真实写照。

三、和合二仙

和合二仙是中原古代传说中主婚姻和合之神,他们手持的荷花是并蒂莲的意思,盒子象征"好合"的意思,有的还有五只蝙蝠,寓意五福临门,大吉大利。旧时中原百姓常在婚礼时将其挂在堂前,也作为门神在春节时张贴于门上。关于和合二仙的传说很多,常见的就有三种:

其一:

唐代有两位高僧,一位叫寒山,另一位叫拾得。寒山是一个隐士,善于写诗,性格古怪,经常有一些别人不理解的举动,以至于别的和尚都说他疯了。寒山却与一个叫拾得的和尚情同手足。二人在佛学、文学上都志同道合,经常在一起吟诗作对,互相唱和,后人把他们的诗汇编成《寒山子集》三卷。民间珍视他们情同手足的情意,把他们推崇为和睦友爱的民间爱神。清代雍正皇帝正式封寒山为"和圣",拾得为"合圣",和合二仙从此名扬天下。

其二:

唐朝时有个姓张的僧人,此人生性痴愚,相貌丑陋,传说是菩萨转世,因犯天条被佛祖贬到人间。他有个哥哥在边东当兵,很长时间没有音讯,他的父母日夜涕泣想念,于是他出门如飞,一日往返万里,并带回一封哥哥写的家书给父母,故被称为"万回"。张万回容貌怪异,传说唐高宗曾把万回召入宫,武则天还送他锦袍玉带,他所说之事多有应验。万回死后,宫廷、民间都奉祭他,认为此人能未卜先知,排解祸难,而唐明皇亦封万回为圣僧,后人视为"团圆之神",称之为"和合"。

宋代时,老百姓在节日要祭万回,相信能使万里之外的亲人回家团圆。

其三:

很久以前,华山的云台峰上住着一位修道者,他带领两个徒弟专心致志地修道炼丹。为了找回药材,老师父每天一早就背上背筐,扛着药锄,走出庙门,步遍峰、岭、沟、坡,寻找药材,直到日落西山才回来。

一天,他正在山间挖药,忽然来了两个头结发髻、身穿红色兜肚的胖娃娃,帮着他寻找药苗。太阳西下,他要回家了,两个可爱的娃娃也就一跳一蹦地消失在密林里。一天,两天,三天,这两个娃娃天天都是他来则来,他回则回。日子长了,他不由得疑惑起来,这两个既懂事又勤快的娃娃到底是谁家的,一定得弄清楚才是。

夜半时分,老道士悄悄准备了一根白线,用针穿好。第二天,趁两个娃娃帮他寻找草药的时候,偷偷穿在了一个娃娃的身上。老道士顺着白线的记号,发现了几根异样的草苗,任何东西都没有。于是,他就操起药锄,围着小苗四周挖起来。在很深的地下,挖出一根白光细嫩的大黄芩、一根四肢齐全的大人参。

老道士想着用人参、黄芩炮制中药,救济世人,就让两个徒弟支起火来在家炖药,自己继续上山采药。按师父的要求,药需要炖七天,炖到第五天的时候,两个徒弟揭开锅盖,看到炖了几天的人参,显得格外白胖,浮游在锅里,肥嫩细腻,浓香扑鼻!经不住诱惑,徒弟们竟然把人参吃得干干净净。

老道士挖药回来,看两个徒弟把人参都吃光了,拿起捅火棍,劈头打来。两个徒弟一见老师父真的动了气,撒腿就往庙门外跑。两个徒弟前面跑,师父后面撵,忽然一声巨响,两个徒弟的身子贴上了西峰北

面的大石壁上。

和合二仙（朱仙镇年画）

从那时起，华山水帘洞旁的山石上，有了两个携手而站的人影，后人把它叫和合二仙。

四、灶王爷门神

除了在门上贴门神，中原地区在农历腊月二十三，还有在灶边贴灶神的风俗。腊月二十三祭灶的习俗，在河南还有一则凄凉的民间传说。

一对老夫妇有一个视为掌上明珠的独子，十分疼爱。但家里太穷，无以糊口，只好让儿子到煤矿去挖煤。儿子外出很长时间不归，老人非常想念，老汉决定去矿上看看。路上，老汉遇到一个光脚的同路人，交谈得知，他是受阎王指使，来矿上收一百个矿工性命的。老汉乞求他留下自己的儿子。他慷慨应允，叫他不要告诉别人。

按照他的安排，老汉保住了儿子的生命，也一直没有把这个事告诉别人。转眼三年过去了，这年腊月二十二夜里，老汉想起当年的风险，忍不住对老伴说了。谁知此话被灶君听见了，二十三晚上，灶君上天后,对玉帝讲了这件事。玉帝震怒,当即惩罚了"光脚",并收走了老汉的儿子。

灶王爷(朱仙镇年画)

为此,每到腊月二十三这天,人们敬灶君吃灶糖,希望他到天宫后,不要再搬弄人间是非。

祭灶供灶糖的原因,是为了粘住灶爷的嘴巴。传说灶爷是玉帝派往人间监督善恶之神,他有上通下达,联络天上人间感情,传递仙境与凡间信息的职责。在他上天之时,人们供他灶糖,希望他吃过甜食,在玉帝面前多进好言。人们在贴灶爷像的时候,还要不停地祷告:"腊月二十三,打发灶爷上了天。上天言好事,下世保平安。"甚至在春节蒸馒头时,还在嘴里说着:"老灶爷姓张,蒸得馍白光。"乞求灶王爷保佑自己在过节时蒸出又白又光的馒头来。

五、牛王爷、马王爷

中原门神中,还有两个成对出现的神仙:牛王爷和马王爷。传说阎王爷手下有两个大将。一个像牛,俗称"牛王爷";另一个像马,俗称"马王爷"。

牛王爷和马王爷(朱仙镇年画)

民间传说阎王爷主掌人间生死,统治天下所有人的魂魄。如果生前多给牛王爷烧香磕头,就等于和他有了一面之交。这样,等人死后到了阴间,牛王爷就会在阎王爷面前替人说好话,使之早日托生,不至于长期在地狱里受罪。如果牛王爷高兴,他还会偷偷地在阎王爷的生死簿上多加上几岁阳寿,这便是牛王爷被祭拜的原因。

马王爷的传说是:玉皇大帝派星日马(这是马王爷的学名)和娄金狗、奎木狼、虚目鼠下凡,去四方巡察。这四个神仙按东南西北各走一方,先后返回天庭向玉帝述职。其他三个神所报的均是善人善事,说下界一片歌舞升平景象。只有星日马查访的善恶之事都有,还有豪强欺负穷人的事。玉帝听了有所怀疑,就派太白金星下界复查,发现娄金狗三神所报不实,他们在下界贪吃受贿,昧着良心说了假话;星日马廉洁奉公,好坏善恶如实奏报。玉帝感慨他明察秋毫,赐给他一只竖着长的眼睛。从此,马王爷比以前更加目光如炬,人见人怕。于是,民间流传这样一句俗语:"你可知道马王爷,三只眼不是好惹的。"

在中原门神的行列里,牛王爷和马王爷的身份有了改变,他们常常被顾名思义地赋予了掌管牛马的职能,因而常常用作门神张贴于喂牲口的屋子。这虽然是望文生义、以讹传讹的结果,另一方面,也显示了中原人民对鬼神的幽默和智慧。

第二章
请问您贵姓
——中原姓氏文化

姓氏是区分人类血缘与族群关系的文化符号，一个个的姓氏把一个个不同的家族群体区分开来。对于任何人类个体，姓氏都与生俱来，并将终生相随。对中国人来说，姓氏是祖宗所赐，是一个人尊严的表现，尊重姓氏便是尊重祖宗和自己。对于一个家族来说，姓氏是凝聚一族人的最重要力量；对一个民族来说，则是维系这个民族的重要纽带。

姓氏文化，涉及姓氏起源、姓氏流变、家族播迁、名人事迹与遗迹、家谱、宗祠、世系、家训、郡望、堂号、堂联、字辈等，以及由此形成的尊祖敬宗、寻根问祖等文化习俗。

中华民族人文始祖大都出自中原或主要活动于中原；中华大姓除了个别例外，大都发源于中原。可以说，中华民族的血脉之根在中原。河南是中华姓氏的摇篮，中华姓氏无论肇始还是大量衍生都与中原关系密切。姓氏文化已成为中原独特的一种文化现象。

第一节　中国姓氏渊源

现在中国人的姓氏都是几千年代代相传而来的,许多姓氏从无到有,有分有合。丰富多彩的姓氏,已经成为中华民族灿烂文化的特征之一。追溯这些姓氏的渊源,其实就是在审视我们民族的发展史,审视我们这个民族文化的发展史。

一、古代的姓与氏

姓氏,已同姓名一样,成为我们每个人的标志,每个人的"名片"。古代常讲"男子汉大丈夫行不更名,坐不改姓",陌生人见面先问:"请问您贵姓?"姓已成为身份的一部分。现在一些需要排序的场合不便于排序时,也常"以姓氏笔画为序",以显示其公正性。

现在姓氏常常并称,是一个词,表示同一个概念。其实在上古时期,姓与氏所指完全不同,姓是用来表示一个人的血统来源,是指他的血统来源;氏则是姓的分支和发展,是指他子孙的血统来源。清代学者顾炎武根据《春秋》,考证出秦汉以前的22个姓。[①] 例如周王室和鲁、晋、郑、卫、燕、韩、虞、虢、吴、随、巴等封国都是姬姓,是出自黄帝的姓;齐、申、吕、许等国是姜姓,秦、徐等国是嬴姓,楚国是芈姓,殷人后裔的宋国是子姓,夏人后裔的越国是姒姓,传说中虞舜后裔的陈国是妫姓,等等。从字形我们可以看出姓形成时期的社会文化形态,很多古代的姓都从女旁,连"姓"这个字本身也从女旁,表明我们祖先曾经历过母系氏族社会。还有的古老姓氏与动物有关,如熊,表明我们祖先曾有过原始氏族的图腾崇拜现象。

姓氏标明一个人的身份贵贱,古代的贵族男子通常有姓有氏。姓

---

① 赵俪生:《日知录选读》,巴蜀书社1972年版,第181~182页。

是贵族的血缘标志,说明源于"五帝"时期的哪个家族;氏是人为形成的结果,标志这个人的上辈在哪里当过官,或者得到什么赏赐。所以,姓是稳定不变的,而氏却是可变的,有时变化还相当频繁。特别是诸侯大夫,由于职位的升迁,就可能带来与上一代不同的氏,还会出现一个人一生前后可以有两个或两个以上的氏。氏的变化更替,反映的是贵族内部在政治斗争中家族力量的此起彼落。春秋中期,晋国有位大夫仅见于《左传》的称谓就有九种:会、季氏、武子、士会、士季、随会、随武子、范会、范武子。如果不明白这位大夫前后曾有过三个氏,便很难明白这么多不同的称谓指的都是一个人。士、随、范是氏。士,出自其祖先曾担任过士的职务,是以官名为氏。随、范分别是这位大夫先后受封的两个封邑。其余,会为名,季为排行,武为谥号。知道了这些,才能理解那九种称谓只不过是一个人的不同叫法而已。又如战国中期的著名法家代表人物商鞅,又被叫做卫鞅、公孙鞅,这是由于商鞅原系卫国公室的子孙,所以有了"卫"和"公孙"两个氏。

　　古代严格姓氏之间的区别,除了明确身份的贵贱之外,还有两个作用:一个就是以此严格男女之别。夏、商、周时期,男子只称氏,女人只称姓,男的可以称氏,女的不行,只能称呼姓。第二就是为了婚姻,我国自古就有"男女同姓,其生不蕃"①的说法,同姓男女结婚,后代就不健康。所以,认为同姓男女结婚有悖人伦。后来随着姓的扩展,这种人伦观念也得到不同程度的修正。

　　春秋末年,战争不断,社会结构发生了很大的变化,姓氏制度受到挑战,二者之间的界线慢慢变得模糊不清,出现了姓氏走向统一的趋势。特别是秦朝统一天下以后,废除了世袭的贵族公侯,和老百姓一起编入户籍,致使有些原来有姓有氏的贵族也只知道自己的氏,忘记原来的姓了。此后的人们有时称姓,有时称氏,有时姓氏并称,姓氏逐渐地合而为一。

---

① 张文学注,管曙光译:《春秋左传》,中州古籍出版社2000年版,第1987~1988页。

姓氏的统一使得每个宗族有了固定的姓氏,后世一直沿用,逐渐就形成了许多一脉相传的家族,血统源流的线索更加清晰。这也极大地丰富了姓氏文化,使得后人在研究自己的姓氏历史时,可以很容易厘清自己血缘所出。

二、姓氏的演变

姓和氏,是人类进步的两个阶段,是文明的产物。原始人以血缘关系组成不同的部落,为使部落之间相互区别,可能以图腾或别的什么特征来称呼自己的部落,这个名称应该是现代姓氏最初的雏形。由于当时没有文字,这个名称只能是口口相传。发展到文字的出现,人类才得以把这些最初的部落的姓记录下来。

三代之前,在适于人居的中原大地上,活跃着许许多多不同的部落。这些部落的开创者或者突出的部落首领,由于他们突出的事迹不断传说而被神化,成为我们中华民族的人文始祖。如我国传说的黄帝、炎帝、尧、舜、禹等人,他们当时就不但被自己的部落奉为神明,还被别的部落引以为自己的部族称号。这些称号就慢慢发展成了后来的姓。这些姓有些是以居住地而命名,如黄帝部落依姬水而居就以姬为姓,炎帝依姜水而居就以姜为姓;有些是因为有功而使自己的部族被赐姓,大禹以治水有功,被赐姓为姒;有些是因为祖先在部落的荣誉而被赐姓,黄帝有25子,14人有姓——姬、酉、祁、己、滕、任、荀、葴、僖、姞、儇、依12姓,其中有4人分属2姓,祝融之后,后代分为己、董、彭、秃、妘、曹、斟、芈等8姓,史称祝融八姓。

部落进一步分化,衍生许多支族,这些支族在部落的基础上,以与本支族有关的人或物命名,这些名称应该是最早的氏。夏商时期,贵族都有姓有氏。夏王室承袭大禹以姒为姓,霸主昆吾为己姓,己姓之下又有苏、顾、温、董、豢龙等氏。商王室以子为姓,另有霸主大彭、豕韦为彭姓,商代另外还有条氏、徐氏、萧氏等13个氏。

商代甲骨文中,记载着我们最早的姓氏。从已经考证确认的甲骨文字看,有"帚秦"、"帚楚"、"帚杞"、"帚周"、"帚庞"等字,"帚"字就是后来的"妇"字,"帚秦"即"妇秦",指来自"秦"部族的妇人。其中的"秦"、"楚"、"杞"、"周"、"庞"等字,都被认为是我国早期姓氏的一部分。

发展到周代,由于文献资料的增多,姓氏制度更加完善。周的王室为姬姓,周所分封的诸侯国君和卿大夫之中,有同姓的,也有异姓的。到东周春秋时,可以考证确认的有姬、姒、子、风、嬴、己、任、祁、芈、曹、董、姜、偃、归、曼、熊、隗、漆、允等22姓。虽然周代贵族有姓有氏,但只有女子才直接称姓,未婚女子如齐姜、宋子,齐、宋为国名,姜、子为姓。已出嫁女子,如江芈、栾祁,江、栾为夫家国、氏名,芈、祁为女子本人的姓。

当时贵族获得氏的方式有以下几种①:

1. 以国名为氏。诸侯国君主以受封的国名为氏。如:晋重即晋文公重耳,以国名晋为氏,重为重耳的简称;鲁申即鲁僖公申,国名鲁为氏,申为名。

2. 以封地为氏。卿大夫及其子孙以采邑名为氏。如:晋国大夫毕万采地为魏,后世子孙以魏为氏;曲沃桓叔之子公子万封于韩,以韩为氏。

3. 以官名为氏。贵族及其子孙以其官名为氏。晋国的林父为步兵组织"三行"里"中行"的军帅,称中行桓子,其子荀偃称中行偃,以中行为氏;宋国执政卿乐喜(子罕)称司城子罕,其孙乐祁(子梁)称司城氏,以司城为氏。司徒、司马、司空、司寇也是此类。

4. 以职业为氏。如巫氏、卜氏、祝氏、史氏、匠氏、陶氏等。

5. 以居住地为氏。鲁庄公子遂住鲁东门,称东门遂(名)、东门襄仲(字),以东门为氏;宋国乐大心为右师,居于宋桐门,称桐门右师,是以桐门为氏。其他还有东郭、西门等。

---

① 郭锡良等:《古代汉语》,商务印书馆1981年版,第485~489页。

6. 以同周王或诸侯君主血缘关系远近之称为氏。周僖王之子虎称王子虎,其孙称王孙苏;郑穆公之子喜(子罕)称公子喜,其孙舍之(子展)称公孙舍之。

7. 以贵族的字为氏。按照宗法制度,公族只包括各代国君的近亲三代,公孙之子不属公族而需另外立氏。这些贵族子孙多以其王父(祖父)之字为其氏。郑国公子发字子国,其孙国参(子思)即以"子国"的末字为氏;另有公子,字子驷,其孙以"驷"为氏。以祖父之字为氏很常见。

商周以后,由于人口的增多和社会的发展,姓氏也渐渐丰富起来。这些姓氏经过漫长时代的分化、发展、演变,逐渐成为今天我们使用的百家姓。

姓氏产生之后,还有一个不断发展的过程。一些姓氏会由于某种原因被废止,同时,一些新的姓氏也会不断地产生。在姓氏的发展史上,很多因素都可以导致某种姓氏废止、绝迹,或者被一个新的姓氏所取代。

封建社会等级制度森严,有因为避某位皇帝的名讳而改姓的。如秦汉时的籍姓,因避西楚霸王项籍的名讳而改姓席;唐末王审知称闽王,当地沈姓改为尤。

有些是因读音相近而变为别的姓氏。如江淮地区韩、何不分,北京一带耿、简音近,福建沿海王、黄不分,历史上都有互改现象。读音相近而搞混的情况,现在也不同程度存在着,如闫姓和阎姓,有些闫姓或阎姓的人自己就搞不清楚,认为闫是阎的简化,其实这是两个不同源头的姓,如果以讹传讹下去,也有可能造成部分或全部的两姓合一。

也有一些是因为字形的节省而改姓的。如现在的于、曾二姓。于原作邘,周武王之子封于邘,建诸侯国,后代以国名为氏。邘国地处中原,今河南沁阳西北15公里有邘城及邘台,应当是邘的故地。邘姓子孙后来去阝为于,但也有继续姓邘的。从这个姓氏的发展现状来看,明显是后来者居于上风了,于姓很常见,邘姓却很少有人知了。

有些是因避乱避祸等主动改姓。如南北朝时,南朝人刘凝之避乱入北朝,改姓员;闽国灭亡后,王审知子孙为逃避仇人追杀,分别改姓游、沈、叶等;汉武帝时丞相田千秋,因武帝恩准乘车上殿,家族以此为荣,从此改姓车。

有些是少数民族或外国人受汉文化影响而改姓的。如隋末王世充本西域少数民族,来到中原后改姓王。中国历史上影响最大的姓氏事件,是发生在公元496年由北魏皇帝主持的把鲜卑姓改为汉姓。当时鲜卑人的姓都是三个字或四个字,受汉文化的影响,孝文帝下令把繁杂的鲜卑姓改为汉姓。总计有144个鲜卑姓氏被改为汉姓,到宋代人编修《百家姓》时,由这次改姓而来的许多姓氏都被收录了进去。如今,如果仅仅从姓氏上看,我们更加无法区分它们的族属了。

总之,我国姓氏的发展和演变经历了一个漫长的历史过程。姓氏的发展历史既与一个家族的兴衰密不可分,更与整个社会的发展息息相关。要全部理清各种姓氏发展和演变的线索,有待于进一步的探讨和研究。

第二节　根在中原

从古到今,中华民族的姓氏总数已近12000个。[①] 每一个姓氏的背后,都有着一个源远流长的故事。一个个丰富多彩的姓氏发展史,展现的是博大厚重的中华文化。循着姓氏的历史轨迹寻根,我们会发现,中原是华夏文化的主要发祥地,同样也是华人姓氏的摇篮。

一、源于中原的黄帝传说

黄帝是中华民族的人文始祖,很多姓氏都能追根溯源在黄帝这里。

---

① 翟文明:《中国姓氏地图》,中国书籍出版社2004年版,第2页。

西汉历史学家司马迁写《史记》,就上溯至黄帝。在先秦时代,中原各地就到处流传着黄帝的故事,诸子百家书籍也记载着黄帝的一些事迹。根据这些传说和记载,司马迁写了《五帝本纪》,即黄帝、颛顼、帝喾、唐尧、虞舜。《五帝本纪》说,黄帝为少典之子,姓公孙名轩辕。传说黄帝生下来几十天就能说话,长到六七岁思想就十分灵秀,成人后聪明异常。

据史料推算,黄帝活动年代大约在公元前 24 世纪,距今 4400 年。《五帝本纪》载:"蚩尤作乱,不用帝命。于是黄帝乃征师诸侯,与蚩尤战于涿鹿之野,遂禽杀蚩尤,而诸侯咸尊轩辕为天子。"[1]蚩尤是当时九黎族的领袖。九黎氏住在现在山东境内。炎帝、黄帝同居于关中黄土高原。后来炎、黄向东发展,炎帝进入河北,居于太行山以东。黄帝进入中原现在河南嵩山一带。蚩尤要向西发展自己的版图,于是炎、黄、蚩尤三大部落集团展开了逐鹿中原的大战。

通过战争,黄帝擒杀了蚩尤,率兵进入九黎族的地界,来到泰山之巅,会合各氏族首领,封禅泰山,拜祭天地,从此号令天下。

黄帝统一天下后,定期到国内各地巡行,体察疾苦,劝民耕织。东边到了大海,登上了琅邪山和泰山;西边到了今甘肃崆峒,登上了鸡头山;向南巡察到了长江,登上熊耳山和湘山。为了消除北边部族的威胁,黄帝亲自率兵击溃了他们,驱逐他们到北面更为边远的地区,然后会聚天下诸侯,四海安静,宇内和平,人们生活富足安康。

黄帝时已开始多妻制,传说黄帝有 14 个妻子,元妃为西陵氏名嫘祖,教民蚕织,次妃为方索、彤留、嫫母等。黄帝有 25 子,其中得姓的即为诸侯的有 14 人。14 人有 12 姓,即姬、酉、祁、己、滕、葴、任、荀、僖、姞、儇、依。另外,青阳、苍林与姬同姓,故 12 姓为 14 人。姓氏制度的开始,表明黄帝时代父权制的形成。

黄帝统一了诸侯,草创了国家,成为当时各个部族的领袖人物,也

---

[1] 司马迁:《史记》,黑龙江人民出版社 2004 年版,第 1 页。

使他成为中华民族的民族魂。"黄帝子孙"这一口号至今仍是我们汉民族的共同心理,具有无限的凝聚力。被黄帝打败的炎帝,教民农耕,称为"神农氏",受到后世人民的爱戴,与黄帝并称,所以"黄帝子孙"这个口号也称为"炎黄子孙"。

早在春秋战国时,新郑当地就有三月三拜轩辕的习俗。现在的河南新郑,每年农历三月初三都要举办规模宏大的祭拜人文始祖轩辕黄帝的大典。拜祖大典被列为国家级非物质文化遗产,成为海内外炎黄子孙寻根拜祖的圣地。黄帝故里2000年被公布为河南省重点文物保护单位、郑州市十大旅游景点之一;2006年5月25日,国务院公布为全国重点文物保护单位,同年6月被评为国家AAAA级旅游景区;2007年被评为郑州市爱国主义教育基地。

黄帝故里景区位于河南新郑市区轩辕路。黄帝故里祠始建于汉代,历代多次毁坏重修。特别是20世纪90年代后,多次改造修缮,目前,景区占地面积7万多平方米,突出了中华民族寻根拜祖主题,建设有拜祖区、故里祠区、广场区三大板块。拜祖区有轩辕丘、黄帝纪念馆、黄帝像、中华文明圣火台、文化长廊、拜祖广场等;广场区设中华姓氏广场,是亚洲最大的姓氏广场。其中中华姓氏墙镌刻了3000多个姓氏。景区从南至北有13米宽的红色花岗岩大道,中间是5米宽的黄色花岗岩拜祖圣道,象征炎黄子孙血脉相连、薪火相传。

二、中华民族姓氏的根在中原

目前中国的姓氏到底有多少,还没有一个准确的数字。姓氏专家袁义达、杜若甫在其主编的《中华姓氏大辞典》[①]中,收录的姓氏达11969个,其中单字姓5327个,双字姓4329个,3个字以上的姓氏2313个。据初步统计,在《中华姓氏大辞典》所列11969个姓氏中,有4925个未注明姓氏来源,有2224个系少数民族姓氏,下余4820个为汉族姓

---

① 袁义达等:《中华姓氏大辞典》,教育科学出版社1996年版。

氏。对这4820个姓氏的来源进行统计,起源于中原(河南)的姓氏共有1834个,占4820个姓氏的38%。从姓氏的数量上来看,源于中原的姓氏所占的比例相当可观。

从人口数量来统计,源于中原的比例更多。依据《中华姓氏大辞典》提供的姓氏拥有人口资料,当今按人口多少排列的前120个大姓共占汉族人口的90.11%,也就是说13亿人中有11.7亿人以这120个姓为自己的姓。在这120大姓中,全源于中原的姓氏有52个,即李、张、陈、黄、周、林、何、宋、郑、谢、冯、于、袁、邓、许、傅、苏、蒋、叶、阎、潘、戴、夏、范、方、石、姚、廖、孔、康、江、史、邵、段、雷、汤、尹、武、赖、樊、兰、殷、陶、翟、安、倪、严、牛、温、芦、俞、葛。部分源头在中原的姓氏有45个,即王、刘、赵、吴、徐、孙、胡、朱、高、郭、罗、梁、韩、唐、董、萧、程、沈、吕、卢、蔡、丁、魏、薛、杜、钟、姜、熊、陆、白、毛、邱、秦、顾、侯、孟、龙、黎、常、贺、龚、文、施、洪、季。两项合计,起源于中原的姓氏共有97个,占120大姓的80.8%,占全国汉族人口的79.49%。因此,可以毫不夸张地说,海内外华人的祖根大半在中原。

河南省姓氏学专家谢钧祥先生的《中华百家大姓源流》[①]一书,详细考察了前100家大姓的源流情况。据谢钧祥先生考证,源于中原的姓氏具体地址为:李(洛阳、鹿邑)、熊(新郑)、杨(灵宝)、康(禹州、淇县)、林(洛阳)、史(南乐)、郑(新密、新郑、开封)、龙(偃师)、于(洛阳、沁阳)、常(开封、新郑)、许(登封、许昌)、庄(商丘)、卢(洛阳、卢氏)、葛(宁陵)、杜(洛阳)、张(濮阳)、钟(长葛)、周(洛阳、汝南)、廖(唐河、固始)、郭(陕县、荥阳)、白(南阳、息县)、韩(新郑)、江(正阳、民权)、程(洛阳)、孟(濮阳)、沈(沈丘、平舆)、尹(洛阳、宜阳)、蔡(民权、上蔡、新蔡)、文(开封、许昌、濮阳)、戴(商丘、民权)、殷(安阳、许昌、淇县)、方(洛阳、登封)、王(洛阳、开封、淇县、卫辉)、陆(洛阳、嵩县)、黄(潢川)、毛(宜阳、原阳)、何(新郑)、顾(范县)、谢(南阳、太康、唐河)、

[①] 谢钧祥:《中华百家大姓源流》,中州古籍出版社1996年版。

段(新郑)、韦(滑县)、武(商丘、安阳)、傅(安阳)、游(新郑)、蒋(淮滨)、柳(濮阳)、潘(固始、中牟)、刘(洛阳、鲁山、偃师)、范(范县)、赖(息县)、唐(方城、唐河)、古(洛阳、鹿邑)、袁(商水、太康、洛阳)、管(郑州)、吕(新蔡、南阳)、戚(濮阳)、魏(开封)、丁(开封、商丘)、夏(巩义、登封、杞县、偃师、濮阳)、单(洛阳、孟州)、石(淇县)、娄(洛阳、杞县)、孔(新郑、商丘、淮阳、濮阳)、樊(济源)、邱(洛阳、淮阳)、华(商丘)、侯(新郑、洛阳)、骆(淇县、洛阳、内黄)、雷(登封)、司马(洛阳)、贺(洛阳)、翟(汝南)、温(洛阳、温县)、解(洛阳)、褚(洛阳)、苗(济源)、陈(淮阳、平舆、长葛)、申(信阳、南阳)、胡(淮阳、洛阳、舞阳)、项(沈丘)、宋(商丘)、耿(温县)、冯(荥阳)、牛(洛阳、商丘)、邓(邓州、新野)、邢(温县)、苏(卫辉、温县)、穆(洛阳、商丘)、叶(叶县)、焦(陕县)、姚(范县)、荣(巩义)、秦(洛阳、范县)、轩辕(新郑)、邵(汝南、济源、安阳)、禹(登封)、汤(偃师、商丘)、尉(洛阳、新郑、尉氏)。

　　针对中原姓氏文化资源具有极大优势的状况，河南省1995年成立了河南省中原姓氏历史文化研究会，创办了以研究姓氏文化为主要内容的《历史文化研究》季刊，对中原的姓氏文化展开深入的研究。一批优秀的研究成果不断推出。赵国成主编的《根在河南》一书，2002年由中华书局出版；谢钧祥、王大良先生主编的《源于河南千家姓》，1994年由河南人民出版社出版；王大良先生主编的《百家姓寻根探秘丛书》，1995年由四川人民出版社出版；郑秀桂等先生主持编写的《百家姓书系》，1998年由天津新蕾出版社出版；王大良先生主编的《中国大姓寻根与取名》，1999年起由中国气象出版社陆续出版。从这些研究姓氏文化的著作及有关文章中，更可以看出众多姓氏起源之根确在中原。

第三节　中原姓氏寻根活动

姓氏是人类个体来到这个社会的第一个标志符号,无论走到哪里,它都像一根风筝线,让你离不开自己的根。中原是中华姓氏最主要的起源地,随着社会经济的不断发展,世界范围内华人来中原寻根的越来越多,中原各地的姓氏寻根活动丰富多彩。

一、源于中原的十大姓氏

源于中原或者与中原有密切联系的大姓有哪些呢?我们根据河南省姓氏学专家谢钧祥先生的研究,列举出源于中原且人口数量占前十位的姓氏,探讨其起源与中原的关系。

(一)李姓

李姓占汉族人口的7.4%,超过9620万。国内外都分布极广,国内以北方居多。李姓是嬴姓颛顼的后裔,因为担任尧的理官(相当于法官的职位),所以以理为姓。一理姓官员,商朝末年因避难逃至现在的河南鹿邑定居。为了感激逃难时有木子(一种木本植物的果实)充饥,于是指树为姓,改为李姓。老子是李姓的先祖,也有学者对老子姓氏进行考证,认为李姓源于老姓。

目前,经过专家大量考证及考古发掘,可以证实中国古代思想家老子的故里,就是现在的河南省鹿邑县,由此确认老子为河南鹿邑人。据此我们也可以明确推断出,李姓源于中原。

李姓从商末到东周初的200多年间一直居住在中原。东周时期李姓向甘肃、河北发展,西汉时期,李姓有一支迁往今山东境。大约从东汉开始,李姓陆续迁徙西南,分布于四川、广西一带。

唐朝以前李姓主要分布在北方,在长江以南仅分布部分地区。唐朝是中国封建社会的鼎盛时期,统治了将近300年,李姓作为"国姓",

最为显贵。唐朝李家皇室子孙众多,另外,凡有功于唐朝的人,均被赐予李姓,这样大大扩充了李姓人口。经过唐朝的大发展之后,李姓开始南迁,主要有三次:第一次,中原的李姓于唐高宗年间由李靖嫡孙李伯瑶率陇西李氏嫡族随陈元光进入福建开辟漳州(今嫡系子孙定居福建渡东村,南李一脉以此为脉首);第二次,安史之乱时,不少李姓因避战乱迁往南方;第三次,从唐末黄巢起义到五代时期,中原地区长期动乱,李姓自长安、中原等地方直接进入福建、广东等地。

在中国历史上,李姓称王称帝者有60余人,先后建立大成、西凉、凉、吴、魏、唐、楚、后唐、南唐、大蜀、西夏和大顺等政权。

李姓历代人才辈出:春秋著名思想家、道家创始人李耳(老子);唐代政治家李渊、李世民,大诗人李白、李贺、李商隐等;五代词人李煜;北宋女词人李清照,名将李显忠;明代杰出医药学家李时珍、文学家李梦阳、农民起义军首领李自成;晚清重臣李光地等。

(二)张姓

根据河南省姓氏文化专家谢钧祥的研究结果,张姓始于河南濮阳李鹿邑。

五帝时期,这里是颛顼部落的活动中心,所以现在有"颛顼遗都"之称。张姓始祖挥与帝颛顼同为黄帝之孙。帝颛顼建都帝丘(今濮阳),挥自幼跟随父亲玄嚣生活在帝丘附近的古清河之畔,后辅佐颛顼,因为研制弓矢功勋卓著,被颛顼封号为弓正,赐姓张氏。所以,张姓自称为弓长张,是有道理的。挥为张姓始祖,濮阳成为张氏先民最早的居住地。

目前在河南濮阳,建有纪念张姓始祖挥公的挥公大殿,又称做弓殿。挥公大殿是当今世界上唯一一座弓形殿堂,为水泥框架结构,大殿设计上与星座呼应。总长120米,高20.05米,挥公大殿前为广场,面积8000平方米,广场南端安装7步青条石台阶,长37米。

挥公大殿的造型源于一个故事:挥公当年在观察弧星的形状及其对天狼星的制约现象中受到启发,从而发明了弓箭。他发现,在西北方

向有一颗大星,它的变化总是和兵灾联系在一起,它平时黄白而明,可颜色一变成红色,或星体产生棱角,或移动位置,人间就要发生流血的战事,就会发生大灾。因该星大而亮,又如此凶恶,挥就称它为狼星,又叫天狼星。在天狼星的东南,又有九星排成的一个星座,八颗星排成一个弧形,弧背指向天狼星,弧背前方有一星,如同一个弓矢,称矢星。当矢星指向天狼星时,天狼星就恢复如常,天下就太平;当矢星偏离天狼星时,天狼星就变色,天下就兵连祸结。挥公制造出了木弓、竹箭,在协助颛顼帝平息共工叛乱中发挥了关键作用,将共工赶到西北部今宁夏境内歼灭。因为天狼星被认为是主侵略之星,共工部在西北部,就被喻为天狼。苏东坡《江城子·密州出猎》中就有一句:"西北望,射天狼。"弓射天狼就有了抵御侵略、平定乱臣贼子之意。

张姓最早活动在河南濮阳和河北清河一带,西周、春秋战国时期,活动范围扩大至现在的山西、陕西、河南、河北、山东等地,秦初移民,开始进入四川。唐宋时,张姓开始大量向南方移民,永乐年间由广东进入台湾。明朝时,张姓已遍布全国各地。

历史上张姓名人有:西汉谋臣张良、外交家张骞,三国刘备大将张飞,东汉科学家张衡、医圣张仲景,清代重臣张之洞,近代画家张大千等。

(三)陈姓

陈氏的远祖可以追溯到舜。商朝末年,舜的第33代孙遏父(又称阏父)投附了周国,因为制陶的技艺精湛,做了陶正一职,深得周文王的欢心。周武王灭商建周后,把遏父的儿子妫满封于陈(今河南开封以东,安徽亳州以北),国号陈,奉守着帝舜的宗祀。妫满死后,谥号为陈胡公,所以又被称为胡公满。他的子孙以国为氏,这就是陈氏。

公元前672年,妫满的第12代孙陈完因避难逃到齐国,改姓田。后来他的10世孙田和建立了田氏齐国。战国末年,齐国被秦所灭。齐王的长子升、次子桓先后改姓王氏,三子田轸逃至颍川(今河南禹州、许昌一带),恢复陈姓。从此,陈氏一门在中原生生不息,并发展成为名门

望族。

陈姓还有一支是少数民族改姓,也出自中原,据记载,北魏孝文帝自山西大同迁都洛阳后,于496年将五代北鲜卑族三字姓侯莫陈氏改为单姓陈氏。

唐代,中原陈氏有过两次大规模的南迁。669年,朝廷派中原固始人陈政(胡公满的68世孙)任南行军总管,率兵镇压福建南部的少数民族动乱。677年4月,陈政去世,他20岁的儿子陈元光代父领兵,经过9年战争,局势平定后,于686年报请朝廷批准,设置了漳州郡。陈元光致力于发展漳州一带的农工商各业,使当地得到了繁荣发展。

陈元光被后人尊为开漳圣王,子孙后代被称做开漳圣王派,成为闽、粤、台及南洋诸岛陈姓最主要的一支。台湾现有陈圣王庙53座,这从一个方面表明了台湾陈姓同胞对先祖陈元光的崇敬之情。

第二次大的南迁是颍川陈姓后裔陈忠之子陈邕,唐中宗时曾官至太子太傅,因受奸臣李林甫的排挤,南迁至漳州南厢山。他的儿子陈夷行,唐文宗时任宰相。此后子孙兴旺,在福建发展成为太傅派陈氏,尊陈邕为南院始祖。

陈氏进入广东,始于南宋。北宋时期,中原士族避战乱大批南迁,陈后裔陈魁率族人93口移居福建宁化、上杭,他的曾孙二郎、三郎再次迁至广东梅州,后散居大埔、兴宁、长乐、龙川等县。陈氏进入台湾,始于明末。福建同安人陈永华,明末随爱国志士郑成功入台湾,官至东宁总制使,在台湾建立屯田制度,设立学校,被尊为陈氏入台始祖。自清初至新中国建立的300多年间,陈氏迁台人数很多,陈氏成为台湾人口最多的首姓大族,与林姓共享"陈林半天下"之美誉。

陈氏迁徙海外的历史也比较久远。陈氏迁入越南,有的成为安南(今越南)王朝的重臣。其中,李朝女皇李昭皇之夫陈日煚,于1228年创建越南陈朝,历时175年,促进了陈姓人口的发展。现在陈姓仍被列为越南十大姓之首。陈氏移居日本始于明初,大都是明太祖派去的水手。明清以后,闽粤等沿海地区的陈氏,有许多人出海到现在的新马泰

一带谋生。还有一些人不断迁至菲律宾、印度尼西亚和美、英、法、加拿大、澳大利亚等世界各地,对当地的繁荣与进步作出了积极的贡献。

历史上陈姓名人有:秦末农民领袖陈胜,西汉大臣陈平,西晋史学家陈寿,唐代诗人陈子昂,清末革命人士陈天华等。

(四)黄姓

黄姓的起源可追溯到黄国,是以封地为氏,黄国遗址在现在的河南潢川。黄国在公元前21世纪为夏启所封,历经夏、商、周三代王朝。春秋时期,楚国称霸,黄国不服,借助地域优势,近结远修,势力曾一度与楚抗衡。公元前648年为楚所灭,存在1400余年。

在漫长的历史岁月中,黄氏家族历经沧桑,不断繁衍壮大,逐渐形成黄姓望族。公元前648年,黄国为楚灭后,黄姓家族纷纷背井离乡,其中大部分流散到当时的楚国腹地,于是现在湖北就有了因黄氏迁居而得名的许多地名,如黄冈、黄陂、黄安、黄石、黄梅等。还有一部分到了更远的南方,于是就形成了南方诸多黄氏家族和黄洞蛮壮族的黄姓。楚灭黄300年后,在黄国故址出现了一位伟大的黄姓人物,他就是大名鼎鼎的春申君黄歇。这位留居黄国故址遗民的后代,在楚国为相25年,政绩卓著,被赐以包括黄国故地在内的淮北12县,成为战国著名四君子之一,从而给黄氏家族带来了第一次中兴。公元前238年,黄歇在宫廷内讧中遇害,其子孙受株连而被迫流散各地,致使黄氏家族再度中衰。黄歇长子黄尚一支,形成了后来的淮阳黄氏和江夏黄氏;次子黄俊一支,形成了后来中原阳夏黄氏;五子黄堂一支,形成了后来的东吴黄氏。继之而起的金华、邵武黄氏望族,都是江夏黄氏繁衍的分支。今天在海外的黄氏族人,大多是从上述各地先后外迁的。纵观黄姓的播迁过程,其发展脉络清晰可见,即由黄国——黄歇,发展至淮阳、江夏黄氏,进而播衍出金华、邵武等黄氏望族等分支旁系,然后播迁出海外异域黄姓。他们源出一脉,同根同祖。

历朝累代,黄姓人才辈出,各领风骚。继黄歇之后,有西汉著名丞相黄霸,东汉以孝闻名的黄香,后唐教子有方的黄峭山,北宋的大书法家、大诗人黄庭坚,元代的女纺织家黄道婆,民国第二开国元勋黄兴等。

(五)周姓

周姓最早起源于古代的姬姓,是一个源远流长的家族。周平王东迁洛阳之后,其中一个儿子姬烈被封在汝坟(在今河南叶县东北),成为周姓人所尊奉的周姓始祖。经过19世相传,至姬邕时东周被秦所灭。虽然封国已经不存在,可是源自周朝血脉、世代食周禄俸的姬邕家族却在习惯上仍被人称做"周家",于是姬邕开始以"周"为姓,以示纪念,以示不忘本,并代代相传。西汉时期,汉统治者为了笼络民心,特地封周仁为汝坟侯,并赐号正公,延续周室香火。周家因为汝坟地势卑湿,于是迁徙到汝南郡,这支周姓在当地生息繁衍,形成汉唐时期著名的汝南周氏。

随着后来天灾人祸等各种原因造成的人口大迁徙,汝南周氏不断向四周辐射扩散,其后的陈留、临川、浔阳、庐江、泰山、淮南、永安、河内、临汝、华阴、河东等周氏郡望,都与它有深厚的渊源。

鸦片战争之后,周姓开始大量移居海外。主要移居地是中南半岛与南洋一带。目前海外周姓,主要来自大陆的福建、广东两省。

周姓历史名人有:三国时吴国名帅周瑜,北宋著名词人周邦彦,元代著名音韵学家周德清,近代新文学的奠基人鲁迅,中华人民共和国第一任总理周恩来等。

(六)林姓

林姓起源于3100年前,其先宗是殷商纣王的忠臣比干。纣王宠爱妲己,荒淫无道,残害忠良,使百姓怨恨,诸侯反叛,贤德的忠臣比干冒死向纣王进谏,纣王不听,比干竟"进谏不去者三日",惹恼了纣王,把比干剖腹挖心处死。当时比干的正妃夫人陈氏有孕,为躲避追杀,便连夜奔于牧野(今河南省卫辉市),逃到长林山一洞中生下一男孩,名坚。周武王伐纣得胜,陈夫人便将坚送回周王,周王因为他在林中而生,于是赐他林氏。由此可见,林姓起源于中原,林姓第一人是比干之子林坚。

林坚的子孙早期在现在山东一带发展繁衍。东汉末、三国时期，中原林氏遭受政治迫害，被迫大批南迁，进入江苏、浙江一带。东晋，林坚的47代孙林懋因为在现在徐州任官，成为"徐州林"（又称"下邳林"）的开基祖。西晋末年，中原林氏再次南迁，直接进入福建，林懋的弟弟林禄是入闽第一人，开创了林姓在东南沿海一带发展的根基，称为"晋安林"，是林姓中最大支派。唐代，林姓两次移民南迁，形成了"濂江"、"控鹤"、"陶江"等有影响的林姓分支。明末清初，有一部分林姓，跟随郑成功进入台湾，后又有东南沿海各地大批林姓移居台湾，繁衍发展，又逐渐由台湾走向世界各地。

林姓历史名人有：清代爱国官员林则徐，中国共产党和中华人民共和国卓越领导人之一林伯渠，黄花岗七十二烈士之一的林觉民，现代文学大师林语堂，开国十大元帅之一的林彪等人。

（七）何姓

何姓本来是被周成王姬诵分封于韩国的唐叔虞的后代韩王安，韩王安为韩桓惠王之子，于公元前239年即位，在位9年。韩王安即位时，韩国形势政局不定，处于灭亡边缘。公元前231年，韩王安献出南阳（今河南境太行山南、黄河以北地区）。公元前230年，秦国派内史腾率师十万南下渡过黄河攻韩，俘虏韩王安，韩国灭亡。公元前226年，在新郑的前韩国贵族发动叛乱，后被平定，而韩王安也在这年被处死。韩被秦所灭，其子孙就纷纷离开原居住地南迁。迁往长江和淮河流域一带的人，因当地"韩"、"何"发音十分相近，大家干脆将错就错，改姓何了。也就是说，源于这一支的何姓与韩姓同为一族。

也有一种说法认为，何姓始于战国末韩国韩王安次子韩瑊，当时韩瑊避难时指河为氏。韩瑊为韩国后期韩王安后代，被命为公族大夫，曾与著名的政治家韩非一起同掌国政。韩王安为秦劫掳，国破家亡，瑊与其家人流寓庐江，操舟为业。其后，秦始皇出游博浪沙，被人袭击，搜捕未果，怀疑是六国公子所为，就通令全国，暗访六国之后，欲斩草除根。一日，一吏登上韩瑊之船，询问姓氏，适值天气寒冷，韩瑊指水戏称"此为吾姓",意以水寒喻韩。韩、寒同音,并没有隐匿的意思,察访者没明白,以为是指河为姓,瑊漫不经心地应答,查访者信以为真,瑊安然无事。后得知是秦国通缉查询,惊骇不已,长叹道:幸有上天保佑,才幸免刀斧之难。于是乃拜何字之赐,遂以何为姓。韩瑊遂定居庐江,勤耕苦读为业,子孙繁盛,形成了一支何氏。

还有一种说法认为,何姓始于春秋战国时韩国韩王安次子韩瑊弟弟韩庶,因音而讹为何。春秋战国时期,韩庶是韩国的贵族,当时韩为战国七雄之一。公元前221年,秦始皇统一六国时,韩国被秦国所灭。怀着亡国之恨的韩国人多次企图刺杀秦始皇,但均未成功,反而引发了秦始皇对韩国百姓的大肆追杀。在追杀过程中,由韩庶带领的一支人马逃亡至江淮地区。在江淮方言中,韩与何谐音,于是他们便改用何为姓,从而诞生了何姓。

这些传说的具体内容不同,但有一点是清楚的,何姓源于韩姓,而且都是源于韩王安的直系后代,韩王安时代韩姓主要活动于现在的河南一带,避乱于江淮地带的何姓,是中原韩姓为避战乱而迁到南方的。

两汉魏晋南北朝时期,何姓由江淮地区开始迁入山东、河北、陕西、四川等地,部分何姓回迁至河南。唐朝中期,何姓大举进入福建,明清时间,更是出现大规模南迁的情况。

何姓历史名人:东汉经学家何休,三国时玄学大师何晏,明朝文学家何景明等。

(八) 宋姓

宋姓出自子姓,宋姓的始祖是商王乙的儿子微子启。微子启名启,封于微,是纣王辛的哥哥。纣王荒淫无道,微子启多次进谏无效,便假装生病,不再参与朝政。周武王灭商以后,把商朝旧都商丘附近的土地封给了微子启,建立了宋国。700多年以后,宋国被灭。亡国后的宋国子民,有的就把宋作为自己的姓,从此产生了宋姓。

河南商丘是当时宋国的都城,也就是宋姓的最早发源地。伴随着宋的兴盛衰败,宋姓民众逐渐播迁,在秦汉之前,宋姓人已散居今江苏、河北、陕西关中、湖北等地。汉高祖刘邦采纳娄敬的建议,将中原一带豪强势力迁入关中,宋姓开始西迁甘肃、豫西等地。唐朝末年,宋姓进入福建。五代时,有辰州蛮国南邺加入宋姓。北宋,宋庠、宋祁兄弟从湖北安陆迁河南开封雍丘(今河南省杞县)。宋代以后,宋姓开始遍及大江南北。如今,宋姓分布广泛,在山东省所占比例较高,约占全国汉族宋姓人口的15%,四川、河南、河北等省亦多此姓,上述四省之宋姓约占全国宋姓人口的40%。

宋姓历史名人有:战国辞赋家宋玉,唐代诗人宋之问,北宋农民起义领袖宋江,南宋著名刑狱官宋慈,中国民主革命先驱宋教仁,现代杰出政治活动家宋庆龄等。

(九)郑姓

郑姓出于姬姓,源于郑国,是黄帝的后裔。郑姓始于周厉王最小的儿子友。周宣王即位以后,把自己的同父异母兄弟友封在郑地,即郑桓公。后来,郑桓公的子孙以国为姓,开始有了郑姓。

郑国就在现在河南新郑一带。郑桓公的儿子武公,曾经跟晋文侯辅佐周平王东迁到洛阳,建立了东周,同时郑武公利用机会扩大郑国版图,建立了新的郑国,新郑由此而诞生。

秦汉以后,郑姓由河南迁入邻近的山东、安徽、山西、陕西、浙江等地。公元311年"永嘉之乱"后,郑姓大举南迁。唐代,河南郑姓随陈政、陈元光父子移民福建。郑成功进入台湾,也使得很多郑姓迁入台湾。自清代起,郑姓播迁至海外如泰国、菲律宾、印尼、马来西亚、美国、加拿大等地。

郑姓历史名人有:战国时韩国水利家郑国,东汉经学家郑玄,明末名将郑成功,现代作家郑振铎等。

(十)谢姓

关于谢姓的来源,主要有以下三种说法:(1)谢姓出自姜姓,是炎帝后裔申伯的后代。相传炎帝居于姜水畔,便以姜为姓。至商代后裔孤竹君的长子伯夷与叔齐一起投奔到周。到周后反对武王伐商,武王灭商后他们又逃到首阳山,因不食周粟而死,他们的后裔仍留在商朝。成王继位后封伯夷的后裔为申侯,称申伯,是申氏的始祖。厉王时娶申伯之女为妃,生子为宣王。宣王继位后,封母舅申伯于谢国。后来这一家失去了爵位。公元前668年楚国灭掉申国。其子孙按当时的习惯以新都之邑名为姓,称谢氏。望出陈留、会稽,史称谢氏正宗,也就是中原谢氏。(2)出自任姓,为黄帝之后。相传黄帝之子25宗,得其姓者14人,为12姓,其中第7姓为任姓。任姓有10个小国,其中第一为谢国,因周宣王时使召公治理谢国,以赐申伯,后来谢已失国,子孙亡散,以国为姓,这就是河南谢氏。(3)他姓改谢姓。据《旧唐书·文苑传》,卫州人谢偃之本为鲜卑族人,姓直勒氏,后改为谢氏,这也是河南谢氏。

西周末至春秋时期,谢姓主要居于河南,有几支先后迁往现在的山东、湖北、湖南、四川等地。唐朝,河南固始的谢姓进入福建,部分从福建移居广东。清代,谢姓已遍布中原和南方各省,并发展到北部及东北等地。明代开始,谢姓由福建、广东等地移居台湾,并从台湾播迁至东南亚及世界各地。

郑姓历史名人有:东晋宰相谢安,南齐文学家谢朓、谢灵运,无产阶级革命家谢觉哉,现代著名女诗人谢冰心等。

二、中原第一侨乡

近年来,福建和台湾的许多姓氏在探寻祖根的过程中,发现他们的祖先在历史上大都来自"光州固始"(即今河南省信阳市的固始县),于是在他们的家族和每个人的思想中形成一种带有普遍性的固始情结,他们对于根在中原的印象便是"光州固始"。这一现象被称之为"固始寻根",固始也因此被称为"中原第一侨乡"。

固始在今河南省的东南部,历史上是中原人渡淮之后前往庐州、安庆、徽州直至浙闽的必经之处,是历代中原民众南迁的集散地。这也是很多南迁的中原姓氏后裔把固始作为根的原因。固始是在姓氏寻根过程中可探寻到的较近的根源。

固始寻根博物馆

固始成为南迁的集散地,与中国历史上中原民众三次大规模地向东南迁徙有直接的关系。第一次是西晋末年随着晋朝皇帝的南渡而出现的移民潮。突出的有林、黄、陈、郑、詹、丘、何、胡八个姓氏,这八大姓氏的原始祖根皆在中原。

第二次大的移民发生在唐朝初期。唐高宗总章二年(669)陈政进入闽地平定叛乱,他的哥哥陈敏、陈敷率58姓军队增援,这些人都是固始人。陈政之子陈元光任漳州刺史时,这58姓的军队便在闽地落籍,陈元光父子因此被誉为"开漳圣王"。于是固始陈氏和固始58姓便成为福建居民的重要组成部分。

第三次大规模移民潮发生在唐朝末年至五代十国时期。闽国的创建者王审知就是光州固始人。农民起义军首领之一王绪率兵攻占光州,自领光州刺史,王审知及其兄弟参加了王绪的军队。不久王审知兄弟杀掉了王绪,代领光州刺史。他的兄弟死后,王审知率部入闽,割据一方,后被朱温封为闽王,945年闽国被南唐灭掉。王审知及其子孙经营闽地数十年,原来所率部队很多是光州固始人,后来都在闽地落籍。有不少是中原的大姓,如郑等。[①]

[①] 王永宽:《中原姓氏寻根概述》,《信阳师范学院学报》2003年第2期。

现在可以看到的福建一些大姓的族谱、家谱，如王、陈、刘、黄、郑、周、许、方、曾、吴、谢、尤、施、余、颜、吕等20余种谱牒资料中，都有其祖先由固始入闽的记载。而台湾的民众又大多数是来自福建的，所以，台湾的姓氏自然也有很多来自光州固始，大约有60个姓氏。唐初"开漳圣王"陈元光、唐末闽王王审知、民族英雄郑成功、靖海侯施琅、著名植物学家吴其濬、爱国华侨陈嘉庚祖籍地均在固始。中原的固始对于闽台地区的姓氏寻根来说，有着非常重要的地位。

为纪念唐代陈元光和王审知移民的功绩，固始县在旅游景区西九华山的主峰之上，建造了一座四层高的"唐人寻根楼"。在寻根楼中，除了供奉了陈元光、王审知两位移民领袖之外，还供奉了追随他们南迁的百余尊乡民塑像。这里已经成为台湾、闽粤和海外侨胞的寻根之地。

近年来，固始的各种寻根活动丰富多彩。当地政府不断加大对寻根文化基础设施建设，修复扩建了一批古迹，修建了陈元光广场、王审知大道和成功大道，兴建了以姓氏寻根为主题的固始寻根博物馆，为海内外宗亲寻根拜祖、联根联谊提供祭奠场所和交流平台。

三、滑县白马城

今广东、广西、云南等地，很多姓氏的家谱都记载自己的先祖来自"山东白马县"，正像中原好多家族都给自己的后代说，祖先来自山西大槐树一样。其实，山东白马县并不在山东，而是河南滑县。

白马县建于秦朝，历经汉、魏、晋、南北朝、隋、唐、宋、元代1500年之久，一直到明朝末期才改称滑县，在滑县，考古发现有古代的城墙和各种文物。

为什么南方很多家族都说"自白马来"呢？从秦朝开始，由于政治原因，这里的百姓多次南迁。秦始皇平六国后，征召中原50万人戍守岭南，屯居邕、钦、廉三州。北宋年间及南宋初期，又有大批北民南迁。所以，在南方形成了很多来自中原的移民，这些北方移民的后裔自称"祖先从白马来"。

现在,在滑县仍有许多古老的姓氏与岭南的覃、黄、罗等姓氏对应。在广西南宁市附近几个县,约有300万"白马移民"后裔。当地覃、黄、罗、陈、刘等姓的祖传家谱上明确记载,其祖先于北宋元裕年间,由山东白马县南迁,在现住地南宁市一带扎根生活。

1996年4月26日至28日,广西南宁"白马移民"寻根问祖代表团,在滑县、浚县一带展开了寻根考察。通过查阅相关资料、实地考察,最终确认滑县就是族谱上所说的"山东白马",很多姓氏也在这里找到了对应的关系。

"白马寻根"已成为一种文化寻根情结,将滑县白马地和当年外迁的"白马人"紧紧地连在了一起。

四、微子祠宋氏寻根

微子祠位于河南省商丘古城西南12公里的青岗寺村,现为商丘市重点文物保护单位,国家AAA级旅游景区。宋氏与微子祠的关系,见本书"源于中原的十大姓氏"之"宋氏"。

微子祠大门

微子祠始建于唐天宝年间,宋元明清历经多次毁坏重修,新中国成立之初拆除。2002年,微子后裔、爱国华侨、慈善家宋良浩先生捐资400万元人民币重新修建微子祠。现在的微子祠为睢阳区政府和商丘宋氏文化研究会共同管理，免费对外开放。整座祠占地面积6650平方米，南北长70米，东西宽95米，由微子祠、先贤堂和微子墓三个院落组成。微子祠有大殿5间，东西厢房各3间，祠堂庙门3间，殿内有微子塑像。先贤堂3间，堂前有东、西碑廊各7间，后有展厅5间，东西会客厅各3间。西侧是微子墓，有碑亭、神道、石像生、墓冢等。

微子祠成了联系世界宋氏子孙的纽带，每年来这里寻根问祖者络绎不绝。2009年3月31日，台湾亲民党主席宋楚瑜夫妇到微子祠拜谒宋氏祖先，提笔写下"敬天法祖，慎终追远，宋门家训，忠孝节义"16个字。为方便更多的海内外宋氏宗亲来商丘寻根拜祖，2003年当地成立了商丘宋氏文化研究会，2004年成立了中国宋氏商丘慈善理事会。2004年11月，世界宋氏宗亲第一届恳亲大会在商丘成功举办。

五、信阳潢川黄姓寻根

河南省潢川是世界黄姓发源地。潢川与黄姓关系，见本书"源于中原的十大姓氏"之"黄氏"。黄国故城位于潢川县城西6公里隆古乡境内，城址位于淮河南岸、小潢河之西，平面呈长方形。已发现的城门遗迹有3处，其中西墙中门墙体加宽，且内凹呈"U"字形，显然与春秋时期战争频繁，加强城门防御有关。城墙以夯土技术建成，夯土中包含有西周晚期或春秋早期遗物。城墙四周有护城壕，东墙外的城壕遗迹尚清晰可辨，壕宽30多米，低于现在地表1米左右。

故城内有一夯土台基，当地称做"黄君台"，四周均有城壕，是保存比较完整、很具考古价值的故城遗址。2006年5月，黄国故城被国务院列为全国重点文物保护单位。

现在，黄国故城是海内外宗亲团体及黄姓族人前来寻根拜祖、凭吊故国遗址、缅怀先祖业绩的圣地。每年大典，都能吸引众多来自世界各地的黄姓代表参加。

潢川黄国故城遗址

当地政府非常重视黄姓的寻根活动,在黄姓文化研究、黄姓宗亲联谊以及黄国故城的保护、开发等方面做了大量的工作,编印了《中华黄姓之根》,为海内外黄姓宗亲寻根提供了珍贵的资料。

六、卫辉林姓寻根

林姓是当今中国第16大姓,占汉族人口的0.18%,人数约1400万人,在南方人中林姓所占的比例比较高。在台湾,林姓有180万人以上,占总人口的9%,排名第三,仅次于陈姓,所以在东南沿海一带有"陈林半天下"之美称。

在河南卫辉市北7.5公里的比干村,有林姓的始祖比干庙,庙区红墙环绕、松柏相间、青砖绿瓦、碑石林立,是国家文物保护单位。在比干庙,有一块据称是孔子祭拜比干时,在一块石头上挥剑留下的"殷比干墓"四字,据说是孔子留传下来的唯一真迹。自周武王祭拜比干开始,这里就成为林姓后人寻根的祖地。每年农历四月初四,卫辉都会有纪念比干诞辰和林氏宗亲国际研讨会。

林姓始祖比干的遗迹,当地还有许多。距离比干庙30多公里的河南省淇县(朝歌)城西北隅,有一个高13米,面积约1500平方米的土台,叫摘心楼。摘心楼原名摘星楼(又名妲己台),相传为殷纣王所建,原意极言其高,登楼手可摘星辰。由摘星楼改名为摘心台,当地有一个流传千古的悲壮的故事。

  殷朝末年,殷纣王骄傲自大,刚愎自用,嗜酒好色,爱财重宝,在民间征收苛捐杂税。纣王特别宠幸的妲己,美貌绝伦,相传为狐狸精所变。朝中的忠臣见纣王不理朝政,忧心忡忡。当时有三位仁人:微子、箕子和比干。其中,微子是王兄,屡次劝谏,纣王不听,愤而出走;箕子为王叔,因劝谏被囚禁;比干是王叔,为劝谏纣王,想出一个主意,让武士抓了许多狐狸,将其皮做成裘衣献给纣王,想以此吓走妲己,谁知不但没有奏效,反而惹得妲己对比干起了杀心。她佯装有病,说自己的病只有用比干的七窍玲珑心作药引才可以。恰在这时,比干又来到摘星楼强谏,要纣王改邪归正,纣王顿起杀意,便让武士挖出比干心。由于比干的忠贞感动天地,人们为纪念比干,表达自己的敬仰与缅怀之情,便把摘星楼改名为摘心台,一直流传到今天。

第三章
一片甲骨惊世界
——中原汉字文化

　　中原是汉字起源地与发展的摇篮,汉字文化是中原文化的重要内容。汉字,这一世界独一无二的文字艺术,凝结着我们祖先的聪明才智,经历了几千年的成熟和发展,形成了中原特有的汉字文化长河。汉字是中原文化之母,是中华民族的文明之母。

第一节　汉字的起源

　　汉字承载了我们几千年的历史,不但是古今人们进行交流的重要工具,而且由它衍生出来的书法艺术更是中华民族的瑰宝。但是汉字是怎样产生的?它的起源是什么?这是人们2500年以来一直研究的问题。

一、仓颉造字

　　在远古的时候,文字没有出现之前,我们的祖先记事都是利用结绳的方法。如果没有绳子,就用一些藤蔓类的东西,有什么事就在上面打一个结,以防忘记。《易·系辞·下》这样记载:"上古结绳而治,后世圣人易知以书契。"郑玄注解说:"事大,大结其绳;事小,小结其绳。"①

有关汉字的起源,现还无实据可考,仅有传说散载于各代古籍之中,"仓颉造字"就是其一。传说有一天黄帝正与蚩尤人打仗,他的左史官仓颉递上一串记事的绳结,不知是仓颉提供的绳结信息不够形象,还是由于黄帝在判断绳结的形状时发生了偏差,结果在边境作战中失利了。

黄帝就问仓颉失败的原因,仓颉说这种结绳记事、刻木为号的传令方法难以理解,不易对付。不如画一种形象的图,让人一看能明白就好了。黄帝同意了仓颉的想法,并命他以后不用打仗,专门研究表达语言的图画。

仓颉受领了任务,可又为怎么画犯了愁,整天在屋子里苦思冥想。一天,下起大雪,他推门出来,看到一只山鸡从雪地里走过,留下了一串美丽的爪印,他观察了半天,就照着样子画了下来,并把这个符号念"鸡";一会儿又走来一只小鹿,同样留下一串蹄印,仓颉又比样画下,把它念做"鹿"。后来他又根据山川河流、日月星辰等的自然形态,创造出"日、月、星、山、水、人、手"等象形的符号。

符号造出来了,可是往哪"写"呢?这时仓颉看见一个人提着一只乌龟,龟背上有类似方格子一样的花纹,他就命人取来一些龟壳,把创造出来的符号刻在了方格子里,然后用藤蔓将刻有"鸟迹书"的龟壳串将起来,提着呈给黄帝。黄帝仔细查阅一遍,大喜,给仓颉记上一大功,并把这些"鸟迹书"命名为"字",从此,我们中华民族才有了文字。

传说仓颉是农历三月二十三出生,享年110岁,他的故里是河南省濮阳市南乐县梁村乡吴村,这个村子以前叫史皇村,因为仓颉的号叫史皇氏,至今村里人大多数都姓史。现存有仓颉陵一座,占地70余亩,是一处新石器时代的古文化遗址。另外,在新郑市城南关有凤台寺,据说

---

① 周俊杰等:《书法知识千题》,河南人民出版社1991年7月版,第265页。

就是仓颉当年造字的地方。

在古人看来,仓颉造字是惊天地、泣鬼神的事。《淮南子·本经训》记载:昔者仓颉作书而天雨粟,鬼夜哭。为什么会"天雨粟,鬼夜哭"呢?现代人的解释是:仓颉造字,加快和促进了人类的文明,人们渴求知识,竞相读习仓颉创造的文字。天帝担心百姓只顾习字,忘记了种田,因为春天即将过去,误了农时,田园将会荒芜,所以就下了一场谷子雨,提醒和警示人们别忘了农时。人们掌握了文字,开始聪明起来,一些平时愚弄百姓的坏人、魔鬼,感到惊恐不安,便在黑夜里跑到野外哭泣吟诉。

从历史的角度看,这么复杂的汉字系统绝对不是一个人所能发明制造的,如果仓颉确有其人,他应该是一名文字的搜集、整理和颁布者。

鲁迅先生说:"在社会里,仓颉不止一个,有的在刀柄上刻一点,有的在门户上画一些画,心心相印,口口相传,文字就多了起来,史官一采集,便可敷衍记事了。中国文字的由来,恐怕也逃不出这个例子。"[①]鲁迅先生的话揭示了人们创造文字的事实。

实际上,中国古代文字是随着社会的进化而发展的。人们为了适应劳动、生活、娱乐的需要,观察世界万物之变,并结合自己的想象,采用象形、指事、会意、形声、假借、转注6种造字的方法(称为"六书"),逐渐创造了文字,并不断进化、演变。

可能因为仓颉当时为史官,担负着搜集并记载部落重大事件的任务,这就使他有可能专门从民间搜集各种字迹,并加以整理,使之规范化、通用化,因此才有了"仓颉造字"的传说。

我国历史相当久远,除仓颉造字外,还有一些造字的传说。出于对祖先的敬仰和崇拜,后世的史书,几乎把传说中的帝王都说成了汉字的创造者。例如:伏羲画八卦而创"龙书";神农(炎帝)上党羊头山,见嘉禾八穗而作"穗书";黄帝见黄龙负图而至,令作"河图书",又说黄帝见

---

① 周俊杰等:《书法知识千题》,河南美术出版社1991年7月版,第680页。

祥云而作"云书";少昊氏作"鸾凤书";高阳氏作"科斗书";高辛氏作"仙人书";尧帝得神龟而创"龟书";大禹铸九鼎而作"钟鼎文";等等。虽然这些传说不足凭信,但却说明我们的祖先世世代代在不断地创造、发展、丰富着中国的汉字,创造了我国历史悠久、灿烂辉煌的汉字文化。

那么汉字的起源究竟如何?对于这个问题,专家学者有着多种观点:学者唐兰在20世纪40年代就发表言论说:"我把有了形声文字以后的文字,称为近古期;未有形声,只有图画文字的时期,称为远古期。那么,我们见到的商代文字,只是近古期,离文字的发生已经很远了。"由此,他推断说:"文字的发生,总远在夏之前。至少在四五千年前,我们的文字已经很发展了。"[1]

随后,近代著名甲骨文学家、南阳人氏董作宾曾把殷商时代图画性较强的文字称做"古文",把符号化的文字称为"今文",认为"现在可以根据殷代的今文和古文,推求中国文字的起源了"。并推断说:"我们殷代的古文——原始图画文字……大约距今为4800年。"[2]

另外从龙山出土的黑陶尊外部来看,上面有表示太阳初升景象的合体字,所以有人认为汉字最晚在距今5000年的新石器时代晚期就已经创造出来了。

在河南舞阳县裴李岗文化贾湖遗址出土的文物中,发现16例刻画而成的符号,有3件龟甲各刻有1个符号,1件石器上竖排连接处刻有4个符号。由此专家指出:"在这些龟甲和随葬品中的骨器、石器上发现的契刻符号很可能具有原始文字的性质……为研究汉字的起源,提供了新的重要资料。"[3]

据专家推断,这些文物都在7500~8800年之间。郑州大学博士生导师王蕴智认为:"中国最早的刻画符号出现在中原地区的舞阳贾湖遗

---

[1] 唐兰:《中国文字学》,上海开明书店1949年版,第64页。
[2] 董作宾:《中国文字的起源》,台湾《大陆杂志》1952年第10期。
[3] 张居中:《河南省舞阳贾湖新石器时代遗址第二至六次发掘简报》,《文物》1989年第1期。

址,距今已有8000多年的历史。"①

有关汉字的起源,众说纷纭,但真正汉字的起源,应从已经相当成熟和发达的殷商甲骨文算起,这是多数专家学者的一致看法。

二、甲骨文

甲骨文,就是商代后半期,殷代帝王将占卦时的卜辞和少量记事符号刻写在龟甲兽骨上的一种文字,距今已有3300多年的历史。

在殷商时代,人们主要是以打猎吃肉为生,他们吃完野兽的肉后,剩下了许多兽骨,聪明的人们就用利器在这些兽骨上刻画出一些不同的符号,以记录要做的事情。另外当时人们还比较迷信,在做任何事情之前总要看天象、测吉凶,进行占卜后,把卜辞也刻在甲骨上。事情越来越多,卜辞越来越多,符号就越刻越多,形状就越来越复杂,于是就形成了一种文字。因为刻在龟甲或兽骨上主要是占卦中用的文字,故称"甲骨文",也称"卜辞"。

甲骨文在河南安阳的小屯村出土。光绪二十五年(1899),河南安阳的洹水决堤,发了洪水,洪水在安阳城西北5公里处的地方冲出了许多甲骨。因为这个地方曾是殷商第20代国君盘庚的故都,又因为洹水过去经常泛滥,以致将这里冲成了废墟,所以这里就有了一个名字——殷墟。

后来,在洹水南岸的小屯村,老百姓在刨花生和进行其他劳作时,经常在土地里会刨出一些带有刻痕的甲骨残片,可当时的老百姓并不知道这是什么骨头,又有什么用处,于是大都随手扔掉,或填塞在枯井里。

有一位村民叫李成,他偶然将一些甲骨磨成粉末,敷在自己流脓的疮伤上,结果脓疮竟被骨粉吸干后痊愈了。消息传开,药店就开始收购这类甲骨,除了用来止脓止血以外,还拿来治疗疟疾、癫痫等多种疾病。

---

① 苏全有等:《中原文化与和谐社会建设》,中州古籍出版社2008年版,第163页。

甲骨文

  这些甲骨上面带有麻麻点点的符号,由于当时人迷信,就认为这是龙的骨头,被称做"龙骨"。

  这种"龙骨"要比其他骨头珍贵,卖钱也多,于是人们就到处想办法找这种骨头,好去多卖些钱。后来这种骨头不光卖给了本地药店,还通过商人卖到了京城。

  有一年夏天,清朝南书房行走、国子监祭酒王懿荣患了伤寒病,用了许多药都不见轻。光绪皇帝闻讯后,就派太医前去探视,太医开出一剂药方,药方上有一味名曰"龙骨"的中药。王懿荣就命家人从宣武门外菜市口的西鹤年堂买回了这种叫"龙骨"的药物。

  略通医道的王懿荣出于好奇,亲自查看"龙骨"碎片,发现有一小片"龙骨"碎片上刻画有似篆非篆的奇异纹路。凭着深厚的金石学功底,王懿荣马上意识到这些刻画非比寻常。第二天,他便抱病亲临药房,并叮嘱药房老板:"如果再有商贩送'龙骨'来,请代为引见。"于是,王懿荣通过商人收购"龙骨",有1500多片。王懿荣一边收集,一边开始研究他的"发现"。他废寝忘食,通宵达旦,拿着放大镜逐块、逐字地深研细究,终于研究出这是中国最古老的文字。王懿荣被称为"甲骨文之父"。

在1928~1937年,我国对甲骨的发掘共进行了15次,获得甲骨24900多片;1973年再次发掘,在小屯村南地出土4805片,花园庄东地出土689片。迄今已有15余万片甲骨出土,现已知单字近5000个,可辨认约1500个。因为中国近现代史上屡遭侵略和战乱,已出土的珍贵甲骨有许多流失海外。有资料表明:中国大陆现存甲骨100000片,台湾30000片,香港100片,英国、加拿大、瑞典等11个国家共计15000多片。

无论是"仓颉造字"的传说,还是专家、学者的种种观点,无论是帝王造字还是甲骨文的发现,都可以得出这样一个结论:汉字的起源在中原,确切地说,发源地就在河南。正因如此,经国家批准,世界上唯一一座以文字为展览内容的国家级博物馆——中国文字博物馆在河南安阳建成,它于2006年12月27日奠基开工,2009年11月16日正式对外开放展览。

第二节　汉字的发展

汉字的发展主要经历了篆书、隶书、草书、楷书、行书几个阶段。

一、篆书

篆书分为大篆和小篆。大篆有两种含义:从广义上讲它是指秦始皇统一文字以前所有的篆书字体,除上面介绍过的甲骨文以外,还有金文、籀文、春秋战国时期的七国文字等。狭义上讲它单指籀文,也就是石鼓文。小篆就是秦始皇统一中国后形成的统一的文字,又称为秦篆。

(一)金文

到了商周,进入了青铜器时代。青铜器有礼器、乐器等种类,礼器以鼎为代表,鼎本是中国古代的饮食器,后来发展成祭祀天帝和祖先的神器,成了贵族身份的象征。古籍上有"天子九鼎,诸侯七鼎,大夫五鼎,元士三鼎"的说法。

乐器则以钟为代表,于是"钟鼎"也就成了青铜器的代名词。在那些钟、鼎上所铸、刻的文字就叫钟鼎文。因为在先秦时称铜为金,这些钟、鼎又是用铜做的,所以,钟鼎文又称金文。上至商代早期,下至秦灭六国,金文应用了1200多年。

金文

中原是商代的故都,所以在这里出土、发现的钟鼎特别多,最有名的莫过于司母戊大方鼎。它于1939年3月19日在河南安阳武官村出土。经郭沫若先生辨认,鼎上有"司母戊"三个金文字的铭文,是商王祖庚或祖甲祭祀他母亲而铸造的祭品,现存中国国家博物馆,为该馆镇馆之宝。1998年9月安阳申报世界文化遗产,曾从国家博物馆借出司母戊鼎省亲河南,保险金高达1.5亿美元。

金文多是记载古人祀典、赐命、诏书、征战、盟约等内容,周宣王时铸的《毛公鼎》最具代表性，是金文的佼佼者，有32行，共计497字，是最长的铭文。另外《大盂鼎》、《散氏盘》等都是其代表作。

（二）籀文

唐初在陕西宝鸡附近发现并出土了10个石头"墩子"，周围刻满了文字，每个"墩子"高2尺，直径有1尺左右。铭文中多言渔猎之事。

经后人研究考证，这些文字是周宣王时的太史籀所书，所以叫籀文，因刻在像石鼓一样的石头上，又称石鼓文，还因说的都是渔猎之事，称其为猎碣。

这是我国流传最早的石刻文字，在古文字书法中是别具奇彩和独具神韵的艺术作品，在汉字的发展史上占有重要地位。石鼓现存故宫博物院，设有专门的石鼓馆。

（三）战国七国文字

战国时期，由于连年征战，各国文字书写也比较混乱，同一个字在不同的区域有着不同的写法。

例如"马"字，在战国时就有9种写法：秦1种写法，齐3种写法，楚2种写法，韩、赵、魏共用2种写法，燕1种写法。这一时期混乱的中国文字被称为"战国七国文字"。

（四）小篆

秦始皇统一中国后，统一了货币，统一了度量衡，也统一了文字，形成了另有特色的字体——秦篆，也称小篆。帮助秦始皇"书同文"、制定规范书写小篆的是丞相李斯。

李斯是河南上蔡人，是秦代著名的政治家和散文家。秦建立后，李斯升任丞相，由于过去各诸侯国长期分裂割据，语言、文字都有很大的差别，对国家经济、文化的发展不利。于是他向秦始皇提出了统一文字的建议。秦始皇同意，就命李斯担任制定标准文字的工作。李斯以秦国文字为基础，废除异体字，简化字形，整理部首，整理出一套形态整齐的文字，称为秦篆，也叫小篆，作为当时的标准文字。另外，李斯还亲自用这种字体书写了一部《仓颉篇》作为范本，推行全国。小篆的出现是

汉字统一、汉字发展史上的一大进步。

（五）篆刻

在篆书阶段,还应该提到另外一种文字载体——篆刻。篆刻源于古代印章。在古代,官员都有大印。自秦以后,皇帝的大印叫"玺",官员的印才叫"印"。武则天认为"玺"与"死"谐音,就把皇帝用的印改称"宝"。汉魏时将军的印称为"章",另外印还有"记"、"符"、"押"等多种称呼。在这些印章的上面,总是要刻一些古代文字,因为刻的都是篆字,所以称为篆刻。

自明清以来,篆刻单独成为一门艺术,直到今日,仍属于书法艺术的一个分支。于省吾《双剑誃古器物图录》中记录了在安阳殷墟考古出土的3件铜印的印文,据此,有专家认为,殷商时期已经具备了刻制印章的可能性,这3件印章可能就是篆刻的起源。它同样发源于河南的安阳。

二、隶书

小篆虽然由图形文字转变为以线条为主较为整齐的长方形文字,但它只有横、竖、弧三种笔画。而且结构复杂,一个字多由均匀的圆弧线条组成,写一个字就像画一个图案一样,非常不方便。

在秦代乡下,有一个掌管文书,负责抄写文件一类差事的小官,他的名字叫程邈。此人性情耿直,善提反面意见。有一次他把秦始皇给得罪了,秦始皇恼怒之下把他打入云阳监狱,一关就要关上10年。程邈进了牢房,心想我这10年干些什么呢？总不能在这里干熬10年吧,得干点事。可在牢房条件又不允许,他就胡思乱想,想到自己过去在抄写文件时那些弯曲盘旋、繁杂难写的小篆,天天写得腰酸手疼,就这还难以应付公务。

于是,他在牢中反复揣摩,没有笔墨就用手指在牢房的地面上画,把自己认为改造满意的字形拼命往脑子里记。10年出狱后,他马上整理出汉字方案3000个登殿呈报秦始皇,秦始皇看后大加赞许,记上大

功一件，同意推行全国，并封程邈为御史。因为程邈原来官职很小，属于隶，另外掌管文书的小官当时称胥吏，也称隶人，所以他发明的这种字体就称为隶书。程邈创造隶书的传说虽然不是完全可信，但应该承认他所做的文字编纂整理工作非常了不起。

隶书

隶书将小篆的长方变为横方，由原来的3种笔画变为今天汉字特有的"横、竖、撇、捺、点、提、折、钩"8种基本笔画。它的主要书写特点是"蚕头燕尾，一波三折"，是说隶书的笔画都是圆笔，开头处要写成像桑蚕的头一样圆滑，横画、捺画结束时为重笔，而且往上翘，就像燕子的尾巴一样。还规定"燕不双飞"，就是一个字中不能有两笔上翘的燕尾。

汉字这一阶段的转变被称为"隶变"，这是汉字发展的一个分水岭，以前的所有文字叫"古文字"，以后的文字则叫"今文字"。隶书标志着中国文字发展历史由"古文字"阶段进入了"今文字"阶段，它使得中国汉字更加便于书写和容易辨认。到了汉代，隶书取代小篆，成为当时主要书写字体。

在河南发现的隶书碑刻相当丰富，数量居全国之首，如《孔宙碑》、

《淮源庙碑》等,这些都是隶书的珍品。

三、草书

草书可分为章草和今草两个大类。

(一)章草

"章乃隶之捷。"是说章草是隶书的快捷写法。汉字虽然通过"隶变",比小篆的书写方便了许多,但其书写速度仍然满足不了社会的需要。如果有一个紧急文件,需要马上完成,一笔一画写隶书肯定来不及,于是就有人用潦草的办法写隶书。这种草书虽然潦草,但仍然保留了隶书的意味,其形态兼有隶书和草书的特点,这种字体就叫"章草"。

章草这个名字的由来说法有三:一说东汉章帝所好,二说当时主要用于奏章,三说缘于西汉元帝时史游所写的《急就章》。

(二)今草

章草虽然书写速度加快了,但那些隶书的特征仍有些累赘,于是后来人们就干脆丢掉了隶书的所有痕迹,形成了另外一种字体今草,也可以理解为今日草书的意思。

今草虽然流畅飞动,但可认度、识别性差,尤其到了唐代,出现了张旭、怀素两位草书大家,将草书发展到大草、狂草的程度。张旭被誉为"草圣",爱喝酒,经常喝到大醉时大声狂叫,然后拿笔写字,写出的字真叫"龙飞凤舞",有时他甚至还用自己的头发蘸墨进行狂写。有一次他看到一位大嫂在卖艺舞剑,只见寒光闪闪,再加上剑柄上的红绸子上下翻滚,犹如蛟龙翻江。张旭马上飞奔到家,根据他的感悟狂草起来。20世纪70年代有一部电影叫《笔中情》,描写的就是这些情景。

怀素,字藏真,是一位出家人,他刻苦习字,没有钱买纸就种植芭蕉万株,用芭蕉叶子练字,称自己的住处为"绿天"。他还用一块木板练习,最后竟然把木板给写穿了。怀素不拘小节,嗜酒如命,吃鱼吃肉,一天之内要醉上好几次,在酒酣兴发时,在寺院的墙上、自己的衣服上、器皿上随意挥写,自称"饮酒以养性,草书以畅志","醉来信手两三行,醒后却书书不得"。

张旭、怀素在草书的发展中功不可没,由于二人草书飘逸,为人不拘小节,书法史上称他们为"颠张狂素"。

四、楷书

隶书的发展分为两支:一支是用潦草的方法书写隶书,发展为章草和今草,上面已作介绍;另一支则去掉隶书的"蚕头"和"波折",但仍然是一笔一画地写字,从而发展为楷书。楷书又有魏碑、唐楷之分。

(一)魏碑

魏碑是隶书向楷书过渡的时期,北魏洛阳时期形成的一种风格独特的楷书。

北魏初年,佛教传入中原,受到北魏皇帝的推崇,建造了大量石窟造像和碑刻题记,民间也盛行刻碑,给后人留下了大量魏碑石刻作品,著名的洛阳龙门石窟就是典型一例。那些碑上的碑文书写除一些当时文人之外,大都出自民间艺人之手,他们无拘无束,写出的楷书潇洒奔放、气势雄伟,形成了一种全新楷书——魏碑体。魏碑最盛名的代表作品是"龙门二十品"。

"龙门二十品"是指在河南洛阳的龙门石窟中北魏时期留下的20方造像题记,是魏碑书法的代表。魏碑上承汉隶,下开唐楷,兼有隶、楷两体之神韵,在书法史上具有承前启后的作用。其中19品在古阳洞,1品在慈香窟,内容一般表达造像者祈福消灾。

"二十品"的称呼最早见于清代康有为所著的《广艺舟双楫》。康有为在这本书中评价魏碑有十美:"一曰魄力雄强,二曰气象昏穆,三曰笔画跳跃,四曰点画峻厚,五曰意态奇逸,六曰精神飞动,七曰兴趣酣足,八曰骨法洞达,九曰结构天成,十曰血肉丰美,是十全者,唯魏碑南碑有之。"

魏碑

(二)唐楷

唐代是楷书发展的鼎盛时期,这时的楷书称为唐楷。以颜真卿、柳公权、欧阳询、褚遂良为代表的唐楷四大家把楷书推向了顶峰,他们各具特色,有"颜骨柳筋"之说。

唐楷字体严肃端庄,笔画平稳凝重,结构严谨,法度森严。古建筑中经常见到的"大雄宝殿"、"正大光明"等庄严的堂阁体都是源于唐楷。大多数书法家都主张先从唐楷学起,学院派的书法教学也是如此,这是因为唐楷字形结构严谨,笔法规范。有人说,楷书就是因为可以作为学书的楷模,所以才叫楷书。

五、行书

草书书写快捷,但不易辨认;楷书清晰易认,但一笔一画书写起来速度较慢。有一种字体,兼有两种字体的优点,既好写又好认,这就是行书。关于它的起源,唐人张怀瓘认为行书是后汉刘德升(今河南省禹

州市人)所作。他的解释是"务从简易,相间流行,故谓之行书"。

行书是介乎楷书、草书之间的一种字体,楷书的成分多一些的就叫行楷,草书的成分多一些的就叫行草。清刘熙载说:"真行近于真而纵于真,草行近于草而敛于草。"[1]是说行楷接近于楷书但比楷书放纵一些,行草接近于草书但比草书收敛一些。

行书写得最好的公认为是王羲之的《兰亭序》,它被誉为"天下第一行书"。永和九年(353)三月初三,王羲之和41位文人学士朋友在兰亭聚会,玩起了"曲水流觞"的游戏:就是把盛满酒的羽觞(酒杯)放在弯弯曲曲的溪流中,溪旁有一些小凳子,大家分别依次排坐在小凳上。羽觞顺水漂来,停在谁的面前,谁就饮了里面的酒,并赋诗一首,要是作不出,就要罚酒。这次聚会,共写了37首诗,有人提出把这些诗编成诗集,叫做《兰亭集》,大家首推王羲之作序。王羲之这时兴趣正高,又喝了点酒,醉意朦胧,当场铺开蚕茧纸,手执鼠须笔,一气呵成,这就是流传千古的《兰亭序》。全篇28行,共324字,不但文笔流畅,情文并茂,而且笔力遒劲秀逸,结字章法浑然天成,完全是心手相得之作。

唐代颜真卿的《祭侄文稿》有着"天下第二行书"之誉,全名《祭侄赠赞善大夫季明文》,真迹现藏台湾"国立故宫博物院"。

唐朝天宝十四年(755),安禄山起兵叛乱时,河北24郡纷纷瓦解,只有颜真卿的堂兄弟颜杲卿及其儿子颜季明坚守常山,颜真卿驻守平原。次年,安禄山叛军围攻常山,抓到颜杲卿儿子颜季明,借此逼迫颜杲卿投降。但颜季明不肯屈服,还大骂安禄山,最终被杀。不久,颜杲卿战败被俘,押到洛阳,见到安禄山,颜杲卿怒骂安禄山,也被处死。颜氏一门30余口被害。

唐肃宗乾元元年(758),颜真卿命人到河北寻得侄子季明的头颅。颜真卿万分悲痛,挥泪一气写下了《祭侄文稿》,共23行,每行11、12字不等,共234字。元人鲜于枢跋语谓:"祭侄季明文稿,天下行书第二。"

---

[1] 周俊杰等:《书法知识千题》,河南美术出版社1991年7月版,第312页。

陈深曰:"祭侄季明文稿,纵笔豪放,一泻千里;时出遒劲,杂以流丽;或若篆籀,或若镌刻,其妙解处,殆若天造,岂非当时注思为文,而于字画无意于工,而反极工耶?"

如果说《兰亭序》字体挥洒秀丽,笔力遒劲飘逸,章法浑然天成,体现出行书的一种唯美主义的话,那么《祭侄文稿》就体现出作者威武不屈、奔腾豪放的大气。二者风格截然不同,但都体现出汉字艺术的基本所在——情感。

其实,行书也是我们日常使用最多的字体,我们每个人不管汉字写得好与不好,但自觉不自觉写的都是行书这种字体。

总之,在中国汉字发展史中,中原的文字史占据了极其重要的地位。一是从甲骨文的发现到各种字体的发展和演变,都发生在中原这块土地上。二是在汉字发展的各个阶段,中原都涌现出一大批文字书写的大家。历史上有文字记载的河南籍古代书法家就有4000余人。例如蔡邕(河南杞县人)、郑道昭(开封人)、钟繇(许昌人)、褚遂良(河南禹州人)、王铎(河南孟津人)等,他们都在书法、文字史上占有非常重要的地位。三是从古至今,中国汉字使用的每一次进展,中原都会出现一些有贡献的大家。例如许慎编著的《说文解字》。凡是研究文学和文字的,都离不开这部工具书,它的作者是东汉初期的许慎,是河南郾城人,他在他的家乡完成了这部汉文字学的巨著,这是世界上第一部归纳汉字生成规律、统一字义解析的字典。《说文解字》共收集了当时流行的汉字9353个,它的最大贡献就是给汉字建立了540个部首,这使得我们以后查工具书就方便简单得多了。

另外,至今我们还在使用的规范性字体宋体字就产生在河南的开封,著名的四大发明之一活字印刷术也产生在这里。

河南不仅有着辉煌的古代文字史,而且今天在计算机汉字输入法中,河南人王永民同样作出了重大贡献,他以5年的时间研究发明了被中外专家评价为"其意义不亚于活字印刷术"的"五笔输入法"(王码),被誉为"中国电脑时代的毕昇"。

在今天的书法事业中,在汉字书写艺术的研究上,河南是全国的书法大省,在全国大赛中获奖最多,被称为"中原书风"。现任中国书法家协会主席张海就是河南偃师人。

第三节 汉字的魅力

勤劳、智慧的中华民族,经过几千年的锤炼,创造出世界上唯一古老却仍具旺盛生命力的表意(每个字都有意义)性文字——汉字,它是我们数千年文明的主要载体,具有其他文字难以比拟的优越性和无穷的魅力,也是中华民族对世界文明的巨大贡献。

一、汉字以其独有的魅力影响着世界

从中原发现甲骨文字算起,汉字距今已有3300多年的历史了,它是世界上最古老的三大文字系统之一。

三大文字系统中,古埃及的圣书字(图画文字),是5000年前埃及第一王朝创始的文字,分为碑铭体、僧侣体和大众体3种字体,由意符、言符和定符组成,是一种从语词到音节的文字。但它从公元425年以后开始衰弱,最后灭绝,已被人们遗忘了一两千年。

两河流域的楔形文字,出现于公元前4000年左右。幼发拉底河和底格里斯河流域最早居住的是苏美尔人,他们开始创出了图画文字,后来发展成表意文字,经历了几百年以后,大约是在公元前2500年才告成熟。但在公元前16世纪至公元前6世纪时也衰败了,最后直至灭亡。

三大文字系统中有两大系统都因各自的文明戛然中止,早早失传,只有我们中国的方块汉字伴随着源远流长的中华文明一直沿用至今,这是一个奇迹,从这个意义上说,汉字堪称世界文字的"老寿星"。

楔形文字

多少年来，汉字的发展、演变从未间断，所以涵盖的信息也十分丰富，积淀凝聚了丰厚的中国文化信息，这是其他文字所不能比拟的。在世界许多民族都在用拼音文字的时候，中国却独立应用了表意文字，这表现出中国人与众不同的认知世界的方式。

汉字产生之后，很早就传播到各少数民族地区和周边的国家，在很长的时间里，汉字都是他们的正式文字。他们在使用汉字的过程中，逐渐掌握了汉字的结构和规律，在汉字的基础上，才逐渐地创造出更适合本民族使用的文字来。

比如日本，日本在古代并没有自己的文字，只有自己的语言。公元405年，一个叫王仁的朝鲜人带着一本《论语》来到日本讲学，并教授汉字。这时日本人才开始用汉字来记录语言。在8世纪以前，汉字一直是日本记录书面语的工具。现在，日本文字中还使用不少汉字，另外一部分片假名和平假名，据说是日本的遣唐使吉备真备和留学僧空海创造出来的。留学僧空海和尚在日本被称为弘法大师，他在唐朝精研书法，他的书法在日本达到了登峰造极的境界，他结合汉字的草书笔法形成了新的字母形式，创制出日本的另一部分文字。

再比如朝鲜,朝鲜原来一直使用汉字,只不过加上他们自己的读音,叫做吏读。还有越南,也在秦朝时就跟中国有了来往,他们一直也是用汉字作为他们的文字,一直到后来才发明了自己的文字"字喃"。

东至渤海、朝鲜、日本,南至越南、缅甸,西至西域,北至漠北,用汉字连接了中国与周边地区的世界文化,形成了一个汉字文化圈。

随着周边各个国家在文化上的崛起和民族自觉意识的产生,一些曾经使用汉字的国家先后放弃了汉字。韩国创造了自己的训民正音,日本在明治维新时期也提出了废除汉字,越南的文字已经实行了拼音化。虽然这些曾经饱受中华文化浸润的国家如今都有了自己的语言和文字,但是,在他们的文字中仍然有着明显的汉字痕迹,也就是说,从骨子里已存有了汉字的成分。朝鲜、越南、日本的语言词汇中,有六成以上都是由中国古汉语派生出的汉字组成的。目前在韩国,虽然很多公共场合都不再使用汉字,但对中小学生仍然有专门的汉字水平测试。由此可见,中国汉字对他们的影响已经融入他们的文化之中。

今天,世界上越来越多的国家和朋友感受到汉字的魅力,有的不远万里来到中国学习汉字和汉语。截至 2008 年 10 月,传播中国文化的孔子学院全球已达 292 家,据国家汉办统计,截至 2011 年底,海外学习汉语汉字的人数已超过 1 亿,并以每年 50% 的速度增长。据专家预测,到 2013 年将达到 1.5 亿。目前全世界已有 100 多个国家的学校开设了华文课程,美国有 200 多所大学设有中文课程,据联合国教科文组织提供的数据,汉字已是因特网上的第二大语言文字。

随着我国经济、文化持续高速地发展,世界各地学习汉语汉字的兴趣日益升温。地球人已经感受到汉字文化所蕴藏的无限魅力。汉字文化跨越千山万水,打破千年时间的阻隔,悄然地走进了世界的每一个角落。

二、汉字表现力强,所含信息量大

中国汉字虽然发展历史悠长,但却体现出强大的生命力和表现力。

从表面字形上看，由于汉字笔画多，远比拼音文字的形体复杂，难写难学。但不管汉字多么错综复杂，其形体是由有限的笔画构成的。汉字的基本笔画只有8种：横、竖、撇、捺、点、提、折、钩。如果横（包括提）、点（包括捺），再加上竖、撇、折也只有5种了。

把这些有限的笔画按照相离、相接、相交三种关系组合，就构成了成千上万个汉字。比如：一个撇笔和一个捺笔，用相离的组合关系，可构成"八"字，用相接的组合关系则构成"人"或"入"字。再如："田"、"由"、"申"、"甲"4个字，都是按两个横笔、两个竖笔和一个折笔构成，只是中间的竖画稍微变化。这种以简单的笔画组成众多象形字的方法，构成的图形不易混淆，表达的信息却准确丰富，承载的信息量大而又具有规律性。

中国汉字除只需少量样式的笔画组成外，还创造性地使用了偏旁部首。汉字分为独体字和合体字，合体字即有几个部分组合而成，那么这个"部分"就叫偏旁，它是传统汉字结构学说中的一个名称。

《说文解字》首次给汉字建立了540个部首，后经过归类精简，今天呈现在我们面前的偏旁数量，《新华字典》是201个，有的典籍是241个不等。

偏旁的使用，给众多的汉字进行了归纳和分类，无形中增强了汉字的易记性和表现力，学习使用起来更为方便。例如一个木字旁，和其他"部分"相结合，就可以组合成"树"、"林"、"材"、"桌"、"椅"、"板"、"柳"、"杨"等多个汉字。

汉字的表现力强还表现在汉字数字的特点上。汉字的数字逻辑十分简洁，使用起来非常方便。如汉字从零至十为最基本的数字，并全是单音节字，逢十进一位。也就是说，只要学会10个汉字，再大的天文数字也可一看便知、一目了然。而在西文中，如英语、法语等，认读起来就困难得多。

汉语中的数字除用作实词外，还常作为虚词运用，如一知半解、三心二意、四平八稳、五花大绑、六神无主、七零八落、八面玲珑、九牛一毛、十室九空等成语，形成了汉语的一大特色。由此可见，数字在中国汉字中不仅属数学范畴，而且是一种特殊的文化现象，一种极为重要的文化语言，它体现着炎黄子孙的思维特点，展现出中华民族的文化风貌，是中国文化的重要组成部分。

中国汉字，是当今世界上唯一留存下来的、使用者众多的、充满审美韵味与哲理意蕴的象形文字，可以说是中华民族智慧的一种结晶和象征。在汉字这个四四方方的方块世界里饱含着大量的历史和时代信息，有着说不尽道不完的无穷魅力和神奇力量。

首先，我们的祖先用了象形、指事、会意、形声、转注、假借这六种方法创造出了汉字，被称为"六书"。"象形"字是以自然界的景物形象为基础，模仿其模样，"山"、"日"、"月"、"水"等字都是从象形的景物中演变而来的。"会意"字则在字的结构中表达出一定的意思，如不正为"歪"、不好为"孬"，日月为"明"，田力为"男"等。"指事"字是指一些抽象之事，比如说以一横为基准，人在横的上面就是"上"，人在下面就是"下"，一横在"大"的上面就是"天"字。"形声"字则是一个字的一半为象形，一半利用另一个字的读音，如"沐"字，因为沐浴要用水，所以左边是一个三点水，右边利用了"木"字的读音，这就形成了形声字。"假借"，本无此字，以声托事，借用一字，以表达别的意思，例如"又"，原指右手，后借为"也是"的意思；"大"字可借来念"大"(dài)夫；"会"字又借来念"会"(kuài)计等。"转注"字则是用两个字互为注释，彼此同义不同形。如"老"、"考"相通，都是表示长寿的意思。在过去"强"和"疆"、"嵩"与"崇"是可以通用的。

河南大学历史系教授郑慧生指出："文字的三要素是形、音、义。形——文字本身的形体，它是怎么写的；音——这个形体所要标示的音节，它念什么音；义——这个读音所能表达出来的意义，它当什么讲。中国的汉字旧称象形字，但象形只是汉字最先采用的造字方法。中国汉字的绝大多数却是形声字，形声字既表音又表义，最能体现形、音、义三者的结合。譬如'瞥'字，其形分为两部分，上'敝'下'目'。根据汉字的创造规律,从字形上我们就能明白形与音、义的关系:此字从目敝声,其义为'快速地一看',故字'从目',其读 piē,故云'敝声'。西方的字母文字易于表音却难以表义,如英文中的'peep',音为[pi: p],义为'瞥',读音固然容易从拼音上辨别,但你能从 peep 的拼写上想象出'快速一看'的意思吗?汉字是最善于表达形、音、义的文字,所以它能够打破时间、空间的距离,上下几千年,纵横数万里,成为历史悠久、生命力最强的一种文字。"[1]

其次,几千年来,中国历史文献浩如烟海,文献中典故、成语丰富多彩。几个汉字,可以表达一篇文章、一个故事的内容。如"班门弄斧"、"滥竽充数"、"黔驴技穷"、"江郎才尽"、"车水马龙"、"门可罗雀"……数不清的简洁词汇,将含义丰富深远的内容鲜明生动地表现出来。

中国古籍车载斗量。《老子》五千字,奥妙无穷,已形成一个学派,叫"老子学";《孙子兵法》几千字,变幻莫测,不仅适用于军界,世界上多国的商界也在应用。

汉字字与字之间区分明显,个性突出。由汉字排列组成的诗词歌赋、析字对联以及汉字谜语等,讲究整齐、押韵、平仄、对仗,文字精练,内涵丰富,高雅清新,包含的信息量更大。"白日依山尽,黄河入海流。欲穷千里目,更上一层楼。"区区 20 个字,就完整地讲述了一件事情,还道明了一种哲理和寓意。

以汉字组合成的对联,要求两联字数相等、字义相对、词性一致、节奏相同、平仄相对,古有"天对地,雨对风,山花对海树,赤日对苍穹"等口诀。它以生动的汉字语言描摹客观事物,表达人们的思想情趣,形成了一种特殊的艺术形式。

再说谜语,它是我国文字语言形象和概念的一种游戏,有字谜、物谜、名谜、动态谜、词谜等,往往几个字就会让人无限联想。比如谜面"公元前",猜一个词,谜底是"八一","公"字的前两笔是"八","元"字

---

[1] 徐光春:《中原文化与中原崛起》,河南人民出版社 2007 年版,第 240 页。

的前一笔为"一",合起来就是"八一"。这更是充分体现出汉字所包含的强大信息量。所有这些,都成为我国特有的文学艺术形式。这是世界上其他任何文字都难以具备的。

三、汉字成就了世界上唯一的文字艺术

说起艺术,我们会想起国粹。说起国粹,我们自然又会想起京剧、中医、武术、中国画等。不错,这都是我们的国粹,因为这些艺术中国独有,外国人没有,是国家的精髓。

但是,外国没有京剧,可是有话剧、歌剧、舞剧;外国没有中医,但是有西医;外国没有武术,但有跆拳道、相扑;外国人没有国画,但有油画、版画等。只有一种艺术是中国唯有,外国绝对没有,而且还没有近似的替代品,那就是书法。

文字能够成为一门艺术在世界上只有中国的汉字,所以外国人说"中国比世界多了一门艺术",主要原因有两条:

一是汉字具有造型性的特点。首先从数量上来说,汉字的数量多,外国文字的数量少。汉字究竟有多少个,谁也说不出一个确切的数字。东汉时期的《说文解字》收入汉字9353个;1994年出版的《中华字海》被认为收入的汉字最多,有87019个;据通过专家鉴定的北京国安资讯设备公司的汉字字库显示,该字库收入汉字91251个。汉字的数量,可用一个词来形容,叫做成千上万,恐怕一点儿也不过分。

相对的外国文字数量少,和汉字的数量是无法相比的。

其次,汉字是表意性的文字,外国文字是符号性文字。中国汉字不管是象形,还是指事,不管是转注,还是形声,都表达一定的意思。比如说一个"木"为"木",两个"木"为"林",三个"木"为"森";还有三"人"为"众"、"目""害"为"瞎",等等。而外国文字则是一种纯符号性的文字,从外形上看并不表达任何意思。

再次,汉字的笔画多,外国文字的笔画少。除极少数独体字外,大多数汉字都由上下结构、左右结构、包围结构等多个部分组成,大都笔

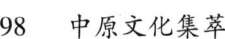

画较多，最多30余画，具有形象造型的基础。而外国文字只有一两画，多则三四画，所以不具备造型的基础。

小学生在练习书法

二是特殊的书写工具——毛笔。用于书法书写的工具毛笔，是我们祖先的独特创造。1930年前后，在蒙古额济纳河曾发现过著名的"居延笔"，笔为木杆，一端劈为6瓣将兽毛夹在这6瓣之中，这说明我们的祖先在西周时就用毛笔了。

毛笔用兽毛做成，种类很多。从兽毛的材料分，有狼毫、羊毫、兼毫、紫毫、鸡毫等；从大小分，有小楷、中楷、大楷、斗笔、提笔、京揸等；从笔锋分，又有长锋、中锋、短锋等；还有一些特殊用途的毛笔，如玉笋、兰竹、叶筋、红豆、衣纹等。

书法离不开毛笔，也离不开墨汁。说起墨汁，人们一般都会认为是黑乎乎的，其实不然，墨汁通过和水融合后可以呈现出从浓到淡的无数个层次，从大的层次来看有"墨分五色"之说。我们看过齐白石画的虾、徐悲鸿画的马，他们没用任何颜料，全部用墨画成，但表现出来的作品却活灵活现。

书法艺术还与其载体——纸息息相关。据说东汉造纸家蔡伦有一个弟子叫孔丹,他在安徽泾县以造纸为业。有一次他在山里偶见一些檀树倒在溪边,时间比较长久,都浸泡得腐烂发白了,便想把它作为造纸的原料。经过不断的试验和改进,终于造出了上好的白纸,因当时的泾县属宣州,所以这种纸就称为宣纸。

宣纸是书法表现的最佳用纸,它润墨性能极佳,深浅浓淡,层次清晰,最具有"表达艺术妙味"(郭沫若语)的特殊性能;它不怕折损,不易蛀、腐,素有"纸寿千年"之誉。

特殊的书写工具毛笔,蘸上墨汁后,书写时按下毛笔笔画就粗,提起笔来笔画就细;写得慢来笔画就实,写得快了笔画就虚,就会出现一些自然的"飞白";墨汁多了笔画就润,墨汁少了笔画就枯,再加上毛笔运笔时的一些技巧,如中锋、侧锋、逆锋、回锋、折锋、藏锋、提按、转折、迟速、轻重等,配以表现效果最佳的宣纸,于是就能出现汉字在书写时的大小、浓淡、干湿、正欹、错让等千变万化的艺术效果。而外国文字是用硬笔书写,不具备这些笔头和墨色的变化,缺少了形成文字艺术的又一条件。有外国人说:"与其说中国比世界多了一门艺术,不如说多了一支笔。"

书法艺术从客观方面看,即汉字字形的书写与表现,即单纯的写字和文字的实际运用;从主观方面看,它是书法家精神世界的审美表现。二者统一起来,就产生了汉字的气韵、神采、意境等艺术的美。这是汉字的独特,这是汉字的魅力,这是我们国粹中的国粹。

四、汉字将中华民族用同一个符号连接在一起

在中国几千年的发展史中,汉字对整个中华民族的团结统一、对经济发展、对文化传播都起到了极其重要的作用。

从横向看,我国民族众多、地域广袤,尽管各地方的语言、方言有很大差异,有些少数民族的语言甚至根本就听不懂,但只要是使用汉字写下的书面语言,不管天南海北的中华同胞都能看得懂。

从纵向来说,我们有着几千年前的古语言和古文学,这些离我们已经很远了,古人的语言肯定和今天的语言有着很大的差别,但凡是有文字记载的,不管是商周还是秦汉,我们都能读得懂,这就不能不说是汉字的功劳了。

在中国社会里,没有哪一个人、哪一个家庭不是生活在汉字的世界里,也就是说,我们每一个人都离不开汉字,汉字在我们的生活中占据了非常重要的地位。古老的汉字,还被人们赋予了超自然的能力,人们可以用它来避祸求福。一副对联,一个字谜,都是中国人智慧的结晶;一个福字,一张双喜,都寄托着人们对美好生活的渴望。

历史不断发展,朝代不断更迭,可是不管怎么变化,中华民族的大统一观念始终没有变,直到今天,汉字一直深深地印在每一个中国人的心中。有人说,中华民族是一个圆,周长可大可小,圆心无处不在,而半径就是汉字,汉字是中华民族向心力的重要源头。2008年8月8日,在举世瞩目的北京奥运会开幕式上,数千名书童齐诵《论语》,随着汉简文字和活字印刷排列出的汉字的出现,蔚为壮观的场面充分体现出汉字文化已经融入中华民族的血液之中。据说法国前总统德斯坦曾这样赞美汉字:"中国的这种统一,是由语言加固的,不是因地区而异的口语,而是书面语,即那些在中国到处都绝对一致的著名汉字。"

古老的汉字承载着中原文化乃至中华文明的历史,一个简单的汉字,不仅渗透着中国人几千年来待人接物的聪明智慧,更体现了中国思想文化的博大精深和源远流长,汉字是一个跨越时代、跨越空间、生生不息的文化精灵,它将地球上1/5的人口用同一个符号连接在一起,并以其独特的方块支撑起整个中华民族的文明。

五、汉字具有无限广阔的发展前景

文字在向准确化和通用化的方向演进中,形成了两大系统:一种是由各种音素组成,以明确的音位观念来表达认识。各音素之间界限分明,音节的结构比较复杂,这就是印欧语言即拼音文字。这种文字直接反映读音,书写容易,词的形态比较丰富。但它的不规则拼写和长词形,与人的瞬间记忆不能完全适应,而且语言的准确性要求高,作为信息处理的难度就大了。

另一种就是由字形表意与声音的结合而组成,这就是汉字。这种文字主要是以笔画拼构图形以表达意思,使形、音有机融合,读音可以知义。拼音文字纯是一种符号,汉字却是中华民族想象力的产物。[①]

汉字不但信息量大,还有一个举世无双的优点就是容易储存信息。例如制造一个新名词,并不一定要学习几个新汉字,因为一个汉字除了自身具有一定的意义外,还具有很强的造词能力。如"电"字,在后面加上不同的字,就可以造出不同的词,如电话、电视、电影、电脑、电线、电灯、电路、电阻、电容、电车等。

又如"故事"两个字颠倒过来就念成了"事故","会议"倒过来又成了"议会",文字不变,顺序一变就是另一个词,另一个意思了;再如"了不得"、"不得了"、"得了不",三个同样的字用不同的排列方法就可以表达三种完全不同的意思。

因此,中国汉字最能追随语言和时代的发展,把旧字重新组合就成为新词,不管是多么新潮的词语,我们都能用较为熟悉的汉字表达出来,得到"生词熟字"的效果,如"碳脚印"、"零地带"、"被疏散者"、"金融海啸"、"麦兜族"等新词都可以用常用字来拼写。汉字好比预制件,构组新词如同搭积木,十分简便,非常适宜于一日千里的科技发展,不需要像其他拼音文字那样又要重新造出一些新的单词,因此中国汉字具有极大的稳定性。

中国汉字数量虽然浩瀚繁多,但常用字十分集中,较为常用的不过2400个字左右,占一般书籍报刊用字的99%。把这些文字作为工具,一般小学三年便能掌握。而使用英语的民族,每一个普通成年人,一般至少要使用2万个英语单词。据1975年《美国百科全书》介绍,英语常用字词有2万多,比汉字多出近10倍。西方拼音文字在适应日新月异

[①] 参阅刘志琴:《汉字的魅力》,《浙江日报》,2005年8月1日。

的社会发展中,新词猛增,据统计,目前英语单词已达50多万,人们的记忆不堪承受。

汉字具有固定的笔画、笔顺,为人们提供了诸多方便,可为最先进的电子化服务。汉字键盘输入速度已超过西方拉丁字母文字的输入速度。汉字视觉分辨率高,字形占空间小,因而阅读速度快。有人粗略统计,阅读汉字的速度是阅读英文的1.6倍。

汉字的字形还可使人产生联想以至想象,有助于智力的发展。神经心理学和神经语言学的研究结果表明:拼音文字是偏向大脑左半球的"单脑文字",而汉字则是大脑左、右两半球并用的"复脑文字"。

学习汉字可以充分开发大脑左右两个半球的潜力,对汉字的研究分析已成为语言学、教育学、社会学、心理学、神经生理学、电子学等领域共同关心和探讨的主题。研究表明:汉字的内在规律被发现前,它可能是世界上最复杂的文字;而规律一旦发现,它也许将成为世界上最科学、最简便的文字。

信息时代的到来,更加突出了汉字的优越性。由于英语的音节多达1万个以上,而汉语只有400多音节,每个音节最多4个音素,因此美国语言学家盖利·吉宁斯在《世界语言》一书中对汉语的简洁性、准确性、严密性和先进性给予高度评价,认为正是中国人几千年的努力,才把"西文语法书里的种种麻烦抛个精光",最后"只留下几千个单字和若干条效率极高的排字规则"。英国《新科技杂志》原主编迈克·克鲁斯断言,不久的将来,汉语将充分发挥威力,到那时世界关于语言文字结构的研究中心有可能转移到中国。

总之,是电脑接受了汉字,而不是电脑改变了汉字,因此有人称它为电脑文字,表明它是信息交换应用程序的较好语种。[①]

---

① 参阅刘志琴:《汉字的魅力》,《浙江日报》,2005年8月1日。

第四节　汉字与养生

汉字与养生有没有关系？经过了长时期的研究和实践，大量的实例和事实证明习字对人的身心健康确有一种神秘的作用。

一、练习汉字可以使人长寿

学习、练习汉字可以使人健康长寿，这个道理越来越被人们所认可。因为书法不仅是一种创造性的艺术活动，同时也是一个绝妙的修身养性之道。

有人查阅大量资料，将明清两代的帝王、高僧、书画家的寿命作了一个系统比较。在过去"人活七十古来稀"的情况下，书画家平均年龄为79.7岁，高僧的平均年龄为66岁，帝王因过着骄奢淫逸的生活，寿命则更低。但在中国历史上，却有4位帝王寿命都在80岁以上：梁武帝86岁，唐武后82岁，宋高宗81岁，清高宗89岁，说来也巧，这4位帝王恰恰都是书法爱好者。

梁武帝（萧衍）是南朝梁的建立者，他长于文学，精通乐律，他制成的12支笛子对应12律，并善书法，有字集传世，可惜后来散失了。他爱好王羲之书法，据说现在的《千字文》就是他派人在王羲之墨迹中选编的。

唐武后（武则天）也喜好王羲之的书法，曾经到处寻找王羲之的墨迹，王羲之九世重孙王方庆将家藏十一代祖至曾祖28人的书迹十卷进呈，武则天编为《万岁通天帖》。

宋高宗（赵构）一生醉心书道，对书法始终保持一种锲而不舍的精神，练习非常用功，擅长写楷书和草书，在他自己著的《翰墨志》中说："……凡五十年间，非大利害相仿，未始一日舍笔墨。"由此可见他对书法的痴迷程度。

清高宗(弘历)即乾隆帝,一生酷爱书法,是中国历史上少有的嗜好书法的帝王。他在位60年,喜欢王羲之书法,在他的养心殿里有王羲之、王献之、王珣的墨迹,号称"三希"。他外出巡游,喜欢题字留诗,这就使得许多名胜古迹都有了乾隆的墨迹。

　　再概略看一下历代大书法家的寿命:唐代欧阳询85岁,虞世南81岁,柳公权88岁,颜真卿(被害时)76岁;明代文徵明90岁,文嘉83岁,董其昌82岁;清代刘墉86岁,梁同书93岁,包世臣81岁。最突出的例子是王羲之的七代孙隋朝大书法家智永了,他曾写过《千字文》800本分送各寺庙,据记载是"百岁而终"。

　　近代一些书法家的寿命:沈尹默88岁,林散之87岁,沙孟海85岁,肖娴90岁,吴昌硕84岁,齐白石97岁,黄宾虹92岁,何香凝94岁,萧劳95岁……河南书法家谢瑞阶99岁,周君谦、曼希梧、郝世襄等都在90岁以上。

　　张大千活了84岁,他形容书画家的年龄是:"八十不稀奇,九十多来西,百岁笑眯眯,七十小弟弟,六十岁还睡在摇篮里。"最有代表性的是上海的苏局仙110岁,北京的孙墨佛103岁,被誉为书法界的"南仙北佛"。

　　1998年,《中国书法》杂志在北京举办了"当代书法京华十一家遗作展",作者的年龄分别是:舒同93岁,孙墨佛103岁,陈叔亮90岁,董寿平93岁,李长路93岁,李可染82岁,蓝玉崧71岁,陆石78岁,何海霞90岁,王遐举86岁,萧劳100岁。他们最大的103岁,最小的71岁,平均寿命90.64岁。

　　先后两次被评为"全国健康老人"的吴西将军2001年正好100岁,他的养生经是"三迷",即迷书法、迷作诗、迷跳舞。他大器晚成,年近七十才练书法,他说:"练书法使人的心态平和,'六根'清净,感觉妙不可言。"

　　2006年1月4日,香港书法家梁披云100岁华诞,他以举办书法展览的形式庆祝生日,在大展公告中这样写道:"欢迎自作诗文祝贺梁披

云伉俪百龄华诞。"梁披云是香港著名教育家、出版家、书法家,他于1974年在香港首创《书谱》杂志。

书画艺术大师刘海粟活了99岁,1987年他87岁时,仍多次上黄山写生,他说:"人们仅仅知道运动员和武术家在练功健身,而不大注意书画家们练的也是一种健身功。"有人问他长寿的秘诀是什么,他说:"我的养生之道、长寿秘诀无他,只不过是写写画画而已。"

二、练习汉字可以强身健体

有一种听音乐治疗疾病的方法叫"音乐疗法",练习汉字也能治病,我们暂且称为"书法疗法"。当一个人身患疾病,痛苦万分时,不妨练练书法,它可能也像一副灵丹妙药,驱走病魔,还一个强健之体。

例一:西安东方机械厂张中才说:"我自30岁的时候身体就十分糟糕,胃溃疡、胃切除、肠粘连等疾病折磨着我,每天不是上医院跑药房,就是有气无力地躺在床上,熟悉我的人都为我叹息,连我自己也觉得'大去之日'不远。偶读1980年第3期《大众医学》杂志,其中《书法与健康》一文启发了我,不妨练练书法吧。多年来我握笔写字从不间断,五时起床锻炼,六时写字,八时上班,晚八时锻炼身体,九时写字,十时睡觉,已成习惯。然而身体竟奇迹般地好了,精神面貌也焕然一新,缠身多年的病魔被赶走了,精神格外爽朗。"[1]

例二:胡淦说:"我六年前的初冬,突然肩关节疼痛,以至于不能抬手,经诊断为肩周炎,于是先后做封闭、针灸、理疗等,但都不能根治。一次老友相聚,聊天中谈到书画院的老者个个都是年高而犹有壮容,在与之接触中得知书法要用手、腕、臂和一身之力,凝神静气,舒筋活血,从此,练书法的念头便开始产生。说干就干,有空就练。晚上习小楷,白天悬腕练大楷,怪不?在不知不觉中病却悄然离去。回首往日,肩周

---

[1] 张中才:《学书给我带来了身心康乐》,《书法报》,1985年12月18日。

炎促使我学习书法,而书法治好了我的肩周炎,一举两得,不亦乐乎!"①

例三:汤泽荣说:"从1955年开始患上慢性鼻窦炎、慢性筛窦炎,1960年又患上慢性咽喉炎、慢性风湿关节炎。20多年来,经过中西医治疗达数百次之多,疗效不显,痛苦欲绝,曾有轻生之念。幸好!1980年春节回广州探亲时看到《翠竹》小报登《麦华三卖田印书》一文,说他30岁时曾久病不起,仍坚持学习书法,身体逐渐恢复。我也想学书法试一试。从此我每天写大字二百,中字六百,坚持半年后慢性鼻窦炎、慢性筛窦炎、慢性咽喉炎已不再发作,一年后慢性风湿关节炎也不痛了。"②

例四:《大河报》2006年4月5日报道:老练,出生于嵩县大章乡赵岭村,1997年3月20日,他被确诊为食道癌,医生"判"他最长有5年寿命。然而他却不以为然,镇静地对女儿说:"你爹没事,一是我懂一些中草药治癌知识,二是心胸豁朗,三是每天练书法、画牡丹,天大的病也会忘了。"1999年3月再次复查时,老练的癌细胞竟奇迹般地消失了。

三、神奇功效的原因所在

书法艺术能使人延年益寿、身体健康,这已是不争的事实,但书画艺术为什么会有如此神奇功效?这可以归纳为四个字,即正、美、静、气。

正,即正人。古人说:"写字也,写志也。"我们常说"学书先学做人",有"书如其人"之说,即是说一位真正的书法家,必须是一位品德高尚的"正人"。虽然说品德高尚的人不一定都能写一手好字,但学习书法确能提高自己的道德修养。书法教育家沙孟海、欧阳中石都把学习书法必须先学做人作为必修课,沙孟海常用柳公权的一句话教育弟子:"心正则笔正。"

---

① 胡淦:《一点切身体会》,《书法报》,1986年11月5日。
② 汤泽荣:《书法给了我健康》,《书法报》,1986年11月19日。

古今一些书画名家，大都是品德高尚的"正人"，如颜真卿、岳飞、郑板桥、齐白石、苏轼、毛泽东、启功等，他们或胸怀大志、叱咤风云，或为人正直、不畏权贵，或平易近人、谦虚谨慎。一个精神空虚、趣味低下、满身铜臭的人，是不可能写出高雅的书法作品来的。

"正人"心胸宽广，为人坦荡，心情舒畅，正气浩然。医学证明这种人乐观开朗、心底坦然，有利于身心健康，所谓"心底无私天地宽"。俗话说："君子坦荡荡，小人常戚戚。""小人"心胸狭窄、精神空虚，满脑子歪门邪道，是一种不健康的心境。有文章说，郁闷的心情可使寿命缩短。书法艺术不但是一种高雅的精神愉悦，同时能够陶冶情操、磨炼性格。

美，是指书法艺术是一种独特的线条与构图的艺术，它讲究节奏和韵律，被誉为"无声的音乐，静止的舞蹈"。一幅好的书法作品，能在欣赏者和作者之间进行感情的交流。看到笔画挺拔、气势豪放的书法作品，可以使人联想到高山、青松，是一种豪壮之美；看到连绵飞动的字体，使人联想到山泉流水，引起的是优雅之美；看到妍媚的字如同美女，给人一种舞蹈般的柔美；庄严的字会使人联想到佛教及大雄宝殿，给人一种威严之美；跌宕的字会让人联想到杂技中的椅子顶，是一种惊险之美；拙朴的字会让人想到民间的工艺，是一种无拘无束的古朴之美……

无论是书法的练习还是创作，都是一种美的创造。它首先由大脑将书写的信息传到手端，使作者写出各自不同的字体，再将这些美的信息反馈到大脑，好像把人带入种种不同的境界，使人感到美的快感。百岁老人苏局仙说："学习书法，身心有了寄托，胸中滑滑然，有一团喜气，而百体亦感轻松。"我们可以得出这样的公式：书法是艺术——艺术是美的——美能使人愉悦——愉悦的心情有利于身心健康。爱美之心人皆有之，就像观花赏乐一样可以使人心旷神怡，所以书法艺术可使人健康长寿。

静，是指根据现代生理学的说法，静心能使大脑功能得到调节，达到养性娱心、使大脑得到积极休息的效果。因为练书法时，须绝虑凝神、心平气和,学习书法虽体力有限,活动量不大,但需要平和恬静的心境和毅力,这对调和气血、舒宽心律是大有好处的。

写字时,先要进行全神贯注、气在丹田、意在笔先等准备工作,然后身正笔稳。笔画按字体结构受意念的指挥做有规律的运动,这种运动与呼吸相适应,是一种平和而深沉的呼吸运动。

现代医学证明,专心致志的工作能使神经系统的兴奋和抑制得到平衡,肌肉、关节得到锻炼,内脏器官的功能得到调整,使新陈代谢旺盛,抵抗力增强,能有效地防止疾病,延缓衰老。

气,是指写字有气功的疗效。周星莲《临池管见》载:"作书能养气,亦能助气,静坐作楷书数十字或百字,便觉矜躁俱平;若行书,任意挥洒,至痛快淋漓之候,又觉心灵焕发。"黄匡《瓯北医话》载:"学书用于养心愈疾,君子乐之。"何乔《心术篇》载:"书者,抒也,散也。抒胸中气,散心中郁也。"

练书法要用手、腕、臂,一身之力聚于毫端,还要呼吸配合,这就像打太极拳一样,有凝神静气、舒筋活血之效。百岁老人喻育之说:"书法和练气功差不多,静中求动,形神合一。气功强调'心静体松,以意引气',这和写字的姿势、笔法是一样的。写字时要悬腕悬肘,臂开足稳,不但要用指力和腕力,而且要用臂力和腰力,甚至全身之力,这和练气功有什么两样?对身体的锻炼不是大有好处吗?"

中医讲究"行气通络,活血化瘀"。练习书法类似练气功,同样可达到如此效果。此外,书法不仅是外表美,而且还有内在的美,学习书法不但丰富了自己的精神生活,还能从书画中寻求无穷的情趣。以书会友,经常开展交流活动,以达到提高修养、活动筋骨、陶冶情操的目的。

总之,从古到今的书画家大多数都长寿,其主要原因就是书法活动对人的身心健康无论在心理方面还是生理方面都能起到全面的调节、锻炼的作用,可以说是一种美妙的养生之道,但是这种作用只能是潜移默化,不能立竿见影,只有锲而不舍、持之以恒才能获得。

第五节　汉字的传承

汉字是全人类最有价值的非物质文化遗产,它是中华文明的血脉,必将与世界文明共同进步与发展。那么,作为汉字的传承人,我们应该做些什么呢?

一、汉字传承中出现的问题

汉字是中华文明之瑰宝,是世界上最为完美的文字之一。正如精通多门外文并对汉字颇有研究的香港知名人士安子介先生所说:"有这样的文字,是中华民族的骄傲。说汉字是中国的一大发明,对人类的一大贡献,当之无愧。"

然而在今天,我们在发扬和传承这一汉字文化时,却出现了一些问题,令人担忧,不能不引起我们的深思。这些问题主要表现为:一是"写字无用论",对写好、练好、用好汉字的认识不足;二是有人写字的水平与学历不匹配,有些高学历的人才书写汉字的能力非常差,仍停留在很低的水平上;三是不少成年人甚至不会写字,错别字连篇,给自己和社会都带来诸多不便。

究其原因,主观上是对汉字文化在思想认识上不到位,客观上是电脑和外语的冲击以及全民忽视写字教育所致。

电脑的冲击。电脑的普及给我们带来了便利,同时也带来了"键盘依赖症"。人们远离纸墨的结果是字越写越差。就是一些常见字,竟也忘了怎么写。应该看到,键盘时代的来临,是社会进步的表现,但对键盘的过度依赖,则对文字乃至汉字文化都是一种伤害。"某重点大学大二学生徐顶说,自从上大学后,几乎天天泡在网上,一年多下来,很多字明明在电脑上认得,拿起笔来,却忘了从何写起。供职于杭州某媒体的章建森已经习惯了用键盘写作,拿起笔来头脑就一片空白,实在需要手写就'曲线救国',先在电脑上写完,再抄到纸上。"①

有专家指出,键盘取代纸笔,对汉字的影响比较大,如果长此以往,中国人掌握汉字的数量可能会越来越少。汉字书写能力的降低,也会影响人们对汉字的识读和应用,一旦综合能力降低,汉字文化的传承会受到很大的影响。山西省书法家协会理事李星元说:"一如音乐之于西欧,庞大的群众基础是任何一门艺术长盛不衰的关键。随着中国人日常生活中的字越写越少,千百年来书法艺术的庞大群众基础有被消减的征兆,中国许多文化遗产正面临'墙内开花墙外香'的尴尬,作为中国国粹之一的书法,能否逃脱这一命运呢?"②

那么电脑到底能否完全替代用手写字呢?不能。在照相机出现的时候,就曾有人断言摄影将来肯定要替代美术。为什么?因为画画需要很深的基本功,有的甚至需要一辈子的磨炼和"造化",就是有了水平,画出一幅画来也需要一定的时间。可摄影就简单多了,只需相机对准物体,"咔嚓"一声就能搞定,而且比画还"像",于是就认为将来无人去画画。但事实又如何呢?直到今天,美术还是美术,摄影还是摄影,谁也没有取代谁。于是我们也同样可以肯定地说:打字不能代替手写。我们必须丢掉"写字无用"的幻想。

庞中华曾这样说过:"打字不能代替手写,中国书法作为一种传统艺术,已经融入中国人的血液当中,就像奥地利的音乐、巴西的足球一样不可分割。"规范汉字书写专业委员会秘书长于茂宏也说:"人终究不是机器,无论电脑怎么普及,手写汉字也不能够被替代。电脑打字是千篇一律的复制品,是没有感情的。手写是通过心脏的跳动、大脑的思考,支配手指书写出来的有血有肉有体温的字,是充满感情的。电脑打字只能说是一种技能,但是用笔写字却是中国人最基本的素养。"

英语的冲击。据第二届中国外语教学法国际研讨会透露,全国约

---

① 叶健、方益波:《键盘时代你还会写字吗》,《大河报》,2006 年 11 月 3 日。
② 叶健、方益波:《键盘时代你还会写字吗》,《大河报》,2006 年 11 月 3 日。

有3亿人在学习英语,占全国总人口的1/4。有专家预测,再过几年,我国学英语的人数将超过英语母语国家的总人口数。[①]

在英语教学的强势挤压下,不少中国孩子的母语质量越来越差,还没跟国际接轨,自己的语言基因倒先出现了紊乱。近年来愈演愈烈的学英语"大跃进",无处不以英语论英雄的人才评价机制,已经引起了许多中国人的惶惑。

日常生活中,英语也是无孔不入地浸入到方方面面。来到商场,不管是中国商品还是外国商品,满目都是外文商标,明明是中国生产,非要画上几个外国字母,有些是中国人看不懂,外国人也看不明白,似乎标上外文就意味着产品的质量高。有的商品干脆就不标汉字,全部洋文,崇洋媚外,完全丢失了汉字的魅力。洋文用得多了,汉字就应用得少了,对我们的汉字文化不能不说形成了较大的冲击。

忽视写字教育。古人从很小的时候就练习写毛笔字,描红临帖,从小就被教育要写一手漂亮的汉字,甚至把写字的好坏作为学问大小的衡量标准。但现在这种现象极为少见,学校的写字课时间几乎全被占用或取消,不去或者很少去进行汉字的书写练习。相反,从小学甚至幼儿园却加强了外语的教育和训练。

小学教育与写字教育渐行渐远,过去小学每星期都会有几节练习毛笔字或硬笔字的课,现在尽管教育部也有规定,但大都落实不了。再就是家长也不愿意利用更多的业余时间对孩子进行写字的训练,而是热衷于利用星期天等业余时间,把孩子送到英语、奥数、电脑等实用性较强的辅导班去"深造",使得社会上针对学生课外书法培训的辅导班越来越少。

20世纪七八十年代以前,学书法的要比学美术的人数多,因为很多人误认为学书法要比学美术容易,一支毛笔一张纸,工具也简单,而学习美术就觉得麻烦得多,难度大得多。到90年代以后,情况发生了

[①]《北京日报》,2006年3月27日。

急转,学习美术者剧增,学习书法者寥寥无几,以致很多书法班办不下去。原因很简单,学美术可以报考美术学院,上大学。艺术专业综合分数要求较低,这就出现了千军万马走美术这个独木桥的现象,学习书法似乎就没什么用了。

由于上述种种原因,我们国人的汉字应用和书写的水平急剧下降,这使得我们对于汉字文化的传承产生了担忧。比如有些成年人写不好字,甚至专门研究文字的"专家"也错字连篇。

有一方篆刻作品一共只有4个字,结果错了3个,《书法报》曾批评这种现象说:"因为书法毕竟是写字,字是'经艺之本',写错别字对于成年人是丢脸的事,有件险些获奖的作品,因为似是而非的字给挑下马来,获奖与入选,待遇与名声上差距颇大。"①

2011年5月,教育部、国家语委发布了2010年中国语言生活报告,该报告指出:"学生汉语水平下降,随着信息化时代的到来,学生汉字书写能力也在退化。而据腾讯微博调查,人们在长期使用电脑的同时,逐渐对笔杆陌生起来,'提笔忘字'已成为一种普遍现象。约30%的网友'提笔忘字',约42%的网友表示'偶尔用笔写字'。有网友感慨,一手好字都被电脑废了,许多优美的汉语表达也被'神马''浮云'代替……"②

2006年9月15日,河南省人才交流中心举行人才交流大会,上午10时,郑州某生物工程有限公司的招聘台前挤满了求职者,应聘的大学生很多,但是没几个合适的。负责人秦先生拿起一沓刚填好的求职表对记者说:"你看有的大学生填写的表格上错字连篇,写字的姿势没几个对的,心态太浮躁,不务实。"

省会有一家医院曾发生这样一桩纠纷:一位中年女士的母亲在治疗中突然死亡,医患双方发生了纠纷,为进行鉴定,女士拿出大量病历,

---

① 刘涛:《错误的利用及荒唐》,《书法报》,1998年2月9日。
② 王灿等:《书法课能不能长久地开下去》,《大河报》,2011年8月31日。

但病历上字迹潦草,根本看不懂。专家组也读不懂医生所写的病历,最后只好让医生拿着自己写的病历当众念了一遍。另据《成都商报》报道,甚至某环卫局的公章上也出现错字。

这些不该发生的故事还有很多,这就不能不引起我们的深刻反思和忧虑。

二、汉字传承的有效途径

国家一直都很重视汉字文化和汉字教育,并采取了一系列有效措施,总的来看,汉字文化的传承朝着一个好的方向发展。

首先是加强了汉字的教育,在高等学府开设了书法艺术的学历教育。1978年,浙江美院经文化部批准,招收书法专业研究生;1994年年初,国务院学术委员会正式批准首都师范大学设立书法教育方向的博士点,欧阳中石教授成为这个专业的博士生导师,谢小青成为中国第一位书法女博士。随后,中央美术学院、中国美术学院、浙江大学、南京艺术学院等几十所高校都设立了书法博士点。另有一些大学相继开设了书法专业的高等教育,2005年,河南大学8名首届书法硕士的作品展览开展,山东工艺美术学院书法专业招生等,我国书法的高等教育正朝着系统、健康的方向蓬勃发展。

另外,广东省将书法列入中小学必修课与考核科目。江苏常州推出了"百千万工程":"百",在常州建100所书法特色学校;"千",配1000名书法教师;"万",培养10000名书法人才。

其次是进行书法测试。由教育部、国家语言文字工作委员会组织制定的《汉字应用水平等级及测试大纲》正式公布,并从2007年2月1日起试行。根据规定,从2007年2月1日起,将对中国所有的公务员、编辑、记者、教师、学生等行业人员进行文字规范测试,汉字应用被分为三个等级水平,测试范围为5500个汉字,测试方法定为标准化试卷,通过执笔闭卷考试的方法进行,考试时间定为80分钟。这是继普通话水平测试之后贯彻执行《中华人民共和国国家通用语言文字法》的又一重大举措。

这一文件公布以后,全国各地立即行动。据报道,2008年11月16日上午9点,教育部、国家语言文字工作委员会组织实施的全国汉字应用水平测试(HZC)在天津、辽宁、黑龙江、上海、江苏、山东、河南、湖南、云南、宁夏等10个省(区、市)进行,有4万余人参加测试。河南有15683人参加了本次测试,约占此次全国考试总人数的40%。

汉字应用水平测试现场

2011年12月11日,2011年度国家级汉字应用水平测试同时在北京、天津、上海3个直辖市举行,上海共设11个考点,来自浦东、杨浦、宝山、松江、奉贤5个区县和海洋大学、农林高职2所高校近9000人参加。

再次是进行书法考级。2006年下半年起,教育部考试中心在全国举办中国书画等级考试,考试每年举行两次。教育部考试中心统一签

发证书。中国书画等级考试的内容包括毛笔书法、硬笔书法、篆刻、国画山水、国画花鸟、国画人物等。此外,国家还在安阳建设一座世界唯一以文字为展览内容的中国文字博物馆,中国书法家协会开展的"书法进万家"活动正蓬勃开展……

每一个人,每一个中国人,对于汉字文化的传承应该做到以下几点:

首先要有自豪感。我们的祖先为我们创造出这样独具魅力的、世界上独有的汉字,为我们创造出灿烂辉煌的汉字文化,我们应该为之骄傲和自豪,我们完全有责任很好地学习它、热爱它和传承它。

其次要写好字。写好自己的字,抛掉"写字无用论"。要认识到汉字是一个人的"脸面",是一个人知识、才华的外在表现。中国人写不好中国字应该感到是丢人和不应该的事,同时也应认识到写好汉字无论在我们的生活上还是学习中都有着非常重要的作用。

再次要加强汉字教育。汉字文化源远流长,汉字艺术博大精深,需要我们认真地、不断地学习和研究,我们不但要自己去学习和研究,还要教育身边的人来共同写好、用好汉字,共同来传承汉字文化。

最后要有责任感。汉字文化是中华民族之瑰宝,是世界文化之瑰宝,我们要怀有强烈的责任心,去学习、传承它,决不能在汉字文化的传承上在我们这一代人身上出现"断流"!

国运盛,汉字兴,汉字有着广阔美好的发展前景,汉字的优越性对中华民族的团结和振兴将发挥其独特的作用。相信汉字文化在我们每个中国人的身上一定会得到发扬和光大。

第四章
上善若水,厚德载物
——中原养德文化

中华民族在长达几千年的历史发展中,虽然历经无数磨难与困苦,但终能屹立于世界民族之林,这是同中国优良的道德传统分不开的。中原大地,山川秀美,人杰地灵。深厚的传统文化积淀,长期的传统美德熏陶,铸就了中原儿女淳朴善良、吃苦耐劳、踏踏实实、侠肝义胆、知难而上的群体性格。愚公移山精神、红旗渠精神、焦裕禄精神等已经融入中原人的血脉,成为我们克难攻坚、不断前进的宝贵财富。河南省委书记卢展工曾对此给予了高度评价,称赞普普通通的河南人、踏踏实实的河南人、不畏艰难的河南人、侠肝义胆的河南人,以自己的点滴行动,充分体现了平凡之中的伟大追求、平静之中的满腔热血、平常之中的极强烈责任感。中原优良道德传统,是当今社会主义精神文明建设可资借鉴和利用的宝贵资源。

第一节 中原养德文化的内涵和形成

古往今来,无数中原的思想家政治家,用自己的思考深刻地影响着

历史的进程。他们的学说经过漫长岁月的积淀,熔铸成华夏文明的思想精髓,深刻影响了中华民族的文化发展和民族精神的塑造。

一、中原养德文化的内涵

在中国古代的典籍中,"道"一般是指事物运动变化的规律,并引申为人们必须遵循的社会行为准则和规范;"德",在《现代汉语词典》里有四种解释:一是指道德、品行、政治品质;二是指心意,如同心同德、离心离德;三是指恩惠,如感恩戴德;四是指姓。我们在这里所讲的"德",主要是讲第一个意思,即道德、品行、政治品质。围绕这层意思,"德"可以组成许多词语,如品德、道德、公德、美德、德性、德行、德育、德政、厚德载物、德高望重、以德服人、以德治国、德才兼备、以德为先,等等。

把"道德"两字连在一起用,始见于荀子《劝学》篇:"故学至于礼而止矣,夫是之谓道德之极。"可见,道德从它的原始规定和后来的使用来说,就包含着道德意识、道德规范和道德活动等广泛内容。它既是一种善恶评价,又是一种行为标准。

在现代社会中,道德这个概念的科学涵义包括三个方面的内容:一是社会的要求表现为道德的外部形式;二是个体的内在约束力,表现为内在个人品质(人格)规范;三是表现为人类自我完善的一种手段,即肯定自己、发展自己、完善自己的特殊方式。

由此,我们可以给中原养德文化下这样的一个定义:中原养德文化是中原社会所特有的一种意识形态,是由一定的社会经济关系所决定的,依靠社会舆论、传统习惯、个人内心信念和价值观念来维持的,以善恶评价为标准的,评价人们的行为,调节人与自然、个人与个人、个人与社会之间关系的行为规范和准则的总和。

中原养德文化的社会作用是通过认识、教育、调节和稳定社会秩序等社会职能来实现的,主要表现为:

一是促进社会发展。道德对于社会发展的促进作用,主要是通过对经济关系的重大作用来实现的。它通过内心信念和社会舆论来唤起人们为建立和发展新的经济关系而斗争。

二是稳定社会秩序。道德从道义上论证产生它的经济基础的合理性和正义性,使社会形成一个共同的思想观念、基本的行为准则和道德评价标准,成为大多数社会成员行为自律的准绳,从而在社会成员同心同德的基础上,实现社会局面的安定团结和社会秩序的稳定。

三是协调人际关系。道德作为调节人们行为的一种社会规范,它通过教育、示范、激励、指导、沟通和社会舆论评价,为人们提供"应当"和"不应当"的模式与标准,以此来规范、约束、协调个人与社会、个人与他人的关系和交往中的行为,调节人们的行为目标,使人们化解矛盾、相互理解,增进团结。

四是完善自我人格。道德为人们人格的发展提供了真、善、美的标准,使人们的人格发展有了努力的方向和内心的信念,对消除人格的内在冲突有重要意义。它可以使人们在选择道德行为之后,在人格上感到更多的满足和愉快,避免因不当选择而产生的不安和愧疚。

二、中原养德文化的形成

在中原历史的长期发展中,儒家、墨家、道家、法家与兵家等伦理思想,以及东汉以后传入的佛教,各家不断相互影响、吸收和融合,最终形成了中原特有的道德传统,在中国文明进程中起着重要的作用。

中原养德文化首先源于黄帝。黄帝出生于河南省的新郑,其养德文化源自于传说中的盘古文化,因为盘古开天辟地,建立了天地、太阳、月亮、雷电、道路、高山、江河、宝石以及人与动物的基本概念,使人类走出了初始的、蒙昧的混沌状态。轩辕黄帝提取、吸收、升华了盘古时代的文化,同时也吸收了夸父文化、巢氏穴居经验的文化、燧人氏取火经验的文化、女娲氏的优秀文化、神农氏的原始农业、畜牧业、水利与医药知识,总结了上古时代、远古时代的优秀文化精华,并且升华了这些文化的精华,构建了中原道德思想。

经过历代中原思想家的继承发挥和不断完善,形成了源远流长、内容丰富、自成体系、独具特色的中原道德修养理论。先秦时期的中原思想家政治家十分重视道德修养,老子是我国东周时期伟大的思想家、哲学家、文化圣贤,出生于河南省鹿邑县。在中华文化形成和创建的过程中,老子思想对孔子思想以及其他先秦诸子的思想发生了重要的影响,从而与孔子思想及其所代表的儒家学说既互相分立、又互相补充,共同奠定了中国传统文化的根基,成为中国文化及其哲学的渊源和主流传统之一。晚年老子应函谷关的关令尹喜之邀,从洛阳西渡来到灵宝的函谷关,在这里的太初宫写下了彪炳千秋的不朽篇章《老子》。到了唐朝,道教(汉代创立)变成了国教,老子也被后来的道教不容分说地"黄袍加身"一跃成始祖,由此《老子》改称《道德经》。

《道德经》集中阐述了道与德的关系。老子认为,"道"的体性特征就是虚无自然、清静无为、纯粹朴素、简单平易。人的后天只有德心、德行能够接近和符合先天自然大道的特性。所谓"德",就是唯道是从,未悟道的真境,没有得道,才需要重德、修德,以弥补道之缺损,累德而全道,此谓之"失道而后德"。所谓"失德而后仁,失仁而后义,失义而后礼",这是德性的不同标准和层次,"仁义礼智信"这五德不全,便不能合道。"大道废,有仁义",就是以仁义之德引导天下万民,使之修德而合道。

此后,中原养德文化把个人的道德修养同齐家、治国、平天下结合起来,认为"物有本末、事有终始",一切都要从修养个人的品德做起,只有修身才能齐家,然后才能达到治国平天下的目的。要修身齐家治国平天下,唯有以道德为心,在道德之外,不会再有任何力量能使人心有如此强大的感召力,就会像老子所讲的"治大国如烹小鲜"一样。尊祖宗、重人伦、崇道德、尚礼仪就发展成为中原养德文化的核心价值系统。

对中国传统儒学思想中的养德文化的传承与发展,是中原思想家在中国养德文化发展史上做出的十分重要的贡献。儒家学派创始人孔子著名的大弟子子张,今河南淮阳人,践行"忠信"之言,形成了"儒家八派之一"的"子张之儒"。魏晋时期的何晏(今河南南阳人)、王弼(今河南焦作人),以《周易》、《老子》、《庄子》(合称"三玄")为主,综合儒道立论,提出有无、本末、体用、言意、一多、动静等范畴,推动了中国儒家以及道家哲学的发展,对后世影响很大。唐代大儒韩愈,今河南孟州人,提出一套从尧舜禹汤文武周公至孔孟的道统谱系,不仅解决了儒学的继承问题,而且对后来的宋明理学有直接的启发。

宋代以后,宋明时期的理学家们继承和发展了先秦以来儒家的道德修养理论,尤其在修养方法上强调"居敬穷理"和"省察克治"。宋代程颢、程颐兄弟,今河南洛阳人,创新儒家学说,形成了洛学,奠定了宋明理学基础,其新儒学思想体系不仅接续了先秦儒家的道统与学统,而且又成为宋元明清以来居统治地位的主流意识形态,长达700多年。明清之际,则进一步强调"习行"在道德修养中的重要作用,认为只有在习行中才能迁善改过,达到提高人的道德品质的目的。西方文化科学传入中国后,对传统中原养德文化带来了一定的压抑和冲击。

中国历史上的中原养德文化同儒家的忠、孝等道德规范相结合,并经过统治阶级的大力宣传和推行,在我国历史上,既有三皇五帝以道德治世的辉煌,也有后来汉唐时期的文景、贞观以德治世的鼎盛,成为当时世界文明的中心,曾经对维护和巩固封建社会的经济政治制度发生过重要作用。

第二节　中原养德文化的特征

概括来说,中原养德文化的特征主要有以下几个方面。

一、刚健有为,自强不息

中原养德文化的特征之一,可以用《周易·大传》中的两句话作概

括:"天行健,君子以自强不息";"地势坤,君子以厚德载物"。"健"即刚健,也就是运行不止,坚强不屈之意。所谓自强就是在德行、知识、能力各个方面不断提高,使自己成为一个真正的人。自强不息就是要不断进取,努力上进,任何情况下都不休止,包括在强力的威胁下也决不妥协。"自强不息"包含有积极主动、努力向前、勉力作为、坚韧不拔、绝不懈怠之意。它表现了中原人民奋斗拼搏的精神,表现出强健的生命力。这种"刚健有为"、"自强不息"的精神正是中原人民几千年延续发展的精神支柱,也是中原养德文化自我更新的内在思想源泉。

"刚健有为、自强不息"是中原文化中一个极为突出的方面。在长达数千年的历史中,中原人民形成了独立自主、自力更生、知难而进、排除万难去争取胜利的精神。早在新石器时代,中原人就在黄河流域辛勤耕耘,繁衍生息。从《史记》等典籍中记载着中原盘古开天辟地、夸父逐日、女娲补天、神农尝百草、仓颉发明文字、黄帝统一中原部落、愚公移山等神话传说,再到以吃苦耐劳精神著称的中原人民,可以清楚地看到中原人民在同艰苦的自然条件做斗争、不断改善生存环境的实践中,逐步形成了勤劳勇敢、刚健有为的自强精神,并将它们凝聚为一种民族精神。自强不息还表现为自尊自信的品格、不卑不亢的人格,表现为坚韧不拔、奋发图强的精神面貌,表现为不安于小成、不诱于小利的人生追求。

"愚公移山"并不是一个真实的故事,但在中国家喻户晓。这个典故出自《列子·汤问》,讲的是有一名叫愚公的老人,快90岁了。他家的门口有两座大山,一座叫太行山,一座叫王屋山,人们进进出出非常不方便。于是愚公带领一家人,不论酷热的夏天,还是寒冷的冬天,每天起早贪黑挖山不止。工程进度非常缓慢,然而,愚公坚信,只要锲而不舍,子子孙孙挖下去,终能如愿。他们的行为终于感动了上帝,于是上帝派遣两名神仙到人间去,把这两座大山搬走了。毛泽东在中共七大闭幕词中用了这个典故。他说:"现在也有两座压在中国人民头上的大山,一座叫做帝国主义,一座叫做封建主义。中国共产党早就下了决心,要挖掉这两座山。我们一定要坚持下去,一定要不断工作。我们也会感动上帝的。这个上帝不是别人,就是全中国的人民大众。"[1]"愚公移山"从此成为表现中国共产党人坚韧不拔、自强不息精神的典型用语和口号。新中国成立后,它又发展成"愚公移山,改造中国",成为鼓舞全国人民改变中国一穷二白落后面貌的动员口号。

如果万里长城可以让人们对我们民族的坚强意志产生不尽崇敬的话,那中原有一处地方也一定会令人对河南人的刚健有为产生无穷的敬畏,那就是蜿蜒于河南林州千里太行之上的闻名于世的"人工天河"红旗渠。

"劈开太行山,漳河穿山来,林县人民多壮志,誓把山河重安排。"20世纪60年代,英雄的林县人民以"重新安排林县河山"的大无畏英雄气概,坚持和发扬"解放思想、实事求是、自力更生、艰苦奋斗、自强不息、开拓创新、团结实干、无私奉献"的精神,用自己勤劳的双手,在巍巍太行山上,逢山凿洞,遇沟架桥,一锤一钎,坚持苦干10年,削平了1250座山头,凿通了211个隧洞,架设了151座渡槽,建成了盘绕林虑山长达1500公里的引水灌溉工程——红旗渠。不论春夏秋冬,哪管寒来暑往,没有任何重型机械的林州人硬是用自己的双手、绳索和钢钎,在绝壁上凿出了一条奔流着血泪的水渠。这条横跨了60年代的名渠,用去了林州人民整整十年的时间。为了给干旱的家乡迎来"甘霖",几百名英雄儿女献出了自己的鲜血和生命。

红旗渠不仅是造福人民的水利工程,也为林虑山自然风光增添了一大胜景,被中外游人誉为"人工天河"、"当代万里长城"。20世纪70年代初,红旗渠工程竣工后,周恩来总理自豪地告诉国际友人:"新中国有两个奇迹,一个是南京长江大桥,一个是林县红旗渠。"2006年5月25日,红旗渠被国务院批准列入第六批全国重点文物保护单位名单。以艰苦创业著称的红旗渠精神,向世人展示了其独具的特色和巨大的

---

[1] 《毛泽东选集》,第3卷,人民出版社1991年版,第1102页。

魅力,是中原人民刚健有为、自强不息精神在当代的集中体现。

林州红旗渠

刚健有为、自强不息始终是推动中原大地民族进步和历经磨难而不衰的强大精神力量,是最优秀的传统美德之一。

二、以和为贵,天人合一

"和"文化,是中国文化和哲学的核心,"和"文化最早应溯源于活动在中原的黄帝时代。《庄子·天运》记述了北门成向黄帝请教关于音乐对人心影响问题,重在说明音乐要"达于情而遂于命",以人事应天事,应之以自然,使阴阳调和,四时调顺,盛衰依时,太和万物。黄帝战胜蚩尤后,并没有驱逐或杀绝,而是采取了兼容的态度,他把蚩尤族的领袖吸收到政权的领导层内。蚩尤是黄帝的敌人,能够任为六相之首,发挥他的长处,的确难能可贵。黄帝族的兼容性为华夏族的形成打下了基础,历经尧舜和夏商周三代多元一体格局的华夏族形成,在华夏族的基础上,于汉代之后形成了汉族,它继承了兼容的优秀传统,使汉族如滚雪球一样不断壮大,形成了中华民族的主体。

中原养德文化中的以和为贵思想具有丰富的内涵,它贯穿于人们对人与自然、人与社会、人与人之间以及民族、国家之间关系的认识中。我国古代的思想家一般把自然称为天或天地,并将其视为一个和谐的整体。出土于河南安阳殷墟的甲骨文,是中国迄今发现的最早的成熟文字,从象形汉字的雏形中我们不难看出,将"天"用"人"来表达,本身就反映了二者之间的密切联系。

早在春秋时期,中原人就有"和实生物,同则不继"的观点。在这里,"同"指的是无差别的绝对同一,"和"则意味着有差别的统一。这一看法在以后的中国哲学中一再得到确认:从老子的"万物负阴而抱阳,冲气以为和",庄子的阴阳"交通成和而物生焉",荀子的"万物各得其和以生",到董仲舒的"和者,天地之所生成也",等等,都蕴涵着"和实生物"的观点。可以说,"以和为贵",是中原养德文化悠久的传统,也是我国传统道德的重要规范。

"天人合一",即天道与人心的相通。《周易》讲:"立天之道,曰阴曰阳;立地之道,曰柔曰刚;立人之道,曰仁曰义。兼三才而两之。"在这里,天、地、人都是由对立统一的两方面组成的,所以老子说,世界统于"天道","道生一,一生二,二生三,三生万物","与天地合其德,与日月合其明,与四时合其序,与鬼神合其吉凶。先天而天弗违,后天而奉天时"。

河南安阳老城区内有一条"仁义巷",那里曾是明朝宰相郭朴的祖宅所在地。据说当年郭家邻居建房造屋挤占了郭家一墙之地,郭家人气不过便和那家论理,一来二去闹得不可开交直至上了公堂。地方官畏惧双方都是官宦之家不敢审理,于是两家继续争执。郭家情急之下派人到京城将此事回禀郭朴,郭朴即刻回书一封。但当郭家人满怀希望地打开书信时,不想上面竟然是这样几行诗句:"千里捎书只为墙,让他三尺又何妨?万里长城今犹在,不见当年秦始皇。"郭家人明白道理后,立刻停止了诉讼并且甘愿让地三尺。而邻家得知此事后,也十分懊悔自己当初的行为,立即将院墙后移。就这样你退我让,原先院墙所在的地方竟然变成了一条宽可行人的巷子,取名为"仁义巷"。现在,两

旁陈旧的围墙内古时候的亭台院落早已经不见了,但历史却把宽容的微笑留在了那些在大树下玩耍闲坐的孩子和大妈的脸上。那是一种坦然开朗的表情,不虚假,不做作,大度得仿佛他们每个人都是心怀天下的朝臣、腹内撑船的宰相。

"天人合一"是要我们顺应自然,但顺应自然并不是被动地百依百顺。"先天而天弗违,后天而奉天时",面对自然,中原人没有坐等,更没有放弃信心,而是主动地、积极地去配合自然,努力为自己的生活创造机会。

古有"愚公移山"的传说,如今的中原太行山上又传说着另一位"当代愚公"的故事。他叫杨皂,出生在河南省安阳县铜冶镇南西炉村。西炉村属半山半丘陵地区,周围冈峦起伏,沟壑纵横,交通十分不便。群众因为没桥而跌河落涧的惨剧时有发生。杨皂从小就跟父亲学会了修桥筑路的技术,青壮年时期就立志为群众修桥筑路办好事。几十年如一日,杨皂坚持为群众义务修桥铺路,前后共修建大小工程16处之多,被群众称为"八大工程"和"八小工程"。时光水一样地流,老人风一样地干,大山沟里通往山外的路也不断地延伸。汽车进村来了,山货运出去了,家乡变了,老人笑了,可谁又知道那大大小小几十座桥梁涵洞花费了老人多少心血、多少汗水。1982年11月,河南省委、省人民政府授予他"当代愚公"称号。

可以说,"以和为贵、天人合一",是中原养德文化悠久的传统,也是我国传统道德的重要规范。这种文化传统深深植根于中原人民的实际生活之中,深刻影响着人们的思想观念和行为方式。

三、爱国兴邦,行侠仗义

从国家利益和整体利益的原则出发,在个人与他人、社会的关系上,中原养德文化提出了"义"、"利"观,即整体利益和个人私利发生矛盾时,强调要"见德思义"、"以义为上"、"先义后利"和"见利思义",反对"重利轻义"和"见利忘义"。孔子说,"志士仁人,无求生以害仁,有杀身以成仁"，就阐明了这一道德原则。

中国这个有着5000年悠久历史的文明古国，爱国兴邦，无私无畏在中原地区是十分重要的道德原则。躬耕于南阳的诸葛亮为成就三分天下的大业，鞠躬尽瘁，死而后已，一篇《隆中对》心怀天下，一纸《出师表》义感天地。南阳武侯祠内，这位为国事忧心忡忡的蜀国丞相现在依然紧锁双眉。距此不远，就站着"刘、关、张"那三位义薄云天的生死兄弟。据说，当年岳飞被十二道金牌招回临安的途中曾在此停留。看到武侯塑像，他奋笔书写诸葛《出师表》，同为"义士"的悲凉感慨，使那挥扬的墨迹都带着无限的遗憾。像他们这样舍生取义的忠臣良将，在中原数不胜数。

秦汉时期，崇尚武艺、行侠重义的风气在中原很盛行。那时在市井民间出现了许许多多杀富济贫、重义轻生的游侠，他们的所作所为跟武侠小说里描写的江湖豪杰类似。

西汉初年为数众多的游侠中，河南人剧孟、郭解名盛一时。剧孟在百姓中享有崇高的威望。吴王刘濞发动大规模叛乱后，名将周亚夫专门坐着车去河南找他。当得知这位大名鼎鼎的游侠并未参与叛乱时，周亚夫大喜过望，高兴地说："吴王发动叛乱而不去找剧孟，我已经知道他不过是无能之辈罢了，成不了什么气候的。"很快，周亚夫率领大军镇压了叛乱。剧孟平素喜欢行侠仗义，多做善事，他的母亲去世后，远近的人们感激他的恩义，自发组织，前往送葬的车辆竟然多达1000余辆。

河南省会郑州有一座标志性建筑——"二七"纪念塔，当年铁路工人为反对军阀统治而举行的"二七大罢工"就发生在这里。面对敌人的屠刀和皮鞭，成千上万的河南勇士挺身向前，任枪林弹雨，任严刑拷打，个个视死如归。

吉鸿昌，这个标准的河南农民的儿子，这个抗日战场上威名远扬的将军，戎马一生为救黎民于水火、拯国家于危难，而自己却为此献出了宝贵的生命。临刑前，他曾写下这样的诗句：恨不抗日死，留作今日羞。国破山河在，我何惜此头。"时穷节乃见"，"板荡识忠臣"。可以说，在

中华民族处于危难的时候，不管哪里都可以看到中原人伟岸的身影。

"谁说女子不如男"，人民艺术家常香玉以一出豫剧《花木兰》风靡艺坛，家喻户晓。戏比天大。从艺70多年，她曾敲过张生的房门，舞过白素贞的宝剑，握过花木兰的长枪，把对艺术永无止境的追求当做了自己生命的全部，使一个乡间小戏成为中国第一大地方剧种，不仅唱遍黄河两岸、大江南北，而且走出了国门，拥有亿万观众和戏迷。就是这样一个戏曲名家，1951年，为支援抗美援朝，她率领剧社在西北、中南等地区义演，以演出全部收入捐献"香玉剧社号"战斗机一架，体现出高度的爱国情怀，被誉为"爱国艺人"。这件事极大地鼓舞着当时全国军民的爱国心，也首次将豫剧推广到全国。

四、忍辱负重，忠于职守

中原传统文化深厚，精神内涵丰富。受儒家文化的濡染熏陶，古代中原许多直臣、英烈、爱国志士、英雄，能够经受住委屈、承受住压力，能够忍辱负重、奋发进取，铸就了生命的辉煌。

3000多年来，"商纣"几乎成了"荒淫、暴虐"的代名词，而比干（河南淇县人）则成了中国历史上以死谏言的亘古忠臣，引领着历代谏臣前仆后继，赴汤蹈火。"比干剖心"的故事之所以在民间妇孺皆知、长盛不衰地流传，是因为他为后人创造了一个难以逾越的"死忠"标准，正如后人评价的"自古拒谏之君莫甚于纣，自古死忠之臣莫甚于比干"。

2011年1月17日，美国纽约时报广场的电子显示屏正在播出《中国国家形象——人物篇》。骑三轮车四处回收学习教材的"最美乡村女教师"李灵作为代表中国的人物出现在片中，很意外，也很符合情理。

2002年，李灵师范毕业后，在家乡周口淮阳许湾乡创办希望小学，任校长兼思想品德老师，有7个班300多名学生。由于所有学生全部免费，学校无力为学生购置教辅读物和课外书籍，李灵为建学校已挪用家中20万元，并欠下8万元外债。暑假期间，李灵向爸爸要了200元只身来到郑州，买了一辆破旧三轮车，开始收购旧教辅读物以及儿童读物。就像收废品一样,骑着车到处去转着叫。她的每顿饭都是两个烧饼。烈日下,李灵骑着破三轮车穿街过巷,拿着秤一斤斤地回收旧书本,满头大汗地装载着"精神食粮",面对卖旧书的小孩露出天真的笑容。

"最美乡村女教师"李灵

2009年度感动中国人物评选组委会授予李灵的颁奖辞是:一切从零开始,从乡村开始,从识字和算术开始。别人离开的时候,她留下来;别人收获的时候,她还在耕作。她挑着孩子沉甸甸的梦想,她在春天播下希望的种子。她是八零后。

五、善良敦厚,淡泊名利

善良敦厚、淡泊名利是一种做人做事的境界。中原传统文化历来追求一个"善"字,待人处事,强调心存善良、向善之美;与人交往,讲究与人为善、乐善好施;对己要求,主张独善其身、善心常驻。淡泊名利是一种为人的修养,更是一种灵魂的典雅。

有这样一位煤矿工人,结婚一年妻子就因病去世。在此后的30多年里,他靠着微薄的工资,承担起伺候瘫痪在床的岳父、丧失劳动能力的岳母和呆傻妻弟的重担,以自己的质朴和善良支撑了一个虽没血缘关系但永远拆不散的家,演绎了一曲"非亲也是俺爹娘"的动人故事,他就是河南省焦作煤业集团鑫珠春工业公司的矿工谢延信。

老谢原本姓刘,37年前,23岁的他刚结婚一年多,妻子谢兰娥便不幸去世。痛失爱妻后,老谢毅然承担起照顾亡妻父母全家的责任。为更好地照顾两位老人和傻内弟,他改了姓,接岳父的班,下井当了矿工。在岳父患病瘫痪在床的18年里,老谢像亲儿子一样地精心护理,为岳父端屎端尿,洗澡按摩,6000多个日日夜夜,没让老人生过一次褥疮。老谢多次拒绝组建新家庭,直到丧妻10年后,他才与志同道合的谢粉香成婚,共同承担起照顾亡妻一家的责任。

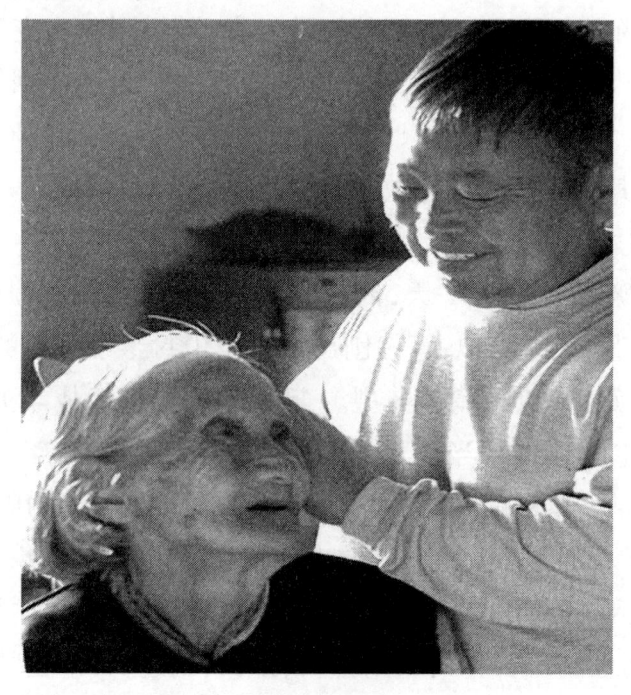

谢延信和岳母

除了生活的一次次打击外,在老谢的人生经历中,似乎没有什么特别的地方。如果用当下"时尚"的观点来看谢延信,得出的结论可能是:这辈子一切都是在替别人考虑,没活出自我。在谢延信这名普通的矿工的身上,我们又看到了那种久违的、但永远都不应该被丢弃的道德操守。

2007年，谢延信被评为感动中国十大人物。感动中国组委会授予谢延信的颁奖辞是：当命运的暴风雨袭来时，他横竖不说一句话，生活的重担压在肩膀上，他的头却从没有低下！用33年辛劳，延展爱心，信守承诺。他就像是一匹老马，没有驰骋千里，却一步一步地到达了善良的峰顶。谢延信是我们身边的普通人，从他身上我们看到了中原人的善良敦厚。

人生在世，不管贫富贵贱，穷达逆顺，都难免要和名利打交道。而人们对待名利的态度也不同，有人追名逐利，而有人淡泊名利。《清代皇帝秘史》一书记述乾隆皇帝下江南时，来到江苏镇江的金山寺，看到山脚下大江东去，百舸争流，不禁兴致大发，随口问一个老和尚："你在这里住了几十年，可知道每天来来往往多少船？"老和尚回答说："我只看到两只船。一只为名，一只为利。"大千世界，为名而生存、为利而奔波的人不计其数。而真正能做到淡泊名利、宁静致远的人，在当今社会实在是少数。

2011年新年上班第一天，河南省委书记卢展工下乡调研慰问，与一位老农相遇，无意之中，竟然刨出了一个尘封半个世纪的英雄故事，发掘了一个实实在在的模范典型。李文祥，一个特级战斗英雄，把军功章藏在小布包里。回乡当了几十年农民。隐功埋名50年，寂寞英雄无人知。一个活着的革命英雄，一个具有传奇故事的老人，用他不平凡的一生，谱写了一部共产党人朴素的史诗，一部浓缩的革命精神。

从华野到三野，李文祥从军9年，参加6次战役，从中原一直打到台湾海峡，历任副班长、班长、副排长、排长、副连长，荣立特等功、一等功、二等功，并获战斗模范、特等人民功臣称号，戴上了解放奖章，出席了中国人民解放军第28军第四届英模大会。一个个勋章体现出老人的革命英雄本色，然而英雄的寂寞更彰显李文祥老人的伟大。老人回乡扎根，过着平凡淡泊的生活，却预示着再多的荣耀只是一种陪衬，心灵和精神的升华更可贵。对于老人来说，奖章并不是最重要的，重要的是那种为共产党人民事业抛头颅、洒热血的信念；称号也是如此，"等我死了，放棺材里带走"，老人的话透露着一股革命者的淡然。老英雄的伟大事迹和淡泊名利的风骨，是一种信念，一场生动的思想课，是新时代共产党人的一面"明镜"。

六、勇于献身，轻利重义

鲁迅先生歌颂古代贤俊的崇高德行时说，"有埋头苦干的人，有为民请命的人，有舍身求法的人"，赞美他们是"中国的脊梁"。

东汉末年是中国历史上最黑暗的时期，当时发生了一场由正直的官僚士大夫及太学生发起的政治运动，史称"党锢之祸"，它遭到了宦官集团的血腥镇压。这场运动的骨干分子除了窦武、郭泰之外几乎全是清一色的河南人，如李膺、陈蕃、杜密、贾彪、范滂等。这些河南人以天下为己任，把脑袋放在刀尖儿上参与了这场著名的政治斗争。以正直而闻名的名士范滂，从大牢里放出来返回家乡时，慕其高义前来迎接的车辆竟有几千辆。建宁二年(169)，宦官集团两次大肆搜捕参与政治运动的士大夫，范滂被列为主要案犯之一。当诏书下达到河南郾城时，县令不忍心逮捕范滂，伏在床上抱头大哭。范滂听说了这件事，马上前去投案自首以避免使县令为难。县令把官印拿出来对范滂说："我今天宁肯不当这个官，也要同你一起逃亡。天地这样大，必然有我们的容身之所。"但是范滂拒绝了县令的一番好意，解释说不愿连累他人。不久他便慷慨就义，死于宦官的屠刀下。

一段时间以来，全国各地涌现出一大批令人感动的优秀河南人。从飞身从车轮下救儿童的李学生，到街头勇救学生的女教师靳伟杰；从英雄王建设浴血深圳，到郑飞安徽救人献身，等等。这些感动中国的河南人，是那样朴实和平凡，其英勇行为的发生，也许同样显得偶然，但正因为平凡才愈显伟大，正因为这一个个的偶然才让人看到了一种必然。

2005年8月8日那天是"麦莎"台风刚刚肆虐过的日子，在这一天，河南小伙魏青刚3次跳入海中救下一名女青年。救完人后，魏青刚只是给当地边防派出所留下了"我是河南打工的，名叫魏青刚"这么一句话就走了。没想到他的这一句话,让所有关注此事的人为寻找他费尽了周折。当地宣传部门及一些热心市民纷纷提供线索,寻找这位英雄。在这种取与舍、得与失、生与死的选择背后,显现的是魏青刚的轻利重义。他的善良和人性,是中华民族优良传统的积淀,体现的是社会和谐的人间真情。

2005年,魏青刚被评为"感动中国"年度人物。对他的颁奖辞是:沧海横流,方显英雄本色。为了一个陌生人,他在滔天巨浪中三进三出,危险面前他根本不需要选择,因为这瞬间的动作,源于内心的品质。他从人群中一跃而出,又悄然回到人群中去,他是"侠之大者"。

中原养德文化是十分丰富的,以上只是对中原养德文化的基本概括,除此之外还有谦虚谨慎、廉洁奉公、诚实守信、尊师敬业,等等,也都是中原人民养德文化中宝贵的财富。

第三节　中原养德文化的传承与弘扬

做人须先立德,这是一个最基本的道理。我们在平时的交往中,形容一个人行为的好坏,常常会用"德行"两个字来衡量。说这个人的"德行"好,就是指这个人能够按照社会的常理来规范和约束自己的言行;而说这个人不好,则主要是指这个人缺乏道德修养,个人的素质不高。养德文化不是天生的品德,重在后天的"养",即需要培养和积累。

一、坚持德才兼备

坚持德才兼备,这是立身之本。《论语》中的"君子怀德,小人怀土;君子怀刑,小人怀惠",喻示自己要做君子不做小人,因为君子所考虑的是道德的增进,小人所考虑的是产业的增加;君子所考虑的是法度的遵行,小人所考虑的是实惠的获得。意大利诗人但丁说过:"道德常常能填补智慧的缺陷,而智慧永远填补不了道德的缺陷。"香港大学以

"明德格物"为校训,清华大学以"厚德载物"为校训,意在教育学子德是立身之本、成才之本。

"德才兼备"是人才评价体系的基本标准。这里的"德",泛指思想政治,包括政治立场、政治态度、政治观点、政治方向、思想意识、理想、信念、道德情操等。它的基本要求是:政治立场坚定,政治态度鲜明,政治观点和政治方向正确;坚持全心全意为人民服务的宗旨,坚持党的基本理论,基本路线,基本的方针政策;忠于社会主义祖国,在思想上政治上同党中央保持高度一致,自觉地抵制各种腐朽思想的侵蚀和影响。所谓才,泛指经过学习和训练而具备的才干能力,包括文化素养、知识结构、专业水平、才干能力、心理素质等。它的基本要求是:文化素养要高,知识结构要合理,专业技术要精通,能力才干要强,心理素质要好。

相对"才"而言,"德"是第一位的。古今中外大量事实证明,一个人的事业成与败关键在于"德"。也就是说,德是才的重要内涵,德本身就是才,是作为人格力量所体现出来的一种才干和能力。中国传统文化历来重视德性本身所固有的才力属性及价值。古人崇尚的经世致用之才,就是能够"修身、齐家、治国、平天下",其中"修身"之德就是这一人才标准的首要因素。

现代教育学也认为,一个人成才除了应具备一定的智能因素外,同时还必须具备包括理想、道德、意志、情感、气质、动机等在内的非智能因素。非智能因素作为智能因素的动力和灵魂,与智能因素相辅相成,相互促进,是人才成长所不可忽视的。历史和现实、理论和实践都说明,人格就是力量,德性就是才干,而且是其他任何智能因素都无法替代的力量和才干。

二、坚持以学养德

学习是修身养德的重要组成部分,也是人生永恒的主题。学习可以提高能力,可以提升境界,可以充实人生。不论我们是处在什么样的时代,加强学习是提高道德修养的一条最佳途径。

一个人不是生来就具备道德素养的,而是从后天的学习和锻炼中获得的。我们敬爱的周总理一生都在实践着"活到老、学到老、改造到老"的誓言。他认为,历史是发展的,个人也是发展的,"人生有限,知识无限,到死也学不完,改造不完"。[①] 修身自省是长期的复杂的过程,周恩来终生重视自我改造和自我修养,在45岁时订立了《我的修养要则》,到1963年仍然说:"我今年六十五岁了,是不是已经修养得很好不必改造了？我不敢这样说。……现在还在改造中。我愿意带头。"[②]刘少奇的"坐功"在党内是有名的,有时他坐着读书,可以一连几个小时一动不动,进入一种陶醉、忘我的境界。在数十年不平凡的革命生涯中,他从不懈怠,始终充分利用一切可以利用的时间,手不释卷,阅读思考。在刘少奇看来,学习是一种信仰、一种责任、一种享受,是生活的不可或缺的组成部分。始终不断的学习,使他掌握了马克思主义的精髓,成了知识渊博的人。傅雷在家书中告诫傅聪,首先要成为一个人,其次是成为一个艺术家,最后才是一个钢琴家。

"近朱者赤,近墨者黑。"可以说,学习对一个人的影响是非常大的,一个善于学习的人,就会懂得如何加强道德,提高素养。所以,在我们这个时代,也造就了一大批先进的英雄人物,他们都是在学习中提高了自己的道德修养。当然,这种学习与锻炼,绝不是一时的心血来潮,做个样子给别人看,而是需要有耐心、有毅力,需要执著地去追求,幻想不作任何努力就能够一举成功,达到理想的境界,那是不现实的。

学习也有一个方法和兴趣的问题,但是低级趣味和不良文化,却能加速人的堕落。不学习不行,学歪了更不行。当今正处在知识经济时代,人们重视知识,也看重学历。但学历代表过去,学习代表未来。只有爱读书、读好书、善读书,把学习当做需求,把学习当做享受,把学习当做责任,把学习当做追求的一种境界,才能在竞争社会立于不败之

---

① 《周恩来选集》下卷,人民出版社1984年版,第368页
② 《周恩来选集》下卷,人民出版社1984年版,第424页

地，才能修养出品德，达到至诚至善的境界。

三、坚持注重平时的养成

"勿以善小而不为，勿以恶小而为之。"古人说，德立而百善从之，养德须先养心，心安为福，心劳为患，心态要平和。一个人道德的好坏，不仅表现在他为人处世上，更重要的是表现在他对人生的态度上，表现在他对事业的追求与热爱上。毛泽东曾讲过这么一段话：一个人做点儿好事并不难，难的是一辈子只做好事，不做坏事。我们加强道德的培养，就是要注重从每一件小事做起，从我们身边的事情做起。

蔡元培先生在就任北大校长时曾提倡"砥砺德行"。加强道德的养成，也不是一蹴而就，起码应当达到刘少奇在《论共产党员的修养》一文中所指出的那样，如果能长期坚持与实践相结合的道德修养，"他就可能有很好的共产主义道德"，"他也可能有最高尚的自尊心、自爱心"，"即使在他个人独立工作、无人监督、有做各种坏事的可能的时候，他能够'慎独'，不做任何坏事"。只要我们做到了这一点，就领悟了道德养成的真谛，也就达到了我们所追求道德修养的最高境界。

道德的目标虽然很高，它也不是绝对的、不是我们达不到的。实际上，现实生活中的养德，离我们并不遥远，就在我们的身边，就在我们平时的一言一行、一举一动之间。只要我们努力地去学习、去实践，踏踏实实地、一点一滴地、一件一件地去做，不以恶小而为之，不以善小而不为，尽心尽力地去做了，就是朝着道德修养的目标前进了一大步。正像毛泽东在《纪念白求恩》一文中指出："一个人的能力有大小，但只要有这点精神，就是一个高尚的人，一个纯粹的人，一个有道德的人，一个脱离了低级趣味的人，一个有益于人民的人。"[①]

[①] 《毛泽东选集》，第 2 卷，人民出版社 1991 年版，第 660 页。

四、坚持用传统文化养德

党的十七届六中全会强调,要全面认识祖国传统文化,加强优秀传统文化思想价值的挖掘和阐发,使优秀传统文化成为新时代鼓舞人民前进的精神力量。

中华文化源远流长,博大精深,放射着光彩夺目的思想光芒。善于挖掘和弘扬中国传统文化的精华,是提升人们道德素养的不竭源泉。相对于西方文化,中国传统文化有着自身的特殊性。"自强不息、厚德载物"、"先天下之忧而忧,后天下之乐而乐"、"父慈子孝、兄友弟恭"、"天人合一、以和为贵"等中国传统文化的一个重要价值取向,就是重视个人的思想道德修养,解决如何做人、如何做个有道德的人的问题。

中国传统文化蕴藏着厚重的道德追求和精神价值。"常思奋不顾身,以殉国家之急"的爱国情怀,"人生自古谁无死,留取丹心照汗青"的崇高气节,"富贵不能淫,贫贱不能移,威武不能屈"的浩然正气,对于人们树立正确的世界观、人生观、价值观,提高道德水准,增强责任心,明白如何对待自我、他人、民族、国家以及自然,都具有现实意义和借鉴作用。

经过历史积淀而流传下来的历代文化经典,是一个民族知识和智慧的结晶,承载着中华民族基本的价值观念和文化取向,蕴涵着丰富的思想哲理和人文内涵。春秋战国的诸子哲学,韩柳欧苏的灿烂文章,左班司马的史学经典,程朱陆王的义理论述,姹紫嫣红的唐诗宋词,绮丽清新的元曲小令,气象万千的明清小说,包括近现代的文史哲经典著作,都是中华民族优秀文化的代表。经常阅读这些文化经典,民族的正气、爱国的情怀、做人的操守,会润物无声地流入我们的血液,渗入我们灵魂深处,使我们在潜移默化中净化心灵,陶冶情操,塑造品德,增加智慧。

五、借鉴和吸收人类道德文明优秀成果

继承和发扬中原养德文化,要注意吸收和借鉴人类文明发展过程中的一切优秀成果。世界上许多民族在人类发展的不同时期,对人类文明、人类的伦理道德都做出过不同程度的贡献。当然,我们要批判地继承,绝不可以无批判地"兼收并蓄"。

中原养德文化的优良伦理道德思想有着自己独有的民族特点,但我们绝不能固步自封、唯我独尊,而是要善于吸收世界上所有民族的一切优良道德加以改造,并结合中国社会主义实践的现实,创造出中国特色社会主义伦理道德体系。对待中国传统文化和传统道德,对待外国的一切文化道德遗产,都要以马克思主义的立场、观点和方法,采取批判地继承的原则,取其精华、弃其糟粕。既要大力弘扬和发展中华民族的一切优良道德传统,又要努力借鉴和吸收一切外国的优秀文化道德成果。

几千年来,不是某一种文化,而是包括中国文化、希腊文化、印度文化、伊斯兰文化和非洲文化等在内的多种文化、道德文明共同影响了人类社会的进程与发展。这些优良道德传统极大地丰富了人类社会共同的文明成果,并为今天的道德建设与道德修养提供了有益的借鉴。

西方道德传统把对道德现象和道德问题的思考与把握,建立在严密的逻辑法则与演绎推理的基础之上,强调尊重知识、尊重科学的理性主义传统,对人类文明产生了重大的影响;在群体与个体的关系上,西方更倾向于注重个体,尊重个人的尊严、个人价值、个人正当利益,重视个人幸福,推崇个人奋斗意识以及创新、冒险精神,这种传统使得人们充分发挥个人聪明才智,并形成了积极进取的精神风貌;西方思想家在论述人的道德与理想的关系时,往往从社会理想入手,把道德看做是一定社会的产物,把境界看做是某种理想的附属,把社会理想的实现作为道德进步的必要前提,注重公平与公正的理论探讨与实践追求。

历史告诉我们,坚持民族文化和民族道德的开放性、创新性,就能生存、发展和繁荣;坚持封闭保守的文化心态,就要落后、被动挨打,直至灭亡。所以在吸收人类优秀道德成果的问题上,要像对待中国传统道德一样,批判性吸收,创新性发展。当然最重要的仍然是做好创造性地改造和转化工作,使其具有我们需要的内涵,具有为广大人民群众喜闻乐见的形式。

六、反对全面继承和全盘否定的两种倾向

中原传统道德是一个矛盾体,具有鲜明的两重性。属于精华的部分表现出积极、进步、革新的一面;属于糟粕的部分,则表现出消极、保守、落后的一面,可谓良莠共存,瑕瑜互见。因此,在对待中原传统道德的问题上,既不能全盘肯定,全面继承,也不能全盘否定、全盘抛弃,必须在客观分析、鉴别的基础上,剔除那些带有明显的阶级和时代局限性的成分,承接那些带有普遍性、共同性和一般性的成分,同时做好创造性转化工作,以历史唯物主义的态度赋予其时代要求的新的意义。

例如,中国古代的民族统一思想萌芽于黄帝统一黄河流域。到了奴隶社会,统治者认为自己是天子,即上天之下都是他的统治范围,"普天之下,莫非王土,率土之滨,莫非王臣"。在中国古人眼里,所有的自然地域都是天子的管辖范围,不能存在也不允许存在分裂的状态。这是中国人重视国家统一的理念基础,但这种迷信的愚昧的天子观念也是显而易见。

又如中原传统伦理道德中所强调的整体精神和爱国主义思想,往往是与封建社会所推崇的"忠君"观念联系在一起的,同社会主义道德的集体主义原则和爱国主义有着本质不同。我们既要继承和发扬其为国家、为民族、为人民利益的积极因素,又要把整体精神升华为集体主义,在爱国主义中强调爱党、爱社会主义的新内容。

再如,中国传统道德倡导重义轻利,而当今我们实行社会主义市场经济却不应该也不可能抛开利而不顾,而要义利结合,强调以诚取利,以勤取利。

第五章
谁知盘中餐,粒粒皆辛苦
——中原廉俭文化

廉俭是中华民族的传统美德,也是中原文化的重要内容。尽管对"廉俭"一词大家都耳熟能详,但对"廉俭"的定义,却是众说纷纭,莫衷一是。

一是指清廉节俭。《汉书·朱博传》说:"博为人廉俭,不好酒色游宴。"《宋书·刘怀默传》说:"在任廉俭,不营财货,所余公禄,悉以还官。"宋叶适在《中大夫赵公墓志铭》中说:"廉俭终身,不用公库物。"清陈康祺《壬癸藏札记》卷十一说:"乾隆至今,不少敢言之谏官,求如通政之廉俭为体,刚正为用,亦本朝有数直臣也。"如此等等。

二是指节省。唐代孟云卿《田园观雨兼晴后作》诗曰:"秋成不廉俭,岁余多馁饥。"

按照现在的观点,"廉俭"应该是廉洁和勤俭的合称。相对来说,廉洁主要是对官员的要求,而勤俭则主要体现在平民百姓的过日子上。

古人云,"俭,德之共也;侈,恶之大也","历览前贤国与家,成由勤俭败由奢"。可以说廉俭一直是中国人的传统美德,是中华民族的优良传统。小到一个人、一个家庭,大到一个国家、整个人类,要想生存,要想发展,都离不开"廉俭"这两个字。也就是说,修身、齐家、治国都离不开廉和俭。

中华民族5000多年的历史,多灾多难、战争频仍、命运多舛。人民在与灾难、战争和命运抗争的过程中形成了自己独特的廉俭文化。廉俭文化作为中原文化的重要组成部分,也已深深植根于中原大地,这是中华文明生生不息和中华民族长盛不衰的精神支柱和动力源泉。

第一节 廉俭文化的根在中原

中原文化在整个中华文明中的地位,有学者做出了非常形象的比喻:整个的中国文化就像一个重瓣花朵,中原文化是花心,周围的其他文化好比是一圈花瓣,再外围的一些文化则又是外围的花瓣。这种重瓣花朵式的结构乃是一种超稳定的结构,它保持了多样性,因而充满了自身的活力。中国文明的历史之所以几千年连绵不断,是与这种多元一体的重瓣花朵式的文化结构与民族结构形成与发展分不开的。

"中原文化是整个花朵的心。"那么廉俭文化就是出土、萌芽、成长在这个"花心"上的子文化。

一、中原是祖先定居之所

中原作为祖先定居之所,廉俭文化也就在此生根发芽,重要体现在两个方面:

一是由于当时生产力低下,只有厉行节约才能储备物质财富。

远古时代,人类对自然环境的依赖比现在要强得多。中原地区气候宜人,四季分明,平均温度8℃~12℃,属北温带半干旱半湿润地区,年降雨量在500毫米左右。这里有高山、平原、盆地、沼泽等多种地形,为人类的繁衍、农作物的生长提供了丰富的氮、磷、钾等植物生长所需的矿物质,并具有质地均匀、结构疏松、保肥保墒、易于耕种等特点,是种植稻、粟、黍等粮食作物和养殖牛羊等牲畜的良好土壤。这为中原先

民们开发农业提供了天然的物质基础。

但在社会生产力水平低下的情况下,人们只能靠天吃饭,所生产的物质财富本来就少,再加上沉重的税赋、连年的征战、频繁的自然灾害等,往往使他们疲于奔命。他们只有拼命劳作才能勉强果腹,只有厉行节俭才能储备一定的物质财富,以备不时之需。

古代先民农耕图

在中原大量出土的文物中,有一种陶器叫谷仓。这就是说,我们的祖先在食物相对富足的时候,便把省下的粮食储藏起来,以便歉收时食用。

1978年在河南省临汝县阎村出土一件彩陶缸,上面绘有一个身着红袍、腰挂宝剑的官吏。据考证,这陶缸距今有5000多年的历史,属新石器时期仰韶文化的类型,陶缸就是存放食物用的,上面的人物是管谷仓的官吏。在距今5000多年前的大河村遗址,出土了30多座残存的房屋建筑,其中一号房基墙壁高达1米,为目前国内该时期仅存的房基,遗址处还发现了储存粮食的痕迹。在河南太行山区的秋沟,一座山顶上有着不少的石坑,被考古者命名为"冰穴",又名"冰臼",据说是古人存放食物的地方。由于当地山顶上气候凉爽,放进去的食物能保存相对长的时间,相当于古人的"冰箱"。

二是中原是历史上中国的政治、经济和文化中心,统治者为了维持长久统治,必须提倡廉洁的治国治官之道,健全反腐倡廉机制,维持政治清明。

在过去大部分历史时期,中原大地都作为我国政治文化中心,长期是政治角逐、政权更迭、政体演变"你方唱罢我登场"的大舞台,从夏朝到宋代3000多年间,中原一直是我国政治、经济和文化的中心,先后有200多位帝王建都或迁都于此,几度形成政治文明的巅峰时期。中国八大古都,中原就有开封、洛阳、安阳、郑州四个。

面对"其兴也勃焉,其亡也忽焉"的政权交替,中原历代统治者都在苦苦思索一个问题,也就是怎样跳出历史周期率的法则,让天下一劳永逸、长盛不衰地掌控在自家人手里。他们以历代明君为标榜,砥砺自己的言行举止、从政之道和御人之术。

当国家连年征战、灾害频仍,百姓生活难以为继、流离失所时,统治者就会适时颁发"罪己昭",内心进行反省,恳请苍天降罪,并为百姓祈福,进而对百姓进行安抚和大赦。统治者为了使自己的意志能更好地执行下去,必须网罗大量的人才为己所用,科举制度便应运而生了。

科举是历代封建王朝通过考试选拔官吏的一种制度。科举制度从隋朝大业元年(605)开始实行,到清朝光绪三十一年(1905)举行最后一科进士考试为止,经历了1300年。科举制度为统治者源源不断地输送人才,这些人才构成了封建社会庞大的官僚体系。为使选拔出来的官员更好地为自己效力,为百姓服务,统治者于是建立健全了一系列反腐倡廉的机制,并设立种种酷刑,通过各种方法和手段以达到吏治清明的目的。

从实质上分析,统治者怀有敬畏之心地颁发"罪己昭"和大力惩治腐败,是当时的现实使然,主要有两个方面的原因:一是当时生产力水平低下,百姓物质财富贫乏,如果不对官吏进行管制,他们便对百姓大肆压榨,势必官逼民反揭竿而起;二是当时处于冷兵器时代,军队战斗力低下,一旦百姓起义呈燎原之势就很容易把统治者赶下台。

二、中原是兵家必争之地

中国自古有"逐鹿中原"、"得中原者得天下"之说,历史事实也不断验证了这个命题。古代受运输能力的限制,作战半径有限,而中原地处中国地理位置的中央,从中原而征四方,到哪里作战半径均不会太远,占有了中原,作战半径的问题就解决了,而且在历史上的各种征服活动均要通过征服中原再征服四方。

古代冷兵器时代人数就是战斗力,谁能够迅速聚集大量的作战人员谁就是占据了作战的主导权。中原的地理地貌,是广阔的平原,是中国最大的人口集聚区。历史上的征服者一旦占有了中原,最重要的就是在中原地区征集大量的兵卒进行战争。由于战争频仍,这里的人们时时经受着生与死、血与火的考验。

据来自天涯问答的资料显示,由于战争规模大、次数多、时间长,导致生灵涂炭,中原共有14次人口濒临灭绝,分别是:

(1)秦末农民战争。(2)汉武帝伐匈奴。(3)西汉末年混战。(4)三国鏖战。(5)西晋八王之乱。(6)南北朝混战。(7)隋朝役民。(8)安史之乱。(9)黄巢起义。(10)金元灭两宋。(11)元末混战。(12)明末混战。(13)清代白莲教起义(1796~1805)。(14)太平天国起义。

战争过后,幸存下来的人大都家破人亡,物质财富化为乌有,他们只有化悲痛为力量奋力劳作,才能摆脱面临的窘境,只有节衣缩食才能勉强生活。战争过后,中原大地人烟稀少、土地荒芜,一批批人口又从四面八方向中原会集。到达中原的人们,很多情况下都是白手起家,他们同样只有靠勤俭才能安身立命。战争过后,民生凋敝,为了使人们休养生息,统治者励精图治,便对人们进行安抚,取消苛捐杂税,实行轻徭薄役政策。统治者往往大力整顿官吏,惩处贪腐,重振百姓的信心,廉俭文化因此在中原发展传承。

三、中原是灾害频发之域

中原地区由于自然灾害频发,百姓苦不堪言,然而破坏力最强、对百姓威胁最大的,却是孕育了中华文明的母亲河——黄河。

黄河是中华民族的发源地。从中石器时代起,黄河流域就成了我国远古文化的发展中心,并拉开了黄河文明发展的序幕。黄河文明主要凝聚在黄河中下游的中原地区,中原地区是黄河文明的核心。

黄河中下游的中原地区由于地势较低曾多次遭受灾害。据历史记载,新中国成立前2000多年中,黄河决口泛滥达1500多次,其中大的改道就有26次。1484年以前,黄河涉流改道在今黄河道以北,最北曾沿太行山麓北流,再折向东流入海。1484年筑太行堤阻水北流,迫使黄河南流入淮,夺淮河道入海,历经约400年,直到1855年黄河又在铜瓦厢决口东流,夺大清河由利津入海,即今黄河下游河道。

自此以后,人们筑堤防洪,河流泥沙被约束在堤内大量沉积,导致河床日益淤高,每次决口泛滥都给广大人民带来深重的灾难。最为严重的是1938年,国民党政府为阻拦日军的进攻,扒开花园口大堤,河水淹没了豫、皖北、苏北等地44个县,造成5.4万多平方公里的土地陆沉水底,致使1250万人流离失所,89万人丧命。

鉴于黄河的危害,对黄河的治理一直被统治者视为一件大事。中原自古就有"黄河清圣人出,黄河清天下平,治黄河者治天下"的说法。在治理黄河的历史过程中武陟嘉应观更像是一座记录历史的丰碑。正如雍正皇帝在嘉应观中留下的对联所言:"河涨河落维系皇冠顶戴,民心泰否关乎大清江山。"

康熙六十年(1721)至雍正元年(1723),三年间黄河在豫北平原的武陟詹店、马营、魏庄、秦厂四处决口,曾创下黄河决口最高的纪录,这样的灾难严重威胁着清朝的统治。为治黄安民,雍正皇帝派当时的河道总督率众堵口,并亲临武陟河防筑坝。在堵口成功后,雍正帝特下诏敕命令河臣齐苏勒率五省民工历时四载耗资288万两白银,敕建嘉应观,以此在武陟封赏治河功臣。

林则徐以虎门销烟名闻天下,但很少有人知道,他在治水方面也是个"能人"。嘉应观建成106年后的1831年,林则徐出任河东道河道总督,负责黄河中下游防汛。上任的时候正是冬天,冒着严寒,林则徐沿黄河两岸千里巡视,检查防汛物资储备,"无一垛不量,无一厅不拆",查到谁弄虚作假立马撤职查办。道光皇帝夸他:"向来河工查料垛,从未有如此认真者!"

鸦片战争失败后,林则徐被发配新疆。这时候黄河又在开封决了口,束手无策的皇帝急忙把林则徐调回来堵口。百病缠身的林则徐到开封后精心设计堵口方案,并与民工一起打桩抬土,最终堵上了决口。

中原因为黄河屡次泛滥成灾,统治者为了自己的江山社稷着想,必定率先重用清正廉洁、体恤民情、有所作为的官员对黄河进行治理。黄河治理必定会得到中原百姓的鼎力支持,因为治理得好坏关系到自己的切身利益。在官员的正确决策得到百姓的大力拥护下,黄河治理取得显著的成效。在治理黄河的过程中,中原廉俭文化因而得到升华。

中原由于具有得天独厚的天时和地利优势,廉俭文化便在这里生根发芽;中原又由于繁衍生息着一群勤劳善良的人们,具有出类拔萃的人和因素,廉俭文化便在这里蓬勃发展,逐渐欣欣向荣、开花结果,并向外辐射和传播。

廉俭文化犹如一棵参天大树,它硕大而盘根错节的根系深深地伸向中原这片沃土去汲取养料。参天大树有两个主干,一个为廉洁文化,一个为勤俭文化,两个主干时而相偎相依,时而并行不悖,这意味着两种文化同根同源互为一家、你中有我我中有你、互相影响和制约。两个主干上枝繁叶茂,意味着中原人丁兴旺;两个主干上硕果累累,那便是中原人廉俭文化的结晶。

第二节　中原廉洁文化的解读

在中原文化中,廉洁文化独树一帜,并有着多种论述,如"奉公尚忠"、"以义制利"、"正人先正己"、"平正爱民"、"敬节死制",等等。

"廉"即廉洁的意思,《辞海》里的解释非常简单,就是两个字:"不贪"。即清廉、清白、不损公肥私、不贪污、不腐败之意。它的渊源为:(1)《楚辞·招魂》:"朕幼清以廉洁兮。"王逸注:"不受曰廉,不污曰洁。"(2)《汉书·贡禹传》:"禹又言孝文皇帝时贵廉洁,贱贪污。"

一、古代廉洁文化

自春秋战国时期儒家提出"修身、养性、齐家、治国、平天下"的人生理想以来,到宋代范仲淹的"先天下之忧而忧,后天下之乐而乐","先人后己"、"先公后私"、"清廉自守"等道德情操成了有抱负、有理想为官之人的政治信仰和人生目标,成为了廉洁文化的完美体现。

在古代,政府官员被百姓视为父母官,那些能够为老百姓谋利益、做好事、与贪官污吏做斗争,具有节俭清贫的生活态度、公正廉洁的执政理念、执法严明的法律素养、敬业爱民的工作作风、大公无私的执政襟怀的官员,就会被老百姓称为"青天大老爷"。

历史上的中原,清正廉洁的官员不胜枚举,他们都被后人所称颂。

说起为官廉洁的"青天大老爷",人们首先会想到铁面无私的包公。包公名叫包拯,他的名字早已是妇孺皆知。

包拯认为清廉者是世人的楷模,贪赃者就是"民贼"。他还教育他的子孙,要奉公守职,不准贪赃枉法,并创造了独具门风的家训:"子孙仕官有犯赃滥者,不得放归本家。亡殁之后,不得葬于大茔之中。不从吾志,非吾子孙。"

戏曲中的包公形象

包拯性格刚直不阿,对严酷官吏十分厌恶。在开封府,他打开官府的正门,使告状的人直接到堂前诉说。那些趁机敲诈勒索的衙门官吏就无法做手脚,开封府的腐败风气从此得到一些改变。由于包拯清正廉洁,秉公执法,任何人都无法在他面前走门路、通关节,当时的开封传出这样一句歌谣,说是"关节不到,有阎罗和老包",是说他跟阴曹地府的阎罗一样,从不徇私情。在包拯的大堂上摆放着龙、虎、狗三口铜铡,对犯罪之人,无论官职多大,就是皇亲国戚也不放过。他铡过驸马、国舅和自己的侄子包勉。

在唐代,也有一位廉洁宰相,叫卢怀慎,滑州灵昌(今河南滑县西南)人。他为官清正廉洁,从不搜刮钱财。卢怀慎家无储蓄,门无遮帘,饮食无肉,妻儿饥寒,生活得很贫穷。他是唐代最为清廉的一位宰相。

他到东都,也就是今天的洛阳选拔官吏时,随身携带的只有一只口袋,这便是他的全部行李。他在担任黄门监兼吏部尚书时,曾病了一段时间,这期间他的好友宋璟和、卢从愿前去探望,只见卢怀慎在一张薄薄的破竹席上躺着,门上连个门帘也没有,如遇到刮风下雨,还真不知他是怎样的对付。

卢怀慎看到他们俩来了,非常高兴,就叫家人准备饭菜,可端上来的只有两瓦盆煮豆和炒青菜,此外什么也没有。

后来卢怀慎去世了,因为他平时没有积蓄,他的一个老仆人只能做一锅稀粥,算是答谢帮助办理丧事的人。

过了两年,皇帝玄宗打猎来到一片破旧的房舍之间,看到这里似乎正在举行什么仪式,便派人询问,那人回来禀报说:"那里正在吃斋饭,是卢怀慎两周年的祭礼。"

据说还有一个传说,说是卢怀慎去世时,他的夫人不让儿女哭喊,说:"你的父亲没有死,因为他不争名利,不敛钱财,各地送的东西他一点也不接受,全部发给了穷人。可人家张说也是宰相,收受的钱物却堆积如山,人家还活着,你父亲清正廉洁,他怎么能死呢?这奢侈和勤俭的报应不会是这样的吧。"

到了夜间,卢怀慎又活了过来,左右的人就将他夫人的话告诉了他,他说:"阴间冥司有30座火炉,用酷刑日夜来烧烤惩罚这些发不义横财的人,而没有一座是为我准备的。"当然这只是人们赞颂他的一个传说而已。

卢怀慎的儿子卢奂在广州做太守时,不为当地的奇珍异宝所动,仍能保持清廉节操,也受到当时人的称赞。玄宗嘉其美政,为其写有赞词:"专城之重,分陕之雄,亦既利物,内存匪躬,斯为国宝,不坠家风。"

唐代还有一位清正廉明的人物,他的名字叫姚崇,河南陕州(今三门峡市东南)人。就连毛泽东都特别推崇他,称赞姚为"大政治家,唯物论者",还说他列出的十项政治纲领"古今少见"。所谓十项政治纲领,即玄宗即位之初姚崇的建议,其具体内容是:

1. 废则天厉政,广施仁政,让人民休养生息;
2. 不要图边功虚荣;
3. 杜绝宠爱亲信;
4. 远宦官;
5. 租赋之外不应再受大臣公卿礼物;

6. 不授亲朋公职；

7. 尊重大臣也属君臣礼节；

8. 鼓励进谏；

9. 禁止营造寺观场所，以免劳民伤财；

10. 禁绝外戚专权。

明朝的于谦也是居官清廉的名臣。宣德五年（1430）皇帝钦点33岁的于谦为巡抚河南的御史，一次返京时，人们买些当地的绢帕、蘑菇等土特产让其回京分送朝贵，他不但没有接受，而且还写了一首诗表明心迹："绢帕蘑菇与线香，本资民用反为殃。清风两袖朝天去，免得闾阎（指百姓）话短长。"

于谦的另一首诗《石灰吟》，也以志存清白而著名："千锤万凿出深山，烈火焚烧若等闲。粉身碎骨浑不怕，要留清白在人间。"诗中体现的是廉俭清白的刚烈之气。

在清朝时，河南睢县人士汤斌，也是以清廉而闻名，被后人誉为"天下文官祖，三代帝王师"，有"汤青天"之称。他是中国历史上有名的十位清官之一，被称为"豆腐汤"、"煮不出官味"。在"三年清知府，十万雪花银"的特殊年代，他能做到一尘不染很是难得。

汤斌出任潼关道时，他不去打扰沿途的老百姓，自己买了三头骡子，一头驮着他的破旧被褥和书箱，另两头他和仆人各骑一头。到任后谁都不相信他是当官的，有人摇头说："就是把他放在锅里煮烂，也煮不出官味来。"但他上任不到三个月，由于自己身正，潼关各州县的贪官谁都不敢胡作非为了。

1684年，汤斌在出任江苏巡抚时，扬州一带大旱，数十万百姓流离失所、哀鸿遍野。汤斌下令各县打开官仓救灾，又发动全省文武百官踊跃捐献，但还是杯水车薪，解决不了根本问题。于是汤斌下令江苏布政使从国库拨出存银五万两，派人到盛产稻米的湖广一带采购大米。当时有人劝他说："动用国库存银事关重大，不经圣上批准，将来降罪下来，恐怕担不起。"汤斌说："如果圣旨下来再取银买米，恐怕老百姓早就饿死了,还有什么用呢?圣上仁爱,不会降罪;如果降罪,我一人承担,我以一官而能救得千百万百姓的性命,死而何憾!"

汤斌知道,这五万两银子还不能从根本上解决问题,于是让前去买米的官员,沿途不断散布消息,说扬州一带的米价已涨到一两银子一斗,政府和民间都有钱,就是买不到米。这一来,各省的米商认为有利可图,通过长江、淮河将一船一船的大米源源不断地运往扬州。米多了,价格自然降下来。最后降到一斗米只要一百个铜钱,于是由旱灾引起的饥荒很快得到了缓解。

汤斌以他的胆识和机智救活了无数的灾民,江苏的百姓纷纷为他绘像焚香,祝福祈祷。汤斌死后,朝廷赐给他的谥号是文正,这是封建社会最高的谥号,在清朝200多年的历史中,得到这个谥号的只有8个人。

东汉时期有一个"羊续悬鱼"的故事,说是在东汉时,南阳太守名叫羊续,他憎恶当时官僚权贵的贪污腐败、奢侈铺张。他为人谦和、生活朴素,平时穿着破旧衣服,盖的是有补丁的被子,乘坐一辆破旧马车。餐具是粗陋的瓦器,吃的是粗茶淡饭。有个府丞叫焦俭,是他的下级,为人也很正派,与羊续关系很好,他看自己的上级生活太清苦了,听说羊续喜欢吃鱼,就买一条鱼送给羊续。

焦俭怕羊续拒收,就笑着说:"大人到南阳时间不长,可能不知这就是此地有名的'三月望饷鲤鱼',所以我特意买一条送给您,平时您把我当做兄弟,所以这条鱼只是小弟对兄长的一点敬意。您知道的,我绝非阿谀逢迎之辈,因此,务请笑纳!"羊续见焦俭这么说,觉得不收下倒是见外了,于是笑着说:"既然如此,恭敬不如从命。"

等焦俭走后,羊续便把这条鱼挂在室外,再也不去碰它。第二年三月焦俭又买了一条鲤鱼,心想一年送一条总可以吧,知道买多了,羊续不会要。到羊续府上,焦俭刚说明来意,羊续便指着那条干枯了的"三月望饷鲤鱼",说:"你去年送的还在这里呢!"焦俭愣住了,摇摇头叹口气,带着活鱼走了。

在河南省的内乡县，有一座我国目前保存最完整的县级官署衙门。该建筑群随处可见匾额楹联，这些匾联让人看之有味，诵之上口，从中可看出中原古代官吏的廉洁从政之道。

如大门抱柱联："治菊潭，一柱擎天头势重；爱郦民，十年踏地脚跟牢。"菊潭、郦，古时指内乡；天、地、柱是指天子、人民、地方官。上联的意思是，身为治理菊潭的地方官，上受皇命重托，下系人民安危，重任在肩如同一柱擎天。下联的意思是，地方官要爱民如身，脚踏实地勤政为民，干上十年八年，造福一方，受民拥戴，自然能站稳脚跟。

大堂联："欺人如欺天，毋自欺也；负民即负国，何忍负之"。古人认为上天最具神威，能洞察一切。此联的意思是：欺负百姓如同欺负上苍，不循天理也侮辱了自己的人格，所以，不要做伤天害理、坑民害己的事。辜负了百姓就是失信于民，也就辜负了国家的重托，怎么能忍心这样做呢？

据考证，这副对联是清康熙十九年（1680）调任内乡知县的高以永撰写的。上联鄙视一官之得失荣辱，但绝不是目空一切，而是深知一地全靠一官，提出要重视一官，凸显了以民为重的立意，意思是为官者要淡化"官本位"，以勤政为己任。下联是，官员也是百姓中的一员，故不可欺压百姓，指出官之衣食来源于百姓的依从关系，就是尊崇"民为贵"，以百姓为天。

内乡县衙还有许多寓意深刻的楹联，都彰显出中原的廉洁文化。如主簿衙大门楹联："与百姓有缘，才来此地；期寸心无愧，不鄙斯民"。典史衙大门楹联："法规有度天心顺，官吏无私民意安"。此外，还有一些百姓感恩的赠匾，如"爱民若子"、"德泽白羽"等。这些为政箴言，与其说是为官者笔下所生之花，不如说是前世为官者造福与造孽、为民与害民、遗爱与遗恨、清官与贪官、荣与辱、兴与衰、赞与骂、生与死的正反两方面经验教训的结晶。它所渗透贯穿的理念既是中原传统廉洁文化的一部分，对今天的官员如何从政也不乏有益的参考。

二、现代廉洁文化

如果说古时的封建士大夫的廉洁是为了某家王朝不倒的话,那么在我们现在的中国特色社会主义社会,为官清廉就有了更高层次的意义。在共产党的领导下,各级领导干部都应以清正廉洁为绳墨,将"为人民服务"作为宗旨和自己的座右铭,时时刻刻严格要求自己,视人民的利益高于一切,被人们誉为"公仆"。

在中原廉洁文化的长河中,当今的中原大地上,涌现出不少为民廉政的典型,他们传承着中原廉洁文化的精髓,继承着中原廉洁文化的优良传统,焦裕禄就是其中一位杰出的代表。

焦裕禄书记为改变兰考的贫困面貌可谓是殚精竭虑,劳苦功高。但他始终坚持党的原则和正气,始终没为自己谋取一点私利,做到了送上门的不要,递到手上的不沾。

有一次,焦裕禄忙完工作回到家里,看到孩子们正围着一只水桶议论不停,焦裕禄一看,桶里装有 10 余条活鱼。原来在半年前,焦裕禄看到城内有个大水坑,就建议大家在坑里种藕养鱼。后来到鱼长到 1 斤左右的时候,大家想起了身患肝病的焦书记,于是就送去了这 10 多条鱼,说是让补补身体。

焦裕禄就对孩子们教育道:"孩子们,这鱼是集体的东西,咱们不能吃,你们想想,如果大家都这样占集体的便宜,那集体的事情还能办好吗?"焦裕禄的一席话,使孩子们明白了道理,就把一桶活鱼又送回了养鱼场。

天冷了,国家拨给兰考一批救济棉,救灾办的同志们看到焦裕禄的棉袄也是补丁摞补丁,就决定先照顾他 3 斤,好让他做件新棉袄。妻子徐俊雅拿着了棉花票高兴得不得了,她兴奋地跟焦裕禄商量着做件什么样的新棉袄。焦裕禄一听不高兴了,说:"那可不中。这棉花是救济没吃没穿灾民的,是给群众的,我是领导,咱可不能搞特殊,再说了我不是还有棉袄穿吗?"

焦裕禄就是这样,他宁可向别人借钱也不向组织伸手。就连自己的子女在找工作时焦裕禄也从不"关照"一下。他的大女儿焦守凤在家还没工作,有人想让她去当小学教师,有人想让她当话务员,县委书记的女儿工作自然有人张罗,可焦裕禄对于这些热心的提议一再摇头,一一谢绝。后来,女儿却到食品厂当了一名临时工。

焦裕禄专门起草了一个《干部十不准》的文件,规定任何干部不准特殊化。《干部十不准》的具体内容是:

1. 不准用国家的或集体的粮款或其他物资大吃大喝,请客送礼;

2. 不准参加或带头搞封建迷信活动;

3. 不准赌博;

4. 不准用粮食做酒做糖,挥霍浪费;

5. 不准拿生产队现有的粮款或向社员派粮派款,唱戏、演电影办集体和其他娱乐活动,谁看戏谁拿钱,谁吃喝谁拿粮,一律不准向社会摊派;

6. 业余剧团只能在本乡本队演出,不准到外地营业演出,更不准借春节演出为名大买服装道具,大肆铺张浪费;

7. 各机关、学校、企事业单位和党员干部都要以身作则,勤俭过年,一律不得请客送礼,一律不准拿国家物资,到生产队提取国家统购统派物资,一律不准用公款组织晚会,一律不准送戏票,十排以前戏票不能光卖给机关或几个机关经常包完,一律不准到商业部门、合作社部门要特殊照顾;

8. 坚决反对利用职权贪污盗窃国家的或生产队的物资,坚决禁止利用封建迷信欺骗和剥削社员的破坏活动;

9. 积极搞好集体的副业生产,增加收入,改善生活,反对弃农经商,反对投机倒把;

10. 不准借春节之机大办喜事(不是不准结婚),做寿吃喜,大放鞭炮,挥霍浪费。

这个"十不准"的通知,是一份既平常又不平常的通知。说它平常,是因为它所规定的每一条,都是每个共产党员、革命干部时刻应该想到、做到的起码准则;说它不平常,是因为它所规定的每一条准则,都闪耀着共产主义的思想光辉,都是对特权思想的有力批判。焦裕禄把职位看做是为人民服务的岗位,把职权看做是受人民的委托,为革命掌权。这是一个共产党员无私的崇高革命精神的表现。

任长霞,登封市公安局党委书记,"中国十大女杰"、"全国优秀人民警察"、"女神警"、"女包公"、"任青天"……这些称号,有上级授予的,也有人们送给的。她常说人民需要职业良知。什么是职业良知?她说"说到底就是廉政和为民"。

长霞1983年加入公安队伍,做预审13年,破获案件千余起,追捕犯罪950人。1998年被任命为郑州市公安局技侦支队队长后,她多次深入虎穴,化装侦察,先后打掉了7个涉黑团伙,被誉为警界的"女神警"。

2001年,她调登封市任公安局局长,更是把人民群众的疾苦和安危放在心上,一到任解决了10多年来的控申积案,破获各种刑事案件2870多起,抓获犯罪嫌疑人3200余人。

松颖避暑山庄的老板王松等人在白沙湖一带横行乡里,敲诈勒索,无恶不作,上百人受到伤害,7人丧命,民怨极大。任长霞决心挖掉这颗毒瘤,为民除害。王松企图以钱开路,打通关节。一天晚上,王松来到任长霞的办公室,随手往桌子上甩出一大沓子钱,傲慢地坐在椅子上,静静观察着任长霞的反应。但长霞不为钱财所动,严词拒绝,心里想我们正要抓你呢,你却送上门来,那么你就别想走了。于是就将计就计,将王松一举擒获。

作为公安局长,任长霞无疑面临着钱、权、法的考验,但她总能经得住考验,真正做到了清正廉洁。她常说:"作为一名领导干部,一定要清正廉洁,事事、处处、时时把人民的利益放在心上,以自己的权利谋求私利是可耻的。"廉政和爱民,任长霞都切切实实地做到了。

2004年4月14日晚8时40分,任长霞在侦破"1·30"案件中途经

郑少高速公路发生车祸,经过4个小时紧急抢救,终因伤势过重,不幸因公殉职。2004年6月,被公安部追授为"全国公安系统一级英雄模范"称号。在4月16日任长霞火化那天,共有20万群众从四面八方拥向登封为她吊唁。

清正廉洁是每一位政府官员的做官准则。做到了,人们就赞颂他、怀念他;违背了,人们就唾弃他、痛恨他。在构建社会主义和谐社会的过程中,我们要大力传承、弘扬中原廉洁文化,大力加强廉政建设,为中国特色社会主义建设事业的发展创造良好环境。

第三节 中原勤俭文化的解读

"勤俭"的意思浅显易懂,按字面理解就是勤劳、节俭的意思。"勤"和"俭"相辅相成,二者是紧密相连的。

有一个故事说明了这个道理。从前,在中原的伏牛山下,住着一个叫吴成的农民,他一生勤俭持家,日子过得无忧无虑,十分美满。他在临终前,曾把一块写有"勤俭"二字的横匾交给两个儿子,告诫他们:"你们要想一辈子不受饥挨饿,就一定要照这两个字去做。"

后来,兄弟俩分家时,将匾一锯两半,老大分得了一个"勤"字,老二分得一个"俭"字。老大把"勤"字恭恭敬敬高悬家中,每天"日出而作,日落而息",年年五谷丰登。然而他的妻子却过日子大手大脚,孩子们常常将白白的馍馍吃了两口就扔掉,久而久之,家里就没有一点余粮。

老二自从分得半块匾后,也把"俭"字当做"神谕"供放中堂,却把"勤"字忘到九霄云外。他疏于农事,又不肯精耕细作,每年所收获的粮食就不多。尽管一家几口节衣缩食、省吃俭用,毕竟也是难以持久。这一年遇上大旱,老大、老二家中都早已是空空如也。他俩情急之下扯下字匾,将"勤""俭"二字踩碎在地。这时候,突然有纸条从窗外飞进屋内，兄弟俩连忙拾起一看，上面写道："只勤不俭，好比端个没底的碗，总也盛不满！""只俭不勤，坐吃山空，一定要受穷挨饿！"

兄弟俩恍然大悟，"勤"、"俭"二字原来不能分家，相辅相成，缺一不可。吸取教训以后，他俩将"勤俭"两个字贴在自家门上，提醒自己，告诫妻室儿女，身体力行，此后日子过得一天比一天好。

一、中原勤文化

中华民族是一个勤劳的民族，祖祖辈辈的人们勤勤恳恳、没日没夜地狩猎耕种，他们"日出而作，日落而归"，不辞辛劳地耕作，创造出大量的物质财富，保证了家人的生活，保障了民族的繁衍。

在几千年历史长河中，科学的发展、技术的革新，无不体现出中华民族的勤奋精神。从四大发明，到今天的原子弹爆炸、卫星上天，没有勤奋的学习、钻研、工作精神是不可能变成现实的。可以这么说，勤劳是我们中华民族的生存之根、发展之基，没有勤，就没有今天的社会进步和幸福生活。

愚公移山

在愚公的故里济源，愚公移山的故事代代相传。愚公就是我们中华民族勤奋、勤劳的鲜明写照。传说太行、王屋两座大山，高达七八千丈。山脚下住着一个叫愚公的老人，年纪将近90岁了。愚公苦于山北

面道路阻塞,进出曲折绕远,就召集全家人来商量说:"我和你们要铲平险峻的大山,使它一直通到豫州南部,到达汉水南岸,好吗?"大家纷纷表示赞同他的意见。

愚公于是就带领三个能挑担子的子孙,凿石头,挖泥土,用土筐运送到渤海的边上。邻居的寡妇有个儿子,刚满七八岁,蹦蹦跳跳的,也去帮助愚公。冬夏换季,才往返一次。

河曲有一个叫智叟的老头儿笑着对愚公说:"就凭你这么大的岁数和这点力气,还想搬掉这座山?"

愚公笑笑说:"你竟然还比不上一个寡妇和小孩子。即使我死了,我还有儿子在呀;儿子又生孙子,孙子又生儿子;子子孙孙无穷尽也,为什么挖不平呢?"河曲智叟无话可答。

山神听说了这件事,便向天帝报告。天帝被他的诚心感动,命令力气很大的神背走了这两座山。

源于河南的神话传说中还有很多勤劳勇敢的英雄人物。

女娲补天:女娲在天台山顶堆巨石为炉,取五色土为料,又借来太阳神火,历时9天9夜,炼就了五色巨石36501块。然后又历时9天9夜,用36500块五彩石将天补好。

夸父逐日:夸父向着太阳升起的方向,迈开大步追去,他穿过一座座大山,跨过一条条河流,大地被他的脚步震得"轰轰"作响,来回摇摆。但是,他没有害怕,并且鼓励着自己:"快了,就要追上太阳了,人们的生活就会幸福了。"

大禹治水:在帝尧时期,黄河流域经常发生洪水。在大禹治水的过程中,他借助自己发明的原始测量工具——准绳和规矩,不辞辛劳,勤奋工作,他走遍了大河上下,用神斧劈开龙门和伊阙,凿通积石山和青铜峡,使河水畅通无阻。他治水居外13年,三过家门而不入,连自己刚出生的孩子都没工夫去爱抚,不畏艰苦,身先士卒,腿上的汗毛都在劳动中被磨光了。他是中国历史上第一位成功治理黄河水患的英雄。

中原大地上,既有这些勤劳勇敢的英雄传说,也有鲜活感人的历史史实,"玄奘西游"就是其中的一个。

玄奘是河南偃师人,也就是著名的"唐僧"。他为了弘扬佛法,跋涉十几万里,历时17年,吃尽辛苦,终于从印度取回了真经。他的顽强勤奋鼓舞着一代又一代的中国人,他富有传奇色彩的经历也被国人世代相传。

当时从长安去印度,要途经我国新疆、中亚、西亚,由于新疆和田、焉耆和楼兰尼雅等地区语言不同,而当时的梵文实际上是某种通行的语言,所以玄奘在长安到处寻找懂梵文的老师,昼夜不停地学习梵文。与此同时,他也清楚地感到西行之路充满艰险,爬山越岭,这对于体力乃至精神都是严酷的考验,于是他开始了刻苦的跑步、骑马、登山等大运动量的体能训练。并且他尽量做到少喝水,因为他知道西行沙漠里找水非常困难,必须事先调整好自己的身体以适应这一实际。据说当时的玄奘并不是手持锡杖,而是身背登山包的形象。包里装的是他途中生活的必需品,包括露营用具等。无论在精神还是肉体上他都做好了各种准备,最后下定了决心,即使"有诏不许"、没有旅伴同行,孤身一人也要远行万里去印度取经。

在今天中原大地上,同样演绎着有关勤文化的英雄故事,比较著名的有林州的人造天河——红旗渠。在20世纪60年代,在太行山的悬崖峭壁上,林县(今林州市)十万人民靠双手,用铁锤、钢钎、扁担、土筐等原始的劳动工具,苦干了10年,开凿出一条全长1500公里的大渠,名曰"红旗渠"。1500公里,相当于北京到武汉的距离。

在没有技术、资金,生活又极其贫困的情况下,1960年2月11日黎明时分,浩浩荡荡的修渠大军从全县15个公社同时出发,人们自带干粮、行李,赶着马车、推着平车,拉着粮食、炊具、铁锹、镢头、钢钎,有的父子相伴,有的夫妻并肩,大家冒着严寒,踏着冰霜,急匆匆行进在漳河岸边的山道上。一个日后被称为"人工天河"的红旗渠工程,从此拉开了波澜壮阔的建设帷幕。

3万多民工在70多公里红旗渠总干渠渠线上,面对着太行山的悬

崖绝壁,面对着坚硬的花岗岩,没有钢筋水泥,没有机械设备,仅凭一钎一锤,经过近10年的艰苦奋战,直到1969年7月,红旗渠工程终于全面竣工,滔滔漳河水终于引上了太行山,流进了林县,实现了林县人民梦寐以求的愿望。

在我们身边,每个普通人的生活中,细心观察,都能发现勤的影子。这里就有两个发生在"小人物"身上的故事。

战士李德典,河南柘城县人,1991年入伍,当炊事员做饭,1999年9月他在"元达杯"全国名厨大奖赛中,以98分的成绩名列榜首,并获特别奖、一等奖和金牌奖多个奖项,荣获"中国十大名厨"称号。他自费购买并认真阅读了《中华烹调技术》、《中国烹饪百科全书》等几十本技术书籍,剪辑了20多万字的菜谱资料,写了5万多字的技术笔记……由此可见,他的技能是勤奋读书得来的。

还有一位叫张立勇的打工者,他在清华大学食堂做菜卖饭,在繁忙的工作之余,起早贪黑地自学外语,结果在2004年托福考试中考出了630分的好成绩,这令清华的在校生都惊叹不已,他们说:"我们整天学习,能考个600分就不错了,他一个打工者竟比我们考的分高,真是不可理解。"他的成功答案只有一个字,那就是"勤"。

二、中原俭文化

中原的俭文化同样源远流长,内涵十分丰富。中原俭文化在老百姓的头脑中根深蒂固,从古至今在过日子的过程中总结出不少的谚语和歌谣,它们通俗、朴实,但充满哲理,不仅是我们行为的准则,其本身就是一种文化的体现,对我们每个人都是一种教育和启迪。

"克勤于邦,克俭于家。"大意是说在国家事业上要勤劳,在家庭生活上要节俭。

"俭,德之共也;侈,恶之大也。"这句话大意是节俭,是善行中的大德;奢侈,是邪恶中的大恶。

"俭节则昌,淫佚则亡。"是说节俭就会昌盛,淫佚享乐就会败亡。

"历览前贤国与家,成由勤俭败由奢。"大意:纵观历史,大到邦国,小到家庭,无不是兴于勤俭、亡于奢靡。

"由俭入奢易,由奢入俭难。"大意:从节俭变得奢侈容易,从奢侈转到节俭则很困难。

"惟俭可以助廉,惟恕可以成德。"大意:只有节俭可以使人廉洁奉公,只有宽容可以使人养成好的品德。

"一粥一饭,当思来之不易;半丝半缕,恒念物力维艰。"大意:即使是一碗粥、一顿饭,也应当想到它来得不容易;即使是半根丝、半根线,也要想到劳作的艰辛。

从以上这些话不难看出,我们的祖先早就把勤俭节约看成是修德、治家乃至兴国的大事来做、来要求。脍炙人口的唐诗《锄禾》:"锄禾日当午,汗滴禾下土。谁知盘中餐,粒粒皆辛苦。"形象地描述了粮食的来之不易,唤起我们厉行节俭的思想和行为。

在中原民间,也流传着大量有关节俭文化的俗语,它们通俗、朴实,但充满哲理,不仅是我们行为的准则,其本身就是一种文化的体现:

生产好比摇钱树,节约好比聚宝盆。

节约就是大收成。

节约节约,积少成多,一滴两滴,汇成江河。

紧紧手,年年有。细水长流,吃穿不愁。

饱时省一口,饿时得一斗。一天省一口,一年省一斗。

今日省把米,明日省滴油,来年买条大黄牛。

只有勤来没有俭,好比有针没有线。

钱是一块一块上万,麦是一颗一颗上石。

滴水成河,粒米成箩。

一块煤,不算多,千块煤炭堆成坡;一滴油,不算多,点点滴滴汇成河。

大吃大喝顾眼前,省吃俭用度灾荒。

第五章 谁知盘中餐,粒粒皆辛苦——中原廉俭文化

细水长流年年有,大吃大喝不长久。
有勤又有俭,生活甜又甜。
居家不能不俭,创业不能不勤。
思前顾后,衣食常够。
一勤二俭三节约,全家老少幸福多。
若要生活好,勤劳、节俭、储蓄三件宝。
吃不穷,穿不穷,打算不到就受穷。
一斤粮,千粒汗,省吃俭用细盘算。
算了再用常有余,用了再算悔已迟。
常将有日思无日,莫待无时思有时。
吃饭不忘农人苦,穿衣不忘工人忙。
只与人家赛种田,莫与人家比过年。
欲求温饱,勤俭为要。
思前顾后,吃穿常有;精打细算,油盐不断。
一粥一饭汗珠换。
不当家不知柴米贵。

在中原俭文化中,勤俭节约的事例不少。在河南省封丘县有一个西王庄,庄上有一家姓李的大户,说起李家的祖先,不能不提到李玉佩。

李家前面几代在西王庄辛勤耕作,也仅够满足温饱。不过经过几代人的努力,他们的家道慢慢殷实起来。到了李玉佩时,他勤俭会过日子,再加上他聪明好学,经商做起了生意,才很快使得李家发展成大户人家。

李玉佩生活的年代,大约在清朝咸丰年间。他是一个非常勤俭的人,可以说把勤俭发挥到一种极致。如果他走在路上,看到一块破布头,他就会弯下腰,把它捡起来带回家里;如果看到了一根柴火,哪怕是特别细小的一截树枝,他也会弯下腰,把它捡起来带回家;就是遇到一堆牛、驴或骡马的粪便,他也会铲回家。如果因为别的事当时没有工

具,他会跑回家里,拿了铁锨出来铲回去。

在他的眼里,这些都是好东西,是有用的东西。布头可以用来缝缝补补;枝条可以添一把火,柴火甚至可以拿到集市上去卖或者互换别的一些用得着的东西;粪便可以给庄稼育肥,使它们长得更壮。他觉得不把这些东西捡回去,实在是太浪费了。因此之故,他在街头巷尾捡拾不停,也因此在村里得到一个称得上刻薄的外号"过路净"!意思是只要他走过,就把一条路捡拾得干干净净了。

李玉佩的外号没有白得,他的节俭,他的勤劳,还有善于经商的头脑,使得他脱离同村人的一般生活,购置了大片田产,开起了染坊、盐店。

俗话说:"滴水成河,粒米成箩。"是说积少成多的道理,李家成为大户,不管他有多么发达,但他的开始还是从勤俭节约做起,还是从捡柴火、牛粪做起的。

南宋抗金英雄岳飞,也是一个勤俭节约的名将,这在他的衣食住行各个方面都有所体现。衣:全家均穿粗布衣服。妻子李氏有次穿了件绸衣,岳飞便道:"皇后与众王妃在北方('靖康之难'时被金兵俘虏)过着艰苦的生活,你既然与我同甘共苦,就不要穿绸布衣了。"自此李氏终生不着绫罗。食:与士卒最下者同食。有次受地方官招待,吃到"酸馅"(一种类似包子的面食),他惊叹道:"竟然还有这么美味的食物。"特意带回去与家人共享。住:茅屋军帐,与士卒同甘共苦。高宗曾要在杭州为岳飞建豪宅,岳飞辞谢说:"北虏未灭,臣何以家为?"财产:岳飞被害抄家时,总家产只有300贯,且其中含有数千匹麻布和数千石粮米,显然也是准备用于军队的。犒赏:战时,南宋对军队犒赏极厚,岳飞从来不取一文,全部分给将士。有次一名部将贪污赏银,立斩。

除了自己俭朴淡泊,刻苦励志外,岳飞对子女教育很严。要求他们每天必须下地劳作。岳飞勉励儿子们"自立勋劳"。

"冻死不拆屋,饿死不掳掠",是岳家军的口号,也是真实的写照。"损坏庄稼,妨碍农作,买卖不公……斩!"所以岳家军所到之处,民众

无不欢欣围观,"举手加额,感慕至泣"。

岳飞首先提出"文臣不爱钱,武臣不惜死,天下太平矣",堪称封建社会官吏的行为典范。

焦裕禄同志不但是廉洁的典范,也是节俭文化的楷模。他始终保持艰苦朴素、克勤克俭的作风。焦裕禄长期有病,家里人口又多,生活比较困难,可是他坚决拒绝救济。他说:"兰考是个重灾县,人民的生产、生活都很困难,我们应该首先想到他们。要把这些钱用到改变兰考面貌的伟大事业上去,用到改善兰考人民的生活上去。"

焦裕禄还经常教育子女要做脏活,到最困难的地方去,穿衣要朴素,生活要节俭。1963年的一个下午,焦裕禄来到张振祥的理发店理发,理完发要走时,却找不到自行车钥匙了。无奈焦裕禄只好扶着车把,让通讯员提着车的支架走了。焦裕禄走后,张振祥心里不是滋味,因为钥匙是在自己店里丢的。大约过了一个小时,通讯员气喘吁吁地跑过来对他说:"焦书记的车钥匙找到了!"张师傅忙问:"在哪儿找到的?"通讯员说:"在棉裤腿里。焦书记穿的是补丁衣裤,钥匙从棉裤兜的破洞里掉下去了。"听到这里,大家的眼睛不由得都湿润了。

中原文化中的俭文化,在今天仍在延续,人们继承、发扬着这一光荣的传统。2009年12月14日,《大河报》这样报道:"本报与自来水公司联合启动走进社区寻找'节能明星'后,这两天吸引了不少热心市民的关注,他们纷纷拨打电话参与,展示自己的节能高招,并推荐给更多的市民尝试。其中大部分源于生活细节,虽然看似简单,却非常巧妙实用。同时,不少做环保电梯、节能坐便器的企业打进电话,更有人跑到报社毛遂自荐,他们也希望参与到这个有意义的活动中来……"

在评选过程中,征集到很多"节水"、"节电"、"节油"、"环保再利用"等有特色的金点子。例如用鱼缸换出来的水浇花,比其他水浇花更有营养;淘米水用来洗刷碗筷,比普通水洗得更干净;喝剩的茶用来擦洗门窗和家具效果非常好;旧雨伞做成的环保袋很耐用……在这次评选中,59岁的张金凤被评为节能明星。她的节能妙招是:马桶装上配重器和废物重新再利用,以做到节约用水。于是市民们争相效仿。这些"招"看起来并不起眼,却弘扬了中华民族勤俭节约的文化和精神。

中华民族历来以勤劳勇敢著称于世。历史和现实都告诉我们:勤俭节约是中华民族的传统美德。勤俭节约,从古至今,都具有蓬勃的生机和活力,而且永远不会减弱。

第四节　倡导中原廉俭文化的现实意义

随着我国社会主义市场经济的快速发展,人民群众的物质和精神生活也在不断丰富。新的历史条件下,中原廉俭文化被赋予了新的时代内涵,倡导廉俭文化具有鲜明的时代特征和现实意义。

一、贯彻科学发展观的内在要求

以人为本、全面协调可持续的科学发展观,是我们做好各项工作的指导方针。贯彻科学发展观,首先要求党员干部提高其思想道德水平和能力素质,切实筑牢拒腐防变的思想防线。从这个意义上讲,倡导廉俭文化正是党的事业科学发展的内在要求。

"百代兴盛依清正,千秋基业仗民心。"廉俭历来是中华民族推崇的从政美德和为官的品行操守。以全心全意为人民服务为根本宗旨的共产党人,更是把廉洁自律作为践行科学发展观的重要内容。

廉洁自律,不仅事关领导干部个人的前途命运,也影响到群众对党员干部的评价,影响到我们党的凝聚力和公信力。现实中,有的领导干部把"廉洁自律"当做一副"道具",用于会上表态、贴在墙上展示,很少、很难进入思想和实际行动。

一些身居要位的领导干部,伸出了不该伸的手,张开了不该张的嘴,贪污受贿、腐化堕落,银铛入狱,一辈子的奋斗落得个身败名裂。据中纪委、监察部透露:仅2010年就有119527人因腐败受到处理。

2010年1月1日《大河报》报道：2009年河南省治理商业贿赂专项工作和工程建设领域突出问题专项治理工作取得了新的成效。截至12月30日，全省共查处商业贿赂和工程建设领域案件1005件，涉案金额2.93亿元。其中查处的正厅级干部6人，副厅级干部12人，正处级干部6人，副处级干部7人，科级干部3人，行贿者1人。

权力是人民给的，就应该权为民所用、情为民所系、利为民所谋。正所谓"水能载舟，亦能覆舟"，权力正如一把双刃剑，正确地行使权力，则百姓喜、事业兴、个人荣；反之则百姓怨、事业损、声名败。

每个党员干部都处在一定的工作岗位上，手中都掌握着或大或小的权力，那么怎样正确地使用手中的权力呢？廉洁是保本色的防腐剂。古人说："能吏寻常见，公廉第一难。"为官者，"其身正，不令而行；其身不正，虽令不从"。

领导者只有真正把金钱、权力和美色看淡、看轻，把事业和广大群众看重，把党性和名节看重，在花花绿绿的大千世界里，坚持自重、自警、自省、自励，以"美德嘉行，铢积寸累"的健康心态，善始善终，保持廉洁自律的好形象，才能平平安安、踏踏实实、正气凛然地影响和带动部属谋正事、务正业、走正道，从而形成风清气正的氛围，使党员干部更有凝聚力和号召力，使政府有更强的战斗力，也才能在我们的事业中实现全面协调的可持续发展。

其次，倡导廉俭文化还是经济健康可持续发展的内在要求。改革开放以来，我们的经济保持了高速增长的态势，但是随之也带来了资源过度开发、环境遭到破坏等严重问题。事实证明，只有节俭式发展才可确保资源的永续利用和可持续发展，这是追求科学发展的具体体现。

我们国家人口多，经济底子薄，人均资源占有量很少，是典型的人口众多，地大物缺。尽管我们国家的经济总量已经居世界第三位，但我们国家仍然是发展中国家，我们的人均经济总量仍然很少。所以无论多么大的总量，被13亿人平均一分就得出那么小的人均占有量：耕地、淡水、森林、石油和天然气等资源的人均占有量，分别只有世界平均水平的 1/3、1/4、1/5、1/10 和 1/22。

坚持勤俭节约，是经济社会可持续发展的必然选择。只有全民自觉地继承和弘扬艰苦奋斗的精神，勤俭办一切事情，才能避免和尽可能地减少自然资源和一切社会资源的浪费，才能使经济社会的发展步入更加良性循环的发展轨道，实现真正的科学发展，和谐发展。

每年的 10 月 31 日是世界勤俭日，但这个"舶来"的节日似乎难像传统节日一样引发共鸣。据统计，我国一天消耗一次性筷子 150 万双，需砍掉 3000 棵树。相反，如果我们每人每天节约 1 滴水，一年就可节约 24455 吨。据央视网消息，我们每年在拥有一定规模的餐饮企业消费的餐饮，最后倒掉的就能够最少养活两亿人。据媒体报道，2010 年 6 月，山东省粮食局 12 人一顿共吃掉 14810 元，被网友称为"天价餐"。有网友算了一笔账，以每吨小麦 2000 元计算，14810 元可以买 7.4 吨，以人均消费小麦 250 公斤计算，7.4 吨小麦足够 29 个人吃一年，也就是说，这 12 人一顿饭吃掉了 29 人一年的口粮。

据高盛投资银行的统计数据，在 1999 年时中国的奢侈品消费额只占全球的 1%，2004 年这一数据提高到了 12%，奢侈品销售总额达到了 60 亿美元，到了 2007 年，这一数据则增长为 18%，销售额达到了 80 亿美元。据国外权威机构估算，直到 2015 年，中国的奢侈品消费还将以每年 20% 的速度增长。

毛泽东曾说过："贪污和浪费是极大的犯罪。"众所周知，公款吃喝早已被广大人民群众深恶痛绝。国家工作人员肆意用公款大吃大喝，不仅给国家造成巨大损失，更重要的是丢掉了我们党的艰苦奋斗的优良传统和作风，失去了人民群众的支持。据有关材料显示，全国一年用公款大约吃喝掉 3000 亿元。一些官员因为天价烟、名贵表查出贪腐行为而"落马"，足见过度的物质需求腐蚀了人的精神世界，导致没落与沉沦。

节俭能对各种自发的物质欲望进行节制，从而奠定道德自律的基础；而奢侈意味着纵欲，必将动摇道德人格的根基。节俭能造就社会良

好的道德风尚，使社会稳定且具有凝聚力，国家能长治久安；而奢侈则造成人心涣散，世风日下，家庭、民族和国家的道德纽带将被破坏。

二、巩固党的执政地位的迫切要求

廉俭文化建设关系党的生死存亡，关系国家的长治久安，关系中国特色社会主义事业兴衰成败。巩固党的执政地位，完善党的执政使命，始终保持党的先进性，必须坚定不移地开展反腐败斗争，同奢侈浪费作斗争，提高拒腐防变能力。

首先，节俭意识，是执政兴国的政治品德。

"历览前贤国与家，成由勤俭败由奢。"历史上，一些揭竿而起的农民起义军，打天下时尚能艰苦奋斗；而得天下后，却滋长了骄傲自满的情绪，忙着分享胜利果实，充斥着奢靡之风，最终导致覆亡。正所谓"打江山容易守江山难"。

李自成，崇祯二年揭竿而起，提出了"均田免赋"的口号，深受劳苦百姓的支持，有"迎闯王、迎闯王，闯王来了不纳粮"的口号，推翻了明王朝，进了北京城。但进京后却犯了胜利时骄傲的错误。据说李自成搜出内帑银三千七百万锭，金一千万锭，于是就开始了生活的奢侈，以致最后丢掉了江山。

据史料记载：李自成入进紫禁城，封宫女窦美仪为妃。大顺军进城之处秩序尚好，店铺营业如常。但从二十七日起，大顺军开始拷掠明官，四处抄家……城中恐怖气氛逐渐凝重，人心惶惶。《枣林杂俎》称死者1600余人，李自成手下士卒抢掠、臣将骄奢，"杀人无虚日，大抵兵丁掠抢民财者也"。

据说在1949年，司徒雷登曾对国民党军官说过这样的话：共产党战胜你们的不是飞机大炮，是廉洁，以及廉洁换来的民心。历史证明：廉俭盛行之日，则国家昌盛；贪腐猖獗之时，则国势衰微。因此，我们要大力弘扬我们民族固有的廉洁的传统美德，提倡廉洁自律，秉公办事，不徇私情，不谋私利，清白做人的精神。

1949年,即将进入北平"赶考"的毛泽东同志就在西柏坡告诫全党:"务必使同志们继续保持谦虚谨慎、不骄不躁的作风,务必使同志们继续保持艰苦奋斗的作风。"

毛泽东在七届二中全会上提出"两个务必"

党的十六大闭幕不久,胡锦涛总书记和中央书记处的同志就到革命圣地西柏坡学习考察,号召全党同志特别是领导干部要牢记"两个务必",带头艰苦奋斗。勤俭节约、艰苦奋斗的优良作风,不仅在革命战争岁月和新中国成立初期"一穷二白"的条件下需要坚持,今天全面建设小康社会仍然需要坚持。

其次,廉洁发展,才能实现政治上的可持续发展。

纵观古今中外的发展史,一个国家政权或一个政党的兴衰成败,在很大程度上取决于能否保证社会廉俭。倘若腐败横行,则势必会危及国家政权的政治基础、法治基础和执政基础。

廉俭发展促进收入公平分配,而收入公平分配是社会和谐的基础,社会和谐是经济发展的重要前提。廉俭发展能大幅度消除和减少腐败,减少行政管理费用支出,使更多的社会财富用在为社会公众服务上,从而有效增进全社会的福利。

同时,廉俭发展消除了不公平竞争以及由此带来的黑色、灰色等腐败收入,特别是减少了国有资产流失以及由此造成的暴富群体,有利于缩小贫富差距。有效地减少资源流动中的制约和障碍,促进有限资源流向生产率较高的部门,在资源稀缺条件下实现资源的优化配置;促进完全竞争、自由竞争、公平竞争的实现,有利于形成完善的市场经济体制;鼓励和促进技术创新和管理创新,更有效地提高生产率,提高产品质量;促进人才资源的优化配置,引导和推动优秀人才向非政府部门流动,有利于促进经济社会的全面协调可持续发展。

再次,廉俭文化建设有利于加快推进政治文明建设进程。

据统计,从20世纪50年代到80年代初,第三世界国家先后发生了近200次政变。这些政变有一部分是腐败问题引起的,因此,廉俭发展对于实现政治民主和政治稳定,建设高度的政治文明具有重要的意义。

政治稳定的物质基础在于国家经济的迅速发展和社会利益的合理分配。实现廉俭发展,有利于促进社会利益公平合理的分配,减少和化解不同社会阶层之间的矛盾;有利于建立良好规范的经济秩序和科学合理的经济结构,进而巩固政治稳定的物质基础。同时,廉洁发展有利于树立良好的社会风尚,建设社会主义精神文明,从而巩固党执政的思想文化基础。

腐败现象的滋生蔓延像病毒一样,扰乱人们的思想,侵蚀人们的心灵,对建立良好的社会主义政治文化氛围产生极大的负面影响,还会逐步泯灭正义、诚实、善良、勤劳、平等的人类社会道德,造成社会凝聚力下降。

推行廉俭发展，有利于在全社会树立起正确的世界观、人生观、价值观，树立建设中国特色社会主义的共同理想，在社会群体中塑造团结互助、平等友爱、共同发展的人际关系和诚实劳动、积极向上的精神风貌，达到全社会各要素的关系相互融洽，全社会充满创造活力，社会各方面利益关系不断得到有效协调，社会管理体制不断创新和健全，最终实现政通人和、社会和谐，巩固和加强党执政的思想文化基础。①

三、树立社会主义核心价值观的必然要求

树立社会主义核心价值观，就要把廉俭文化建设与思想教育、纪律教育、法制教育结合起来，与社会公德、职业道德、家庭美德、个人品德教育结合起来，从精神追求、制度建设、物质载体和表现形式等方面，构建反映时代特征和发展要求的廉俭文化体系。既应关注建立廉俭的价值认同，形成共同的道德操守和精神追求，还应注意把这种价值认同推广到制度建设中，把廉俭文化作为制度建设的重要评判标准，着力建立和完善廉洁从政的规章制度和行为规范；既应努力构筑积极向上、追求进步的廉俭文化价值观，不断提高廉洁从政的思想素质和生活观念，还应构建体现社会发展和时代进步的廉俭文化物质载体；既应注意用现代化的物质载体、快捷方便的形式，宣传廉俭文化，推广廉俭文化，还应着力创作富有时代特征、反映人民群众需要的反腐倡廉文艺作品，在人民群众中普及廉俭文化；既应研究不同社会阶层、不同年龄阶段、不同文化层次群体的特点和需求，不断丰富廉俭文化的内容，还应树立坚决反对腐败、敢于同腐败现象做斗争的思想理念；既应根据形势发展需要建设廉俭文化，还应加大治理腐败文化的力度，用先进的廉俭文化占领思想阵地，战胜各种腐朽文化。②

廉俭文化是以"廉洁"、"节俭"为主题，以弘扬先进文化为内容，以

---

① 参阅邵志强：《论建设符合时代要求的廉政文化》。
② 参阅李智民：《廉洁发展：政治可持续发展的重要保障》。

不同文化艺术形式为载体而进行的一种思想教育活动。廉俭文化是先进文化的重要组成部分,是反映民族精神和时代精神的健康向上的文化。廉俭文化承担着树立廉洁理念、提倡廉洁精神、营造廉洁环境的重要任务,发挥着激浊扬清、惩恶扬善的独特作用。

廉俭文化作为一种价值体系,对社会生活发挥着评判作用,可以通过确立善恶、是非、美丑、荣辱的标准来调节人们的社会行为,促进在全社会树立"廉洁光荣、腐败可耻"的意识,从而有利于促进和谐因素增长,抑制消极腐败的不和谐因素。

廉俭文化作为一种文化产品,能够通过生动感人的艺术形象和群众喜闻乐见的艺术形式,弘扬正气,崇尚人文,歌颂善良,呵护良知,鞭挞邪恶,谴责不义,为社会和谐营造良好的风气和氛围。

四、坚守中华民族传统美德的时代要求

中华民族在几千年的历史长河中,创造了灿烂的中华文明,形成了优秀的文化传统,成为凝聚中华民族的精神纽带。廉俭文化作为中华民族先进文化的一个组成部分,只有与中华民族传统文化相承接,才具有生命力。如果离开传统、割断血脉,就会迷失自我、丧失根本。

我国是一个有着深厚廉俭文化基础的国家,在廉俭思想的发展过程中,产生了大量的廉俭论述,涌现出许多清官廉吏,流传着各类生动的廉政故事,积累了丰富的廉诗、廉文、廉对、廉谣、廉谚、廉戏、廉政格言警句。所有这些,为今天建设廉俭文化提供了充分的思想、文化资源。

我们应按照"古为今用"的原则,对丰富的传统廉俭文化进行深入挖掘,科学梳理,吸取其精华,赋予新的时代内涵,使廉俭文化既保持传承性,更体现时代性。

特别需要强调的是,在我们党的历史发展中,先后形成的井冈山精神、长征精神、延安精神、西柏坡精神、航天精神、抗震救灾精神等都是廉俭文化的具体体现,伟大的精神一直鼓舞着中国共产党和中国人民,

使我们党涌现出了灿若群星般的廉俭模范人物。

在我党建党80多年的历史中,清正廉洁的好党员、好干部层出不穷,如焦裕禄、孔繁森、任长霞等,他们在各自的工作岗位上,"权为民所用、情为民所系、利为民所谋",用人民赋予的权力,尽力为人民谋取利益,在各种利诱面前,用清正廉洁的党员标准予以坚决抵制,成为时代的党员清正廉洁的楷模。

党的优良传统不断发扬光大,党员、干部队伍的素质不断提高。我们应充分利用这些思想文化资源,不断丰富廉俭文化的思想内涵,创作文艺作品,开展廉俭文化活动。

中国是世界文明古国,祖国各地都有丰富的文化积淀,有很多历史的、现代的文化资源值得研究、提炼和概括,值得发展、推广和弘扬。各地群众的民间文化活动蕴涵着许多闪光的廉俭思想,这些廉俭思想经过民间文化活动的传播,内容更加丰富,形式更加通俗易懂,更加贴近实际、贴近生活,容易为人民群众所接受。因此,建设廉政文化,应不断提炼民间文化活动的廉政思想精华,深入挖掘对廉政文化建设有借鉴作用的内容,将其充实到廉政文化中,创作出一批具有丰富廉政思想内涵的优秀文艺作品,并注意把这些文艺作品融入群众性的精神文明创建活动中。[①]

当今新世纪、新形势,赋予廉俭以新的内涵。

首先,廉俭是一种良好精神状态的具体体现。

廉俭本质上是一种积极向上的精神状态,是一种砥砺意志、陶冶情操和生命不息、奋斗不止的强大精神力量。在日常生活中,廉俭往往是和进取、乐观向上等追求紧密相连,而随意挥霍浪费资源,常常是与颓废、消沉等不良心绪分不开。

毛泽东同志曾经说过,没有艰苦奋斗的工作作风,就不能执行坚定正确的政治方向。而有了艰苦奋斗的作风,就可以抵制各种腐朽思想

---

① 参阅李智民:《用廉洁发展实现执政可持续发展的思考》。

意识和生活方式的侵袭,增强政治免疫力。

廉俭,可以净化我们的灵魂,克服自私自利、奢侈腐化、萎靡不振等不良风气。历史和现实反复证明:一个没有廉俭精神做支撑的民族,难以自立自强;一个没有廉俭精神做支撑的国家,难以发展进步;一个没有廉俭精神做支撑的政党,难以兴旺发达。

其次,廉俭是高尚价值追求的具体表现。

有什么样的价值观,就有什么样的生活目标和生活态度。没有正确的价值观,就容易沉溺于灯红酒绿、声色犬马,甚至骄奢淫逸、贪图享受。以炫耀财富为自我满足的心态,反映了思想的浅薄、愚昧和精神的缺失。崇尚节俭的人,必然有高尚的精神追求、健康的生活情趣。节俭,有"节"才能俭,守住做人的"贞节",守住为官的"气节",这是做人的本分,为官的本分。

"千里之堤,溃于蚁穴。"许多领导干部蜕化变质,一步步陷入违法乱纪的泥坑,往往都是从吃喝玩乐这些看似小事的地方起步的,都是从价值观上开始变质的。

原河南省安监局局长李九成,在全国率先推广"三委派"、"六级安全网"、"安全工资"等管理制度,取得了很好的成绩,是全国安全系统中的"明星"人物。1999年至2008年却受贿索贿1889.87万元,2010年被判无期,他在狱中哀叹:

可惜:五十知天命之年,今后都付与困闲;

可叹:心机在九天之外,身陷于苍山之北;

可悲:妻离子散隔天涯,泪洗愁肠抛雪发;

可恨:不恨天地人间事,只恨自己贪无穷。

廉俭是一种道德修养,有利于培养优良的个人品质;廉俭是一种文明的、自觉的生活方式,力求以一种简朴的生活态度达到快乐的精神境界。社会越是文明进步,越要崇尚节俭的文明生活方式。

"以艰苦奋斗为荣,以骄奢淫逸为耻。"艰苦奋斗、勤俭节约的传统是我们的宝贵财富,勤俭节约行为不仅给人们带来富足安宁的生活,还给人们带来许多益处：它培养人们自我克制的习惯，它使精明谨慎成为人的显著性格，它控制自我放纵，它使人拥有安逸闲适的平和心态……

勤俭节约不仅是财富的一块基石，也是许多优秀品质的根本。勤俭节约可以提升个人的品性，厉行勤俭节约对人的其他能力也有很好的助益。勤俭节约在许多方面都是卓越不凡的一个标志。勤俭节约的习惯表明人的自我控制能力，同时也证明一个人不是其欲望和弱点的不可救药的牺牲品，它能够支配自己的习惯，主宰自己的命运。

勤俭节约是人生的导师。一个勤俭节约的人会勤于思考，也善于制定自己的人生规划，也具有相当大的独立性。我们每个人，可以从日常的生活小事做起，逐渐养成勤俭节约的习惯。这将是自己终生享用不尽的宝贵财富。

第六章
百善孝为先
——中原孝悌文化

中原地区是中国传统孝悌文化的发源地。从上古禅让制时期开始,"孝悌"就已经是选拔接班人的主要标准之一,到春秋战国时期形成了比较主流的孝悌文化。纵观中原孝悌文化几千年的演变与发展,其内容不断丰富,形式更加多样,在社会生活、国家政治、民风民俗等多方面影响至深至远。在当今社会,以历史批判的审慎态度继承并发扬中原孝悌文化,对国家的稳定、和谐社会的构建,仍然具有不可忽视的作用。

第一节 中原孝悌文化的内涵

中原孝悌文化是中原传统文化的基础和核心,千百年来一直作为伦理道德之本、行为规范之首而备受推崇。在中原特定的"家国同构"的政治社会框架里,中原孝悌文化经过数千年的积累和演进,发展为个性独特、制度完善、机制健全、风物繁杂以及有国民普遍参与的多姿多彩的文化。

一、中原"孝"文化的内涵

在我国中原传统的伦理观念体系中,孝是一个很重要的范畴。最早出现的"孝"字是刻在青铜器上的,称"金文",字形是篆体。篆体"孝"字形的上方是一个弯腰弓背、手拄拐杖的老人,下方是个双手上举、作服侍状的小孩子。在公元前11世纪的甲骨文中也出现了"孝"。这足以说明"孝"的观念在中国源远流长。由金文演变而来的今天的"孝"字,上下两部分依然保留了"老"(上半部分)和"子"。毫无疑问,这样的字形结构,已生动地包含着对字义的诠释了。汉代文字学家许慎在《说文解字》中对"孝"字所作的解读是:"孝,善事父母者。从老省,从子,子承老也。"所谓"老省",就是"老"字的省略的意思。

金文"孝"字

孝的本质是子女对父母的敬顺。儒家认为孝是各种道德规范的根本,贯穿于人的行为始终,从侍奉顺从父母,到治国安邦,从君主到平民都离不开孝。"孝"的基本含义我们认为可概括为以下六点:第一,赡养父母。《论语·为政》说:"今之孝者,是谓能养。"第二,敬重双亲。《论语·为政》说:"至于犬马,皆有能养,不敬,何以别乎?"第三,以爱心愉悦老人。《礼记·内则》说:"孝子之养老也,乐其心。"第四,规劝父母错误言行。《礼记·坊记》说:"从命不忿,微谏不倦。"第五,不做有损父母声誉道义的事。《论语·为政》说:"孟懿子问孝,子曰:'无

违.'"第六，不做无谓的有损父母所给予的躯体健康的事。孝就是"养老、敬老、尊老、亲老、送老"。孔子曰："生，事之以礼；死，葬之以礼，祭之以礼。"孟子曰："惰其四肢，不顾父母之养，一不孝也；博弈好饮酒，不顾父母之养，二不孝也；好货财，私妻子，不顾父母之养，三不孝也；从耳目之欲，以为父母戮，四不孝也；好勇斗狠，以危父母，五不孝也。"

以上这些只是从家族伦理生活的角度对"孝"与"不孝"的理解，应该说是"孝"的部分内容。从社会政治生活的角度来看，"居位不庄，非孝也；事君不忠，非孝也；莅官不敬，非孝也；朋友不信，非孝也；战阵不勇，非孝也"。从这里可以看出，"孝"还包含着对社会政治生活的规定性。

由此可见，传统中原文化中的孝道有三层含义：一为"仁爱"孝亲思想。这是奉养父母的准则，要求后代对长辈的养育之恩进行"反哺"，倡导养老为本，敬老为先，从"礼之用，和为贵，先王之道斯为美"的理念出发，提倡礼仪、和谐、先王之道，体现对前人、先人的尊重，演绎出做人的基本准则。二为孝顺思想。不仅尽心奉养父母，还要顺从父母的意志。中国是礼仪之邦，礼是社会公认的行为规范，不靠外在权力，是从长期教化中养成的敬畏之感。从服从长辈，到服从老师、服从领导，以此规范后人的行为。三为立身思想。孝道的三层含义用三句话来概括，就是赡养双亲、为国尽忠、终年立身。

中国古代和中原文化对于"孝"是非常重视的。《论语》中就有19处出现过"孝"字。孔子在议论种种伦理观念时，第一议论的是"孝"，其次才是"仁"等，并把"孝"看成是人间各种伦理关系中的第一伦理，把"孝"反映的父母与儿女的感情看做是人世间种种亲情中的第一亲情。《诗经》中有这么一段："父兮生我，母兮鞠我，拊我蓄我，长我育我，顾我复我，出入腹我。欲报之德，昊天罔极。"很早人们就意识到父母的恩德像天一样无边无际。《孝经》在唐代被尊为经书，南宋以后被列为"十三经"之一，在长期的封建社会中它被看做是"孔子述作，垂范将来"的经典，对传播和维护封建纲常起了很大作用。墨子指出，"父子不慈孝，天下之害也"；孟子更说，"老吾老以及人之老"，"事孰为大？

事亲为大"。就是说侍奉父母之重要。"滴水之恩当以涌泉相报。""水有源,木有本,父母者,人子之本源。"我国是有着5000年历史的文明古国,我国的传统文化是一种孝悌文化。人们要努力生产,才能"仰足以事父母,俯足以蓄妻子",孝敬父母不仅是思想家的道德见解,而且也是社会生活的真实写照。中国古代就有许多关于孝的故事,如舜孝感动天,遣神象助舜耕地,遣神鸟助舜除草,帝尧最后把他的帝位禅让给舜的故事;有晋王祥严冬为母卧冰求鲤鱼,鲤鱼跃出河面的故事;还有三国孟宗为母治病在大冷天扶竹哭笋,笋破土而出的故事,等等。这些故事虽然带有神话色彩不足以全信,但也可以从中看出人们对孝道的崇敬。

孝道是中华民族的两大基本传统道德行为准则之一,另一个基本传统道德行为准则是忠。几千年来中国人把忠孝视为天性,甚至作为区别人与禽兽的标志。孝乃诸行之统摄,是"君子"的第一要务,亦是修齐治平的人格基础。由此可见,孝道乃是贯穿于伦理和政治生活之始终的准则,从政治哲学的角度来看,它具有政治本体论的意义,孝文化因而也自然成为渗透于社会和国家关系之全过程的内在精神,对整个中华民族的演进发生着全方位的影响。

二、中原"悌"文化的内涵

"悌"主要指尊敬兄长,弟兄相亲。《左传·昭公二十六年》中说:"兄爱而友,弟敬而顺。"孔子把"悌"与"孝"字并提,《论语·学而》中提出"入则孝,出则弟","孝弟也者,其为仁之本与!"《孟子·告子下》中则说:"尧、舜之道,孝弟而已矣!"在这里,"弟"就是指"悌"。

在中原孝悌文化中,"孝"乃是对异辈血亲之特权义务的基本规定,而包含着"兄爱、弟敬"的"悌"则是对同辈血亲之特权和义务的规定。"孝"与"悌"相联系,是为适应古代家庭宗法制度提出来的。从"孝"与"悌"的关系来看,"孝弟也者,其为仁之本"。"孝"是子事父,对父亲要孝顺;"悌"是弟事兄,对兄长要尊敬。父子、兄弟是血缘关

系,在家父亲为尊、为大,兄长次之;父亲在家是皇帝,在社会上是臣民。父命即君命,全家要绝对服从。父亲的办事原则,其死后也要坚持,"三年无改父之道,可谓孝矣",否则即是不孝。长兄继承父位,使家庭传统得以延续。

无论"孝"、"悌",其本质乃是以血缘为基础的"绝对服从",这种服从的绝对性根源,在于血缘关系坐标中生命个体之位置的不可选择性。家庭是中国社会的基础,是社会细胞,在家庭关系中,权力的控制中心是父系,即男性和男性继承者;在人的血缘关系中,除了父子关系之外,最亲近的就是兄弟关系了。兄弟是一母所生,从小在一起长大,密切得如手足,所以人们很赞赏和睦的兄弟关系。在家庭中兄弟之间的关系好坏会直接影响到整个家庭的安定,可见"悌"的重要性。感情关系的中心是母系,母亲哺乳子女,子女对母亲的感情最深,兄弟姊妹同吃母亲乳,同吃一锅饭,感情好不言而喻。现在虽然大多数家庭都是独生子女,即使有兄弟姐妹,长大后也要各自生活,然而当一个人遇到困难需要求助于别人时,首先想到的还是兄弟。

这种"孝悌"规则还溢出了家族伦理生活的范围,进而演化为"公共生活"中的政治规则。"孝悌"原则通过政治、伦理、社会的多重解读,便细化为了"君义、臣行、父慈、子孝、兄爱、弟敬"的所谓"六顺"。

中原孝悌文化视"孝悌"为"仁"的根本,从现实意义上讲,孝顺父母和尊敬兄长则属于中华民族的优秀道德传统之一。在现代社会中,"悌"的思想更应该推广为同事、朋友之间的尊重友爱。正如《论语》中所说:"君子敬而无失,与人恭而有礼,四海之内皆兄弟也。"

第二节 中原孝悌文化的历史发展

中原孝悌文化源远流长,在华夏数千年的历史中孕育、诞生和发展起来,历经了古时期的萌芽、西周的兴盛、春秋战国的转化、汉代的政治化、魏晋南北朝的深化、宋明时期的极端化直至近代的变革,是在中国长期的历史发展中积淀而成的。

一、孝悌文化的形成

据考证,孝道成于父系氏族时期。《孝感动天》的故事讲的是上古时期五帝之一的舜,生母在他十几岁时故去了,舜的父亲瞽叟是个盲人,他娶了一个后妻,后妻性情粗暴、凶狠。舜的继母因家境贫困,常对他父亲出言不逊、横加指责。她生了一个儿子名叫象,象长大后变得凶残、蛮横、傲慢、无理,也常对父亲傲慢不恭敬。只有舜始终如一,不怨天尤人,对父母恭顺如常,对弟弟加倍关心、照顾,引导其改过自新。此超常之大孝心,感动了上天。当舜在山下耕田时有神象相助,又有神鸟帮忙锄去荒草。当时的帝尧听说舜的孝行,特派九位侍者去服侍瞽叟夫妇,并将自己的女儿娥皇和女英嫁给舜,以表彰他的孝心。后来尧把帝位也禅让给舜。人们赞扬说,舜由一个平民成为帝王纯由他的孝心所致。

殷商、西周是传统文化的开端和创造时期,也是中原孝悌观念的初步形成和确立时期。殷人把祖先视为喜怒无常、令人惧怕的鬼神,他们对祖先的祭祀更多的是一种宗教意义上的祈求,并没有更多的伦理内涵。到了西周,人们依然对祖先进行虔诚而隆重的祭祀,不过与殷人不同的是,西周孝悌观念除了祭祀祖先这层含义之外,还增添了奉养父母的意义。

2000多年前的周朝之所以能在中国统治近800年,这与当时的道德和礼节之全面,与中华民族传统文化底蕴之深厚有很大的关系。需要指出的是,西周初期,周武王出于统治全国的考虑,早已有迁都洛阳的想法,后由周公辅佐周成王营建了洛邑。因此,当时实行的是一国二都制,后来东周时实行了一国一都制,长安淡出,从这一意义上看,说西周的都城在洛阳也不为过。

在西周王朝,统治者主张敬天、孝祖、敬德、保民,重视尊老敬贤的教化,要求每个社会成员都要恪守君臣、父子、长幼之道:在家孝顺父母,至亲至爱;在社会上尊老敬老,选贤举能;在国家则忠于君王,报效朝廷。周代规定,"大夫七十而致仕",大夫一级的封建贵族官员,70岁就要把执掌的政事交还国君而告老还乡。贵族官员致仕后,朝廷把他们奉养于各级官学。《礼记·王制》说,"周人养国老于东胶,养庶老于虞庠"。又说:"凡养老,有虞氏以燕礼,夏后氏以飨礼,殷人以食礼,周人修而兼用之。五十养于乡,六十养于国,七十养于学,达于诸侯。"此所谓"国老",就是卿大夫一级年老致仕的封建贵族;所谓"庶老",就是庶民百姓中德高望重的长者。周代的学校就是官学,把"国老"、"庶老"们安排在官学养老,让他们兼任学校的老师,传播知识,推广教化。可见当时不但注意到了养老,而且已注意到了利用老年人的智力资源。用今天的话说,就是老有所养、老有所为。

  从那时起,中原的"孝道"就形成了比较完备的制度体系,定期举行养老礼仪。周代的养老礼仪包括朝廷和地方两个层次。在朝廷,天子一般都要定期视察学校,亲行养老之礼,在太学设宴款待三老、五更及群老,以示恩宠礼遇。在地方,则每年都要定期举行乡饮酒礼。乡是周天子及诸侯都城四郊的基层组织单位,以12500家为一乡,相传天子有六乡,诸侯有三乡。举行乡饮酒礼时,60岁以上的老人享有特殊的礼遇,他们不仅受到晚辈的伺候,还依年龄而别,年龄越大,享用的美味佳肴也越丰富。举行乡饮酒礼的目的在于正齿位,序人伦,尊老敬贤,敦睦乡里。周代朝廷对老年人及其家庭也实行优惠政策。《礼记·王制》规定,老人50岁以后,不再服劳役;60岁以后免服兵役。朝廷还根据户口册核查老年人的家庭及其财产情况,规定:"八十者,一子不从政;九十者,其家不从政;废疾非人不养者,一人不从政;父母之丧,三年不从政。"这是说,80岁老人的家庭可有一子免服兵役和徭役,90岁老人全家可以免服兵役和徭役,以便让其家人安心在家服侍老人,恪尽赡养老人的义务。

  到了春秋战国时代,在中原孝悌文化方面,已经形成了比较完整的思想体系、伦理道德观念和基本的规范。《论语》、《孝经》等书记载了孔子在这方面的大量言论。儒家文化开创者孔子虽出生在山东,但其活动大多在中原地带。他在其思想理论中丰富和发展了孝文化的内涵,提出了"孝弟也者,其为仁之本与"的观点。"仁"是众德之总,而"孝悌"则又被视为众德之源、之总的"本",其地位在整个传统理论中升到了核心,同时确立了"孝"对于所有人的道德要求的普遍性,"孝"也从此成为协调亲子关系的伦理规范,并成为古代社会宗法道德的基础。在我国第一部诗歌总集《诗经》中有"率见昭考,以孝以享"之语,充分说明了孝之原始意义,它指人们在生产劳动、与大自然的不断斗争中,为乞求平安而进行的一种尊祖敬宗的祭祀活动。孟子则提出了"老吾老以及人之老,幼吾幼以及人之幼"的观点,并指出,"天下之本在国,国之本在家,家之本在身","人人亲其亲、长其长,而其天下太平"。还进一步强调"事亲,事之本也",认为尊亲、事亲是人生最大的事情。孔孟对孝的论述,已经涉及后世孝道的方方面面,从而确立了中原孝悌文化的基本面貌。自秦代以后,官修正史上都立有《孝义传》,就是表彰孝子,让他们青史留名的。

二、孝悌文化的发展

汉魏隋唐"以孝治天下"。两汉王朝总共400余年,是中国历史上的昌盛时期。洛阳一直是西汉重要的陪都,中原是其主要区域之一。后来,东汉的都城就在河南洛阳。汉代是中国帝制社会政治、经济、文化全面定型的时期,也是中原孝悌文化发展历程中极为重要的一个阶段,它建立了以孝为核心的社会统治秩序,把孝作为治国安民的主要精神基础。从汉王朝开始,提倡"以孝治天下",孝开始走上政治舞台。

汉代之孝在政治上的意义大大强化,实践了儒家对孝的政治期待,孝成为做人、做事、为家为国的基本要求和行为准则。两汉时代,除西汉开国皇帝刘邦和东汉开国皇帝刘秀外,汉代皇帝都以"孝"为谥号,称孝惠帝、孝文帝、孝武帝、孝昭帝等,表明了朝廷的政治追求和对"孝"的尊崇。提倡孝道,褒奖孝悌,是汉以孝治天下最明显的标志之一。据《汉书》与《后汉书》帝王纪中记载,自西汉惠帝至东汉顺帝,全国性对孝悌褒奖、赐爵达32次,地方性的褒奖则更多。皇帝幸巡各地,常有褒奖孝悌的事。有时一地出现祥瑞,则认为是弘扬孝道所致,也要褒奖孝悌。对于著名的孝子,皇帝更加重视,把其作为弘扬孝道的榜样,精心扶植。

　　汉代统治者不仅弘扬孝道,自身也身体力行。《二十四孝》中有一个汉文帝刘恒亲尝汤药侍奉母亲的故事。汉文帝是汉高祖刘邦的第三个儿子,他是妃嫔所生,原本不是太子,后因孝顺贤能,而被群臣拥为皇帝。汉文帝即位之后,没有一点骄慢之气,侍奉生母薄太后非常殷勤体贴。薄太后一次生病,一病三年不起,文帝尽心尽力在床前照顾,几乎没有很好地睡过一觉。有时连衣服也不解开,以备母亲随时召唤。每当汤药煎好了,给母亲喝之前,文帝都要自己先尝一尝,体味药的火候是不是适中,会不会太苦或者是太烫,然后才送给母亲服用。汉文帝虽贵为天子,却成为久病床前的孝子。他的耐心、他的柔和、他的勤劳、他的体贴,真正做到《弟子规》中的"亲有疾,药先尝,昼夜侍,不离床"。

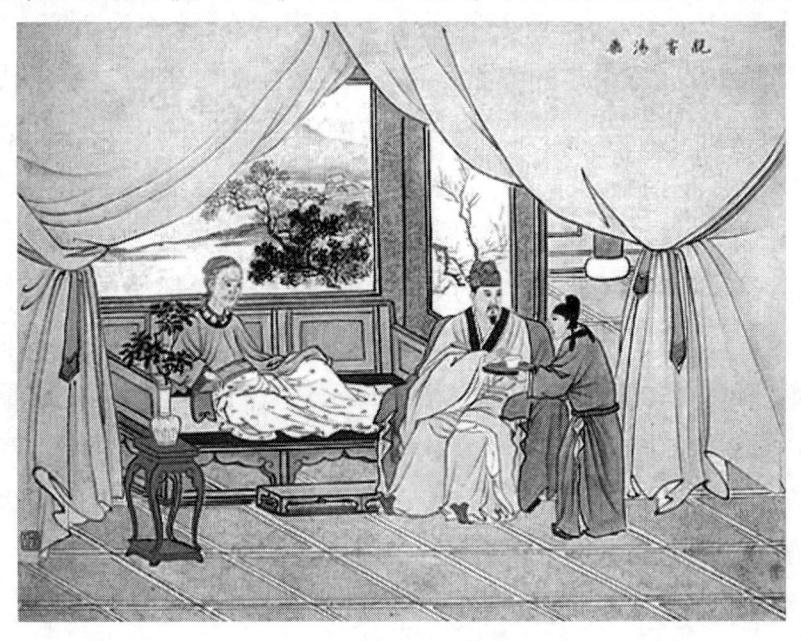

汉文帝亲尝汤药

汉武帝时立五经博士，以后又增《论语》、《孝经》为七经，作为从京师到各郡、县、乡各级各类学校中的必修课和必读教材。无论贵族官僚还是平民百姓，都要接受"孝"的教育。《孝经》成了国家教材，强调尽孝道的普遍性，并对孝道的原则、内容及尽孝的方式、孝子事亲的行为举止等，作了较为详尽的阐述。它不仅要求人们事父母以孝，事兄长以悌，而且把家庭父子关系运用于国家君臣关系，把孝亲与忠君直接相连。

董仲舒提出"罢黜百家，独尊儒术"的建议后，儒家思想成了封建正统思想，孝也成了中国传统的伦理概念，成为中国封建家长专制统治的思想基础，开始直接服从于"父为子纲"，间接服务于"君为臣纲、夫为妻纲"的道德规范。孝道由家庭伦理扩展为社会伦理、政治伦理。孝与忠相辅相成，成为社会思想道德体系的核心，"以孝治天下"也成为贯彻两千年帝制社会的治国纲领。

"举孝廉"是汉武帝时设立的发现和培养官吏预备人选的一种方法。它规定每20万户中每年要推举孝廉一人，由朝廷任命官职。被举之学子，除博学多才外，更须孝顺父母、行为清廉，故称为孝廉，并成为汉代察举制中最为重要的岁举科目。"名公巨卿多出之"，是汉代政府官员的重要来源。孝廉举至中央后，按制度并不立即授以实职，而是入郎署为郎官，承担宫廷宿卫，目的是使之"观大臣之能"，熟悉朝廷行政事务。然后经选拔，根据品第结果被任命不同的职位，如地方的县令、长、相，或中央的有关官职。一般情况下，举孝廉者都能被授予大小不一的官职。汉顺帝阳嘉元年，根据尚书令左雄的建议，规定应孝廉举者必须年满40岁；同时又制定了"诸生试家法，文吏课笺奏"这一重要制度，即中央对儒生出身的孝廉，要考试经术，文吏出身的则考试笺奏。从此以后，岁举这一途径就出现了正规的考试之法，孝廉科因而也由一种地方长官的推荐制度，开始向中央考试制度过渡。在汉代，"孝廉"已作为选拔官员的一项科目，没有"孝廉"品德者不能为官。

汉代的养老活动也是统治者孝治天下的一个重要形式。汉高祖西

入关中时,就"存问父老,置酒"。《后汉书·光武帝纪》诏曰:"其命郡国有谷者,给禀高年鳏寡孤独及笃疾无家属贫不能自存者,如律。"这里的律就是对养老的专项规定。汉代是孝的观念兴盛的时代,老人在家庭与社会上地位很高,是家庭中举足轻重的人物。汉代以孝治天下,对后世政治有很大影响。两汉皇朝绵延四百余年之久,是中国历史上最长的封建朝代,这与以"孝"为治国之道有一定的关系。

魏晋至隋唐五代700余年,是儒家的影响相对削弱的时期。但是,孝作为民族文化的基本传统有其深厚的民众社会基础,这段历史时期孝道仍受到社会、官方与民间的崇尚。作为主要统治中心,中原孝悌文化时而淡薄时而强化。为贯彻"以孝治天下"的方针,两晋统治者采取了一系列的措施。皇帝还亲自讲《孝经》,《穆帝纪》载:"永和十二年二月辛丑,帝讲《孝经》……升平元年三月,帝讲《孝经》。"《车胤传》载:"孝武帝尝讲《孝经》,仆射谢安侍坐,尚书陆纳侍讲,侍中卞眈执读,黄门侍郎谢石、吏部郎袁宏执经,胤与丹杨尹王混摘句,时论荣之。"可见这样的活动相当隆重。两晋时期一项相当有力的措施是中正把关,即所谓"乡邑清议",士人入仕必先经中正评品,如果有不孝的污点,中正这一关就通不过。《世说·任诞》注:"(阮)简以旷达自居。父丧,行遇大雪寒冻,遂旨浚仪令,令为他宾设黎臛,简食之,以致清议,废顿几三十年。"如此特殊的情况下吃了一点肉,因在父丧期间,就被中正卡住,近三十年不得叙用。中正把关,可以说是晋朝贯彻以孝治天下的组织措施。

隋唐也是以孝治国的时代。唐玄宗亲自为《孝经》写序、注释,并下诏颁行天下。天宝年间免征居父母之丧者的劳役赋税,称为"孝假"。代宗时又开"孝悌力田"选士科目。唐代社会出现了一些"以孝闻于世"的孝子贤孙,其尽孝的内容主要表现在"善事父母,养老送终"等方面。对于尽孝道的典型,唐朝统治者也给以褒奖和宣扬,或由地方官府表彰,或由地方举荐,上奏朝廷,授官、赐物、旌表其门闾、免其赋役,甚至载入史册,传之后世。两《唐书》的《孝友传》中罗列姓名或详见于篇者，即为当时最高的褒奖。有的还受到皇帝亲自嘉奖和恩典。

宋、元、明、清孝道走向极端化、愚昧化。宋、元、明、清时期，是我国封建社会由鼎盛逐步走向衰亡的时期，中央集权的君主专制主义进一步强化。这就要求为整个社会和个体家庭坚实地树起"三纲五常"、"明天伦之本"的统治秩序。程朱理学成为社会正统思想。程朱理学亦称程朱道学，是宋明理学的主要派别之一，也是理学各派中对后世影响最大的学派之一。程朱理学是由北宋程颢、程颐兄弟（原籍河南府，即今河南洛阳）开始创立，其间经过弟子杨时，再传罗从彦，三传李侗，到南宋朱熹完成。程颢、程颐认为孝道是与生俱来的、先天的伦理属性，儿子孝顺父母是天经地义、不可违抗的。这使孝道的专一性、绝对性、约束性进一步增强，对父母无条件顺从成为孝道的基本要求，"父母有不慈儿子不可不孝"成为世人的普遍信念，孝道进一步沦为强化君主独裁、父权专制的工具，在实践上走向极端愚昧化。同时，族权的膨胀和愚孝的泛滥，就是孝道畸形发展的具体表现，如"族必有祠"、"家法伺候"等等。后来的"割股疗亲"就是愚孝发展到极致的产物，这时孝悌文化被异化到面目全非的地步。

元朝统治者对孝道的认识与宋代截然不同。孝道是农业经济的产物，而游牧经济是分散的、流动的，父子依附关系相对减弱，自然不会产生适应农业经济的孝道。蒙古统治者入主中原后，用游牧民族的眼光审视内地的封建道德规范，并通过行政手段加以改造。首先，在宋代被视为最高孝行的卧冰、割股、刲肝等行为，在元代不但不予以褒奖，反而被明令禁止。据《元史·刑法志》载："诸为子行孝，辄以割肝、刲股、埋儿之属为孝者，并禁止之。"其次，元朝廷对一般的孝行常理也极为淡漠。用以维系宗族关系的孝道一经破坏，家族纽带也就有所松懈，孝道的核心内容善事父母也发生了动摇，甚至遗弃父母得到了法律的承认。《元史·刑法志》云："诸父母在，分财异居，父母困乏，不共子职……亲族亦贫不能给者，许养济院收录。"但换个角度看，元朝统治者站在游牧民族文化的角度，看出了孝的某些不合理性，并从政策上加以限制和明令禁止,无疑在客观上起到思想解放的进步作用。

明朝建立后,朱元璋在"治乱世用重典"思想指导下,诏谕臣民要兴孝道,用"孝"维系皇权统治。朱元璋把孝看做是"风化之本"、"古今之通义"、"帝王之先务",认定"垂训立教,大要有三:曰敬天,曰忠君,曰孝亲。君能敬天,臣能忠君,子能孝亲,则人道立矣"。朱元璋兴孝的主要措施有自身率先垂范,观念倡导与教育,制礼作乐,政策支持与奖励等。明朝还以养老之政教民孝,对老人赐以布帛,授以爵位,还让他们议政、御政、评论官员,理民诉讼,宣教民众,以发挥他们的作用。在明朝,明文规定80岁以上的老人由官府养。由于明太祖的大力提倡,整个明代都非常重视孝道。明朝16代皇帝统治的277年中,皇帝的庙号、谥号或陵名,"孝"字很多。如"孝陵"、"孝宗"、"孝康",尊谥中的"至孝"、"达孝"、"纯孝"、"广孝"等。

清代统治者作为异族君主,开始不便在汉族遗民中提倡忠君,于是改而大力倡孝,重视以孝道治天下。顺治皇帝曾经注过《孝经》,康熙、乾隆皇帝数次在宫内开设"千叟宴"。康熙还曾颁发"圣谕",提倡孝道,敕令全国广为宣讲。他认为,帝王治天下要"首崇孝治","孝为万事之纲,五常百行皆本诸此"。清代法律规定,对于不孝甚至残害父母的,予以严惩。另一方面则是旌表孝子。雍正时曾规定,犯死罪但因为是独子,必须赡养父母的,予以宽刑。清代封赠臣子的父母、祖父母及其配偶,也是一种提倡孝道的措施,具有弘扬孝道、倡导敬老的意义。为了加强孝治,清代把汉代的"孝廉"和"贤良方正"两个科目合并,特设孝廉方正科。雍正元年(1723)诏直省每府、州、县、卫各举孝廉方正,赐六品服备用。以后每遇皇帝即位就荐举一次。乾隆五年(1740),确定荐举后赴礼部验看考试,授予知县等官。[①] 清代的"孝廉方正"仍是入仕的重要途径。为加强"孝治",清朝还建了不少"孝子坊"。如在河南平顶山郏县,现在还完整保存着中华孝子坊:孝子坊为红石结构,以

---

① 参阅王修治:《孝治天下》,《老年教育》2010年第2期。

两个边长2.5米高1米的正方须弥座,上置巨石4块,各以长2米、宽0.5米、厚0.4米为基座。竖上石柱4根,组成主门及两个侧门。立柱两面有石狮8只,每面4只,雌雄相对。中门上面刻有:"皇清钦旌孝子太学生冯赞"。两耳坊上又设透花窗棂。石坊背面雕《二十四孝图》,雕梁上有石匾2块,一刻"圣旨",一刻"纶音"。四角挑檐,设铁钩挂有铜铃。坊上刻有"孝子坊"三字,坊额书为乾隆十七年建。

中华孝子坊

三、孝悌文化的变革

近代社会,尤其到了晚清民初,随着中国现代化步伐的加快和西方文化的渐渐侵入,民主、自由的思想开始深入人心,人民的自觉性和主体意识不断增强,一大批文化先驱站在时代的高度,从自然人性的角度来揭露封建孝悌文化的专制性、绝对性,中原孝悌文化的变革开始与社会适应,并且使中原孝悌文化融入时代的内涵。到了五四新文化运动时期,受到严厉批判的中原孝悌文化开始洗去尘封多年的封建专制性,转而向新型孝悌文化发展。在此引导下人们的时代意识、社会意识逐渐增强,许多人冲破家庭的牢笼和羁绊,站在时代前列,以天下和社会为己任,为民族尽其大孝。

在抗日战争时期,国共两党都曾以儒家忠孝道德作为动员、团结民众抗击日本帝国主义侵略的精神力量和思想武器。1939年3月12日,国防最高委员会颁布的《国民精神总动员纲领及实施办法》中指出:"唯忠与孝,是中华民族立国之本,五千年来先民所遗留于后代子孙之宝,当今国家危机之时,全国同胞务必竭忠尽孝,对国家尽其至忠,对民族行其大孝。"1939年4月26日,中国共产党的《为开展国民精神总动员告全党同志书》指出,"一个真正的孝子贤孙,必然是对国家民族尽忠尽责的人,这里唯一的标准,是忠于大多数与孝于大多数,而不是反忠于少数和孝于少数。违背了大多数人的利益就不是真正的忠孝,而是忠孝的叛逆"。在这里,孝悌文化成为民族团结、兴旺的精神基础,成为中华民族凝聚力的核心。[①]

从历史的不断发展中我们可以看到,中原孝悌文化经历了一个不断发展变化的过程。几千年的封建社会中,历代王朝无一不主张并实施以孝治天下。正如孙中山先生所说:"现在世界中最文明的国家讲到孝字,还没有象中国讲到这么完全。所以孝字更是不能不要的。……要能够把忠孝二字讲到极点,国家便自然可以强盛。"[②]可以说,一方面,"孝悌"被异化为封建统治阶级统治人民、维系政权的一个最重要的工具,另一方面,"孝悌"从它本身意义出发,所包含的尊老、敬老、养老,以及亲人、爱人、爱国,正是中华民族的一大传统美德,是中华民族家庭和睦、邻里相亲、社会稳定的重要内在因素。因此,孝道已被列为中华传统道德教育的重要内容。

第三节 中原孝悌文化的历史地位

中原孝悌文化作为中华民族传统的道德观念,经孔孟儒学的发挥,

[①] 参阅程红帅:《中国孝文化的历史沿革及当代价值》,《雁北师范学院学报》2005年第2期。
[②] 中国社科院近代史所编:《孙中山全集》,第9卷,中华书局2006年版,第244页。

以及历代帝王的提倡,确实是深入民心,难以动摇。佛教传入中国,最后也不得不把"无夫无君"教义改变为"忠孝"的说教。基督教传入中国之初,也不得不改变"不能崇拜偶像"的戒条,允许信徒"祭祖"。中原地区也流传着许多孝敬父母、尊君爱国的动人事迹,成为培育中华传统美德的母本。但是,从封建社会一路走来的中原孝悌文化,毫无疑问带有封建的糟粕性。所以,和对待所有传统文化一样,对传统的中原孝悌文化,我们应该辨其真伪,学会扬弃。

一、孝悌文化是立德之本

早在2500多年以前,孔子就高瞻远瞩地指出了孝是立德之本。子曰:"先王有至德要道,以顺天下,民用和睦,上下无怨。"意思是说,古代的帝王有一种崇高至极的道德和品行,使天下人心归顺,人民和睦相处,上至天子,下至庶人,都没有怨恨不满。那么,具有这么巨大社会功能的"至德要道"是什么呢?《孝经》云:"夫孝,德之本也,教之所由生也。"意思说,孝是道德的根本,一切教化都从此而产生。在以儒家伦理为主导的中华民族几千年的伦理思想文化史中,孝是一切德行的根本,也是教化产生的根源。百善孝为先,孝为德之本。正是循此祖上遗训,陈毅元帅年近花甲还为老娘涮洗尿布,孔繁森两去西藏都向母亲叩拜辞行。这些感人之行,彰显的是我们这个民族相传千百年的孝悌传统。

孝道历来是中原人所最看重的人的美德,田野乡间总能听到百姓口中流传的与此相关的事件,父子之间、婆媳之间的许多故事都已经成了人们耳熟能详的美谈。如果哪家有儿子或者媳妇不孝也是会激起大家公愤的,大家会集体起来和他们论理,甚至会一同把他们直接带到当地的法院要求法庭给予公正的评判。

《二十四孝》中就记载了许多中原人物遵守孝道的事例。《二十四孝》全名《全相二十四孝诗选》,是元代郭居敬编录,一说是其弟郭守正,第三种说法是郭居业撰。它是中国古代宣扬儒家思想及孝道的通俗读物,是历代24个孝子从不同角度、不同环境、不同遭遇行孝的故事

集。由于后来的印本大都配以图画,故又称《二十四孝图》,在传统的木雕、砖雕和刺绣上,常见这类内容的图案。《二十四孝》的故事大都取材于西汉经学家刘向编辑的《孝子传》,也有一些故事取材于《艺文类聚》《太平御览》等书籍。

《二十四孝》中有一个《拾葚异器》的故事,讲的是汉代汝南(今河南汝南县)人蔡顺,少年丧父,事母甚孝。当时正值王莽之乱,又遇饥荒,柴米昂贵,只得拾桑葚母子充饥。一天,巧遇赤眉军,义军士兵厉声问道:"为什么把红色的桑葚和黑色的桑葚分开装在两个篓子里?"蔡顺回答说:"黑色的桑葚供老母食用,红色的桑葚留给自己吃。"赤眉军怜悯他的孝心,送给他三斗白米、一头牛,用来供奉他的母亲,以示敬意。

古有孝子流芳百世,今天的中原孝子更为令人感叹。张尚昀出生在许昌市襄城县湛北乡山前姜庄村,在他踏进大学校门的第二个月,他妈妈意外摔伤了,脑震荡并落下后遗症,生活渐渐不能自理。病中的妈妈没有任何收入,不要说看病,就连基本的生活都没有了保障。2001年7月,张尚昀申请休学,瞒着患病的妈妈,开始到郑州打工,挣钱给妈妈看病。由于身体单薄,没有工作经验,他只能打零工,一个月挣四五百元钱。但是,他把每月挣来的钱全部买成药品,为妈妈治病。

2002年春,张尚昀的外婆不幸去世,家里就剩下生活不能自理的妈妈。为了能打工挣钱给妈妈看病,又能照顾妈妈、顾及学业,2002年春天,张尚昀背起妈妈踏上了前往长春的路途。此时,张尚昀妈妈的病情日趋严重,已经不能活动,还引发了癫痫病,经常出现休克。张尚昀知道,只有自己挺得住、有出息,妈妈才不会失去生活的信心。无论日子多么艰辛,他总是安慰病床上的妈妈,鼓励妈妈挺过难关。为了妈妈的安全,张尚昀走到哪里,就把妈妈带到哪里。为了省下坐车的钱,他就背着妈妈去找活儿干。为了能多挣点儿钱,他到建筑工地运砖,到车站扛包,经常一天干十一二个小时。闲下来的时间,他就陪着妈妈。吃饭时,他只给妈妈买饭,一点一点地喂到妈妈嘴里。为了省钱给妈妈看病,张尚昀只有饿得顶不住了才买点儿吃的。

由于长期营养不良,张尚昀瘦得厉害。身高1.8米的他,体重只有55公斤,但他无论走到哪里干活,都带着妈妈,背着书包,白天一闲下来就看书,晚上安顿妈妈睡下后继续学习。为了增强妈妈活下去的信念,坚强的毅力让张尚昀忘记了疲倦。在自学的情况下,张尚昀每学期的考试成绩多是优秀。2004年5月,尚未毕业的张尚昀参加河南省税务系统公务员招录考试,在数千名考生中,取得了税务稽查岗位笔试成绩第一名的成绩。[1]

从张尚昀身上,我们深深地感受着这骨肉亲情,中原传统文化中的孝心、爱心、责任感已化入他的血脉。

二、孝悌文化是和谐之基

中原孝悌文化是中华民族的传统美德,在所有的传统道德规范中,具有特殊的地位和作用。"孝悌"作为华夏民族传统的道德观念为历代圣贤所提倡,并把孝悌作为立身之本,建国治邦之基。

在中原传统孝悌文化中,一切人际关系均是以血缘宗法为基础得以展开的,孝悌成为古代社会一切人际关系得以建立的精神价值基础。从客观的人际关系来看,中原孝悌文化认为父子关系是最重要的,通过父子关系直接体现了子孙与祖宗的关系。兄弟关系还是因为双方均是父母所生,夫妻关系也是为了延续宗族的后代而得以建立的,家族、宗族、亲戚等关系均是基于血缘关系而发生的。师生关系是精神关系,老师是精神生命之所在,因而对待老师也要像对待父一样。朋友关系也是以道交之。君臣政治关系更是与父子关系有类似的精神机制,因而才有君父和臣子之称。乡里邻里等关系也是因为我们同生同长于一个地方。总之,在中原孝悌文化看来,一切人际关系均是基于父子关系而发生的,如果将对父母之爱敬,对兄长之尊重推而广之,那一定会"老吾

---

[1] 参阅杜文育:《大学生休学 肩背病母外出打工》,《开放潮》,2005年7月20日。

老以及人之老,幼吾幼以及人之幼",从而处理好一切人际关系。如此不仅会和睦九族,以亲乡里,而且会以君为父而忠君,以民为本而爱民,由追孝祖宗而爱祖国,以师为父而尊师,以长老为父兄而敬老尊长,或因业务职务而顺上,或因同事同学而友长,等等。于是社会便安定。由此,家庭—社会—国家,一个完整的"孝悌"思想体系形成了,"仁爱"贯穿其中。

"仁"作为一种道德规范,它所包含的内容是十分丰富的,而其中最基本、最重要的就是"孝",它是适应以血缘关系为纽带维系着的宗法等级制社会的。按照"孝"的伦理原则,在家族和家庭关系中,子女对父母应当行孝,父母对子女应当以慈;兄长对幼弟应当以爱,弟弟对兄长应当事敬。这些都是家庭生活中应当遵循的伦理原则。就整个社会而言,家庭是社会最基本的单位,是社会的细胞。家庭稳固了社会才能得到稳定。用"孝"来规范家庭成员之间的关系,使家庭成员之间在日常生活中言行各有所依,这样家庭能保持最大的稳定,从而使社会也得到稳定。这就是孝悌的道德观念和道德规范所能起到的最大的社会作用。

在建设中国特色社会主义的过程中,孝悌文化也可以发挥道德教育与精神激励作用。在构建和谐社会的框架中,单个的家庭作为社会的细胞,其内部的和谐可以说是促进整个社会和谐的前提和基础,也是构建和谐社会最重要的部分。中国有句古语"家和万事兴"。"家和"主要表现为"父慈、子孝、兄友、弟恭"。父母从来对子女慈爱,这是天性,兄弟之"悌"建立在孝的基础上,因此"家和"的主要内容、主导方面是子女对父母的孝。在中原传统文化中,"父慈子孝"始终被排在五伦之首,"子不教,父之过"不仅体现出父子之间的伦理道德关系和由这种关系所产生的基本权利和义务关系,而且,也体现出父对子的强烈责任感,这一点,也是和现代文化中的父子之间的道义关系相同的。"兄友弟恭"被作为处理兄弟关系的道德原则,这种原则后来被逐渐扩大为"四海之内皆兄弟",为现代社会中正确地处理朋友关系以及社会生活中其他人际关系起到了积极作用。随着社会物质文明的飞速发展，人们的家庭意识正在逐渐消减，由家庭本位向个体本位转化，在中国历史上促进家庭与社会团结和睦的孝悌文化在新时期里被赋予了新的使命。其精华诸如父严、母慈、子孝、夫和、妻顺、兄友、弟恭等美德，对于改善、协调父母与子女、夫妻、兄弟姐妹等家庭各方面关系将起到重要的作用。

如果大家都以孝悌文化中有利于人际关系维护的经典言语作为自己的行为规范，都尊老爱幼，推己及人，将爱从家庭辐射到社会，人与人之间的关系将会趋向和谐，社会将会成为一个和和睦睦、温暖备至的大家庭。并且由对父母、家庭的爱以及对祖国的爱的情感升华，必然能够转化为服务社会、报效祖国的实践行为，为社会、国家、民族的振兴而努力奋斗，这是很自然的道理。此外，现在的"忠孝一体"具有新的内涵，不再是忠君，而是忠于国家、忠于人民、忠于社会主义。这就有助于增强民族凝聚力和民族责任心，使炎黄子孙在孝悌文化的陶冶下，更加热爱中华民族，团结起来担当民族复兴的大任，振兴中华民族。

三、孝悌文化发挥了社会保障功能

中国历代封建政府皆倡导尊老养老，强化了家庭家族观念。这种在儒家文明熏陶下的东方特色家族制度在我国传统的社会保障中发挥了重要的作用。区别于西方社会的个人主义传统，我国的社会历史以及个人生活，都是以家庭以及家族为中心展开的。老人生活在大家庭中，"三世同堂"、"四世同堂"，甚至"五世同堂"，老人不仅得到经济生活方面的保障，而且儿孙满堂，共享天伦之乐，精神需求也得到了满足。在中原传统社会孝悌文化全面普及，孝道思想根深蒂固的背景下，老人得以颐养天年，养老保障功能得到最大的发挥。

宋朝时，有一个才子叫黄庭坚，是宋朝的大学问家，他擅长书法、绘画和写诗。黄庭坚进士及第后，初入仕途，便来到河南叶县任县尉，主管地方治安。现今叶县县衙大堂对面的宋太祖御制戒石铭石碑，正面书"公生明"三字即为黄庭坚所书,他后来做到国家太史的官职。他非常孝顺母亲,侍奉年老的母亲很殷勤。每天,一定亲自为母亲清洗马桶(尿器)。这个工作本来可以由仆人去做的。可是黄庭坚坚持自己去做,而且做得很认真,洗得很干净。因为黄庭坚知道自己的母亲平生最喜好洁净,如果让仆人去做怕不能尽心如意。所以自己亲自动手,让母亲舒服欢喜心。日复一日,年复一年地去做,没有疲厌。黄庭坚贵为国家的官员和当时著名的文人,在经济上奉养母亲是不成问题的,但是他的孝敬之心还包括对母亲全面的体贴关怀,顺从母亲的特性爱好。因此,他的孝行被列为中国著名的"二十四孝"的典范之一。后人评论"此大人者不失其赤子之心也"。

中原孝悌文化在建立社会主义新农村的宏伟计划中也具有深远的教育意义。据有关资料表明,我国现在已经接近老龄化时代,老龄化问题已经成为一个严峻挑战。同时,河南作为一个农业大省,老年人口70%以上还生活在农村,大多数老年人的生活保障能力还比较低,他们中的绝大多数还必须依靠家庭成员的扶助而安度晚年。老年人不仅需要物质上的帮助、生活上的照料,更需要精神上的慰藉。

家庭养老是我国普遍认同的养老模式,它赖以存在的思想基础就是传统的孝道观念。我国目前处于社会主义初级阶段,社会养老能力与社会保障制度的完善还需要一个很长的时间,农村的养老还主要靠子女承担。因此,根据实际情况在农村大力提倡孝悌文化教育,比一味地制定法律强制执行更有效,仅仅依靠法律强制手段来规定子女承担赡养父母的责任和义务,会加剧子女与老人的紧张关系,就算老人得到物质上的奉养,精神上的伤害却更大、更深。

当然,我们也应该清醒地看到,随着改革开放形势的发展,我国家庭养老的功能有日益弱化的趋势,传统的孝道观念也开始淡化,歧老、虐老的事件也时有发生。据国家司法部门公布的统计数据,目前中国农村老人赡养案件占到各类矛盾纠纷的30%以上,并继续呈上升趋势,可见农村养老已成为一个普遍的社会问题。农村的老人,辛辛苦苦一辈子,把儿女培养成人,到了不能动的时候,有的儿女竟然不养老。老人中有人生病,无人照料;有人无生活来源,无人供吃穿,有的儿女即使给吃了,也要给脸色看。老人为了不受这种气,有的打官司,有的跳井、上吊、服药自杀。婆媳关系不好而引发的离婚案也相当多,这是一个比较严重的问题。在这样的情况下,提倡孝道,普及孝悌文化,宣扬传统的孝悌文化,积极倡导尊老、敬老、助老的传统美德,将具有非常重要的现实意义。

四、剔除孝悌文化中的糟粕

一个国家或民族的传统文化,在无形中影响着这个国家或民族的发展和未来。对待中原孝悌文化的正确的态度是"取其精华,去其糟粕"。对于中原孝悌文化中符合社会发展要求的、积极的、向上的内容,应该继续保持和发扬。对于不符合社会发展要求的、落后的、腐朽的东西,必须"移风易俗",自觉地加以改造或剔除。

要辩证地认识中原孝悌文化的作用。"孝悌"作为一种道德规范,是父系家长制确立的产物。随着社会关系的发展变化,它的含义也在不断丰富和扩展。在漫长的封建时期,统治者更是把孝道提升到维系纲本的高度进行宣教。"不孝"一直是十恶不赦的大罪之一,由孝道所生发的纲纪伦常"君君、臣臣、父父、子子",人们恪守差序、等级生存,"孝"的内涵与要求由善待父母发展到尊敬、顺从父母,又拓展到忠诚于君王,修身立行,光宗耀祖,并且进一步为封建统治者所用,成为教化人民、维护统治秩序的手段之一。《孝经》对于天子、诸侯、卿大夫、士和庶人的孝道,分别做出了不同的规定。《说文》中说:"孝,善事父母者。"如果单从这个意义来说,它和我们今天所提倡的子女要尊重和赡养父母是有历史联系的。但是"孝悌"还有其他一些含义,诸如"身体发肤,受之父母,不敢毁伤,孝之始也","不孝有三,无后为大",把传宗接代、厚葬等都看成是孝的重要内容,而且一味强调绝对服从父母,"居处不庄,非孝也;事君不忠,非孝也",等等,这些规定显然都是道德史上的糟粕。

　　自古流传下来的《二十四孝图》，曾经是对儿童进行启蒙教育的重要材料，但是其中有些宣传，则让人望而生畏，根本不敢去学，也不可能做到，例如，"郭巨埋儿"、"卧冰求鲤"之类，对此鲁迅曾有过深刻的批判。由此，传统中原孝悌文化也有着明显的封建糟粕，如"父要子亡，子不得不亡"、"不孝有三，无后为大"等。在封建社会，按照传统中原孝悌文化对女性的道德要求，女子在家要从父，出嫁要从夫，夫死要从子，所谓"三从"。女子出嫁做了人家的媳妇，最重要的是一个"贤"字，就是要相夫教子，侍奉公婆，敬重姑嫂，助夫或者代夫行孝。如果做得好，就会被认为是贤能、贤德、贤良，是所谓贤内助。在中国风俗中，有些孝行，是必须由子女来做的，媳妇往往没有资格。例如出殡时走在前面的孝子，必须是儿子而不能是媳妇，等等。

　　因此，在建设中国特色社会主义、实现中华民族伟大复兴的今天，根据中央颁发的《公民道德建设实施纲要》，把家庭美德确定为公民道德建设的三大基本领域之一，而"孝道"，更是组成家庭美德必不可缺的重要因素。需要指出的是，随着历史发展，传统的"孝道"褒贬不一，现代孝道的概念也磨砺得模糊不清。从现代的观念来看，孝道作为一种家庭美德，也是优秀传统文化的重要组成部分，我们要用正确的态度来审视中原孝悌文化，汲取其精华，剔除其糟粕，在家庭、民族、国家各个领域中实现其社会价值与现实意义。

第四节　弘扬中原孝悌文化

　　中原孝悌文化是中国传统文化的重要组成部分，传统"孝"的思想在今天仍具重要意义。在家庭中，父母应该关心、爱护、养育子女，子女应当孝敬父母，体贴自己的双亲，并在父母年老丧失劳动能力的情况下要主动地担负起赡养父母的义务，这在任何时期都是必要的。当然，传

统道德中"孝"的思想应当批判地继承。孝顺父母,并不是要无原则地顺从。所以,宋明理学家鼓吹的"君叫臣死,臣不得不死","父叫子亡,子不得不亡","不孝有三,无后为大"等,是对孝的绝对化、片面化的理解,应当持批判的态度。只有坚持历史唯物主义和辩证法的态度批判地继承,并予以加工和改造,从而抛弃其封建的、落后的、消极的方面,吸收其反映人民利益的、科学的、积极的方面,才是真正继承和弘扬优秀的中原孝悌文化。

一、以孝道热爱国家

儒家学说把孝分为三种次第:一是甘旨供养,使父母免于饥饿,是为小孝;二是功成名就,光宗耀祖,使父母光彩愉悦,是中孝;三是真正的孝顺父母应从自我做起,首先要做个"存好心、说好话、行好事"的好儿女,也就是说要"敦伦尽分,闲邪存诚,忠实厚道,老实做人"。除此之外,就是要把孝悌提升到一个高度,不仅仅是局限于父母亲人这个范畴,而是升华到时时处处为国为民着想的高度,这就是大孝。

我国有句古话叫"忠孝不能两全",意思是要正确处理忠与孝之间的关系。爱父母,爱兄弟姐妹,爱亲人故旧,才能更进一步升华成为爱民族,爱祖国。在可能的情况下,忠于国家和孝敬长辈兼而顾之。如果两者之间出现难以协调的矛盾之时,年轻的时候应以忠于国家和事业为主,如果没有自己的事业,就会违背长辈的意愿,就是不孝。因为没有哪个长辈不希望晚辈能够事业有成的。往大的方面说,是为国争光;往小的方面说,是光宗耀祖。晚辈如果有所成就,长辈的心灵会得到最大的安慰。如果晚辈不争气特别是违法犯罪,则是对长辈最大的打击,也是晚辈最大的不孝。因此,孝心对于我们每个人来说都是具体的,不管能否天天在父母身边端茶送水、问寒问暖,如果能努力干好自己的本职工作,做出好的业绩,也是对父母尽孝的一种方式。

"父慈、子孝、兄爱、弟悌、夫义、妇听、长惠、幼顺、君仁、臣忠",在这个严密的道德网络当中,我们可以清晰地看见中原人道德延展的过程：从对小家的"孝"，到对国家的"忠"。我们甚至可以这样说，"忠孝两全"至今仍是中原人道德伦理的基本轮廓，并且他们已经用实际行动为自己提供了丰富的证明。

二、以行动孝敬父母

一个人为什么要行孝？那最直白的原因想必大家都懂得。这就是父母生下我们并把我们抚养成人，付出许多爱意，历尽许多辛苦。当他们渐入老境丧失独立生活能力之后，作为子女应该以同样的爱心关怀与照顾他们。孝的意义始于报恩，报答父母的养育之恩。古人说，天下之人，不孝不教。天下的人们中，不知道不懂得孝敬父母的人，不能教化啊！再看"教"字，其实也就是"孝文化"之意。所以儒、释、道三教在教化民众的过程中，都在倡导"孝道第一"。

敬老爱老是中华民族的传统美德，古时有《拾葚异器》等至孝故事世代传颂，如今我们要把爱老敬老体现在居家生活中，就要从衣食住行方面多关心老人，在精神上关心老人；在社会上，要多为老人提供方便。"常回家看看"是爱老敬老，在公交车上为老年人让出座位是爱老敬老，购物礼让老人，过马路搀扶老人，一个微笑、一句暖心的话，百忙中的一次下厨，不经意间的一个礼物，等等，都是爱老敬老。这些是老人需要的，也是我们所有的人都应该并且能够做到的。

孝敬父母，养身是基础。养身是指对老人的吃、穿、住、行、医等方面，样样都要想得周到，做得周全，事事都应达到最佳状态。无论哪方面都要做好，例如，吃的要可口，要有营养，要易消化。住、穿的条件应达到舒服、可体，做到冬暖夏凉；就医方面，对老年慢性病应常年预防，常年治疗。另外还应做到经常体检，早发现早治疗。如若住院，更要护理好。俗话说：养兵千日，用兵一时，养儿防老。老人有病时是最需要我们的时候，绝对要做好。《弟子规》上有一句话："亲有疾，药先尝，昼夜侍，不离床。"这是说老人有病卧床不起，做儿女的要亲自喂饭、喂药，白天黑夜不离开床。老人行走时更要注意看管，必要时还要搀扶或者

用车子带着转转，样样都应达到体贴入微。

孝敬父母，养心是关键。老人的需要，既有物质方面的，又有精神方面的，孝敬父母，既要养身，又要养心，而且养心更重要。养心是指做儿女的要从爱心出发去孝敬父母，想父母所想，急父母所急，做父母所需，经常使父母处于一种精神愉快的状态。

曾国藩曾说过："养亲以得欢心为本，养生以不恼怒为本，立身以不妄语为本，居官以不要钱为本。""养亲以得欢心为本"，意思是说孝敬父母应以让父母欢心高兴为目的。真正的孝顺，应该是对老人既要有物质上的供养、生活上的照顾，又要有情感上的慰藉。既要使父母在物质上有保障，更要让父母在精神上能享受到天伦之乐。做儿女的要时常把"爱心"作为孝敬父母的礼物，用爱心去孝敬父母。

孝敬父母要常去探望。一位哲人说：世界上只有一种爱是无私的，那就是父母对儿女的爱。父母几乎把全部心血都无私地给了子女，子女若能把自己心血的一半乃至四分之一，甚至十分之一留给父母，也可成为当今孝子。现代社会竞争激烈，子女们忙于工作、学习、应酬，往往容易忽视对父母的看望问候，使父母因得不到亲情满足而心情苦闷，丰盛的物质供养也同样无济于事。只有"养亲"、"敬亲"相互结合，才能真正体现孝道的精髓。

三、以仁爱对待兄弟姐妹

有人说，中华文化就是孝悌文化，它维系家庭的每一个成员，进而凝聚为社会、国家，它是中华民族传统文化中最重要的资产。不可否认，历经几千年的洗礼、丰富，中原孝悌文化所尊崇的以仁爱对待兄弟姐妹已不仅仅是中华民族的一种传统美德，甚至已经成为世界尊崇的一种文化。

一个家庭是否能够幸福、快乐地生活，兄弟姐妹之间的融洽相处，占据着举足轻重的地位。倘若兄弟姐妹之间能够互相关心、互相帮助，在有矛盾之时做到不争不吵、互谅互让，就能营造良好的家庭氛围。兄

弟姐妹都是父母所生，具有至亲的血缘关系。俗话说："打虎还要亲兄弟。"也就是说，一方面，兄弟姐妹是骨肉之亲，到关键时刻自然会同心协力；另一方面，兄弟姐妹之间相知最深、相爱最切，彼此之间不难协调合作。兄弟姐妹若能相亲相爱，不仅是孝顺父母的表现，还是家庭生活快乐的源泉。

2005年年底，一个名叫洪战辉的普通大学生的事迹被媒体披露后，感动了整个中国。12年前，洪战辉患有间歇性精神病的父亲摔死了他不到1岁的妹妹，后来又捡来了一个弃婴。母亲不堪忍受家庭的重担离家出走，养育这个捡来的小妹妹和照顾患病的父亲，就成了13岁的洪战辉独立负担的责任。他把妹妹带在身边，一边读书一边照顾，靠做点小生意和打零工来维持生活，生活的艰辛自不待言。12年后，已经是湖南怀化学院一名大学生的他继续带着妹妹在大学生活，一个极其偶然的机会他的事迹被媒体获知，引起社会及媒体的极大关注。在2005年的岁末，他的名字和他那传奇般的经历似乎已经成为了一股暖流，温暖了无数人的心，他也理所当然地成为2005年度感动中国人物。给洪战辉的颁奖辞是：当他还是一个孩子的时候，就对另一个更弱小的孩子担起了责任，就要撑起困境中的家庭，就要学会友善、勇敢和坚强，生活让他过早地开始收获，他由此从男孩开始变成了苦难打不倒的男子汉，在贫困中求学，在艰辛中自强，今天他看起来依然文弱，但是在精神上，他从来是强者。一位新浪网友在看过报道后，抑制不住内心的感动，当即撰写了一副对联。上联是：爱心侠心责任心心心相印；下联为：亲情悯情兄妹情情情相系；横批：感天动地。

兄弟如手足。从我们呱呱坠地的那一刻起，直至生命结束之时，兄弟姐妹这种关系一旦确立，不论是唯物主义者，还是唯心主义者，都不能否认这种感情。因此，我们应该珍惜并维持这份平淡而又真挚的情谊。手足之情，既不需要豪壮的语言，也不需要华丽的语句，一个眼神、一丝微笑均能将它体现得淋漓尽致。兄弟姐妹之间应该彼此爱护、相互谦让、和睦共处、共同帮助，不要事事计较，寸步不让，而应珍惜彼此

之间的感情。

综上所述,中原孝悌文化不仅对于研究中国古代传统文化有重要指导意义,而且对于当代社会的道德建设有深刻的实践意义。在新的历史时期,政府和社会要倡导把传统孝悌文化作为思想道德建设的一项重要内容,使传统的孝悌文化教育与现行的爱国主义、集体主义教育结合起来,共同续写"老吾老以及人之老,幼吾幼以及人之幼"的文明华章。

第七章
爆竹声中一岁除
——中原节庆文化

中华民族的节日源远流长,中华民族的节日庆典丰富多彩。节日是世界各族人民为适应生产和生活的需要而共同创造的一种民俗文化,是世界民俗文化的重要组成部分。祭奠、庆祝、纪念是节日的主要内容,庆典是节日的主要形式,世代相传,不断发展,就形成了节庆文化。中原文化在中华民族文化发展史上重要的地位与作用,史前文化、神龙文化、宗教文化等与中原文化同根、同源、一脉相承,使中原节庆文化更具有鲜明的神话色彩、浓郁的图腾崇拜、深刻的经典印记,也使中原文化的根源性、原创性、包容性、开放性等特点在中原节庆文化中凸显。民俗文化是民族精神的基础,是民族精神的重要载体,节庆文化是民族文化保护和传承的重要形式。继承发展节庆文化,就是在固守我们民族的根脉。文化是一个民族永远不变的精神标志,在中国特色社会主义文化大发展大繁荣的今天,历史又赋予了节庆文化新的内容和新的形式,使节庆文化的内涵与外延在不断充实和扩展。

第一节　中原节庆文化根深

中原,作为中华民族文化重要发源地,时至今日一直保持着对历史上重大文明成果发明者的信仰和祭祀。经过一代又一代的效仿、传承和发展,就形成了相对固定的节日。根据节日所敬仰的对象,附注了一定的祭奠的内容和形式,随着历史的发展而形成了不同内容、形式和规模的节日庆典。中华民族文化之根,深深植于神州广袤的沃土之中。中原节庆文化的根深,主要表现在许多节日起源于古老的民间神话传说。

一、因神话传说而起

中原古典神话乃是中国神话的摇篮。诸如:盘古开天地;女娲炼石补天、抟土造人;伏羲发明八卦,教人渔猎、驯养家畜;燧人氏发明用火方法;神农氏创立农业,教人定期种植、收获等,都与中原的节庆有着渊源相通的联系。我国民间"四大传说"的故事发生地全部在河南:孟姜女和范喜梁在杞县,牛郎、织女在南阳、鲁山,白娘子、许仙在鹤壁和博爱青天河,梁山伯、祝英台在汝南。又如:花木兰在虞城,董永、张七姐在汝南和武陟,等等。起源于河南的神话传说不胜枚举,在文化大发展大繁荣的今天,随着地域文化、企业文化、经济文化的大融合,文化的综合作用越来越凸显,几乎所有的神话传说,都有相应的纪念庆典,甚至还有几地共争一个神、同抢一个人的现象。

为了保护珍贵的文化成果,纪念为中原文化传承作出过重大贡献的先人,中原人民将那些重大文明成果的发明者,作为神明和祖先来祭祀供奉,祈求护佑。效法的祖先,既是人,又是神;要敬的天,既是神,也是祖。仅举几例,可见一斑。

（一）太昊伏羲庆典

伏羲、女娲、神农，古称"三皇"，根据民间传说，在黄帝时代就已经开始祭祀。今天中岳嵩山上的三皇寨，以及在中原多处存在的三皇殿、三皇庙及其庙会等，就是对"三皇"祭祀的传承和发展。

伏羲为三皇之首，太昊陵庙会历史最为悠久。

始建于春秋时期的太昊伏羲陵，淮阳等地俗称"人祖庙"。古时，伏羲在宛丘（今河南周口淮阳）建立了都城，自号龙师，他部落的子民也就是龙子龙孙。千百年以来，太昊伏羲陵祭祀活动绵延不衰。每年农历二月二日至三月三日，来自河南、安徽、山东、河北、湖北等地的善男信女络绎不绝，他们有的朝祖进香，有的摸"子孙窑"。庙会期间，前来烧香拜佛的"经挑班子"在太昊陵前载歌载舞，杂技、狮子、龙灯、竹马、旱船等表演也是应有尽有。庙会上售卖的玩具"泥泥狗"古朴别致，逛庙会的人都忘不了买几个回去。时至今日，太昊陵庙会已经成为集文化、娱乐、商贸等为一体的经典庙会。太昊陵也已经成为淮阳地区的文化标志，素有"龙子龙孙聚太昊"之美誉。

太昊陵的伏羲金像

(二)三月三祭盘古

"自从盘古开天地,三皇五帝到如今。"[1]盘古爷,被中华民族尊为开天辟地的始祖。在豫南巍峨的桐柏山系中,有一座老年山,名曰盘古山,也叫九龙山。以山顶分水为界,北属泌阳县,南归桐柏县。

每年春天,农历的三月三,盘古山一带的人们都要祭祀盘古,俗称盘古会,一般持续5天。会期,各路善男信女以响器为前导,抬着给盘古爷的整猪整羊等祭品,一路焚香燃表,吹吹打打爬到山顶盘古寺。

人们祭奉盘古的主要目的不外乎是祈雨、求子。祈雨,是因为传说中盘古爷有行三场私雨的权力;求子,是因为盘古爷与盘古奶捏泥人繁衍了人类。

三月三庙会以后,如遇春雨喜降,人们自然会想到是盘古爷神灵显现,在春雨贵如油的中原农耕地区,自然加深了人们对盘古爷的崇拜。当地山民中还有一种说法,盘古爷爱干净,会后下一场洗山雨,以冲冲人们留在山上的肮脏之物。今天的祭祀庆典,摒弃了昔日浓郁的神话色彩,增添了许多经济、文化元素。

明代画家萧云从的《女娲图》

---

[1] 阳桀:《关于盘古、炎、黄与三皇五帝》,《上海企业》2010年第4期。

(三)女娲祖师庆典

"女娲补天"的神话传说,流传千古,妇孺皆知。以女娲神话为代表的中原神话,就像一个巨大的根系,从中衍生出一个个古老的民俗。

中华民族视大地为母,这种深刻的地母意识,起源于女娲的抟土造人。女娲神话还直接催生了中华民族最古老的民间信仰和最强烈的共祖意识。

女娲神话的"地母意识"渗透于民间生活的方方面面。在中原一些地方,刚刚出生的婴儿,接生婆一定要让其在地上站一下,取"落地生根"的吉意。甚至给孩子取名,也要带上一个泥土的字眼。在中原,捏泥人的、捏面人的、吹糖人的民间艺人,他们所尊奉的祖师也是女娲。

女娲补天的"灵石意识"也同样深刻地影响着中原地区的民间生活。玉者,美石也。古人佩玉,象征身份,表现品德,还以玉辟邪。盖房子是民间的大事,打好了地基垒上了碱脚,怕夜里妖邪入住怎么办?拿一块石头放宅上,于是百鬼避匿。如果房墙对着大路,宅相谓之不吉。于是刻一方"泰山石敢当"垒上墙壁,也就百事顺遂。

女娲神话的"补天情结"还直接产生了汉民族的天穿节。过去在河南许多地方,每年的正月二十三,各家各户皆烙大饼一张,由家中主妇在饼上扎带着红线的大针一枚,然后架梯子扔到厨房顶上。民间传说,于女娲补天的日子效法女娲补天,必能五谷丰登不降天灾。

女娲神话的"地母意识"、"灵石意识"以及"补天情结",是先民们在自然科学极不发达的条件下,认识世界、解释世界的具有本源意义的精神成果,虽有浓厚的神话色彩,然而对中华民族信仰上的共祖意识,政治上的国家意识,文化上的民族意识,情感上的认同意识,心理上的崇母意识等,有着渊源上的联系。

(四)轩辕黄帝祭典

轩辕黄帝在中华文明史上的地位和影响根深蒂固,而这条根就深植于中原沃土。黄帝是传说中中原各族的共同祖先,姬姓,号轩辕氏、有熊氏。据史料记载,河南新郑古称"有熊",是轩辕黄帝出生、成长和

建都的地方。相传黄帝率各部落打败炎帝之扰,平定蚩尤之乱,由各部落首领拥戴为部落联盟领袖,率领部落群民繁衍生息于中原,相传养蚕、舟车、文字、医学、算数等,都始于黄帝时期。现存的《素问》一书,就系托名黄帝与岐伯、雷公等讨论医学的著作,相传是《黄帝内经》的一部分。黄帝被尊为中国古代神话中的五天帝之一,系中央之神。

后人为表达对轩辕黄帝的崇敬之情,从春秋时期就兴起的祭祖活动一直延续至今。每年农历三月三在始祖山上举行的庆典活动,历经三代而有汉唐的辉煌、宋元明清的五彩缤纷。祭典形式也由过去的香桌排列、响器吹奏、纸钱焚祭、叩头跪拜、祈福佑子等,发展为今天的规模空前、声势浩大,集认祖归宗、经贸洽谈、文艺展演为一体,文化元素较为齐全的大典。

二、与节气民俗而同

我国历法中的节气与节日有着十分密切的联系。中国自古以农为本,以农立国。早在7000多年以前,原始农业已经出现了南北分野,北方以粟作为主,南方以稻作为主。从远古时代起,中国先民就已掌握了反映农业生产特点的历法知识。相传,古代有黄帝、颛顼、夏、商、周、鲁六家历法,河南安阳殷墟出土的甲骨文中已经有了历法纪年,《尚书·尧典》有春分、夏至、秋分、冬至四节气的划分,战国时代发展为24节气。中国古代先后推行过100多种历法,这些历法根据气候变化的特点,把一年划分为12个月,24节气,72候,约365天,从而构成了岁时节日的计算基础。历法反映了农业生产规律,对指导农业生产起了积极作用,同时也为岁时节日的产生提供了必要的前提。有些节日如立春、夏至、立秋、冬至等,则是由节气直接发展而来的。在中原,一年四季都有节,十二个月,每月都有节,可以说是节连节、节套节、节日不断。

(一)春节过大年,节庆成系列

春节是中华民族众多节日中的大节。春节传统上叫过年,是我国农历春、夏、秋、冬四季所构成的一个自然周期中最为重要的"节点"。

因为它是"一元肇始",人们特别重视它。从神话中万物死亡的冬季向万物复活的春季的转换能否顺利,"万象更新"能否实现,关键是看作为"天地之心"的人类的作为。人类合乎规范的仪式活动是实现这个重要转换的关键。从人类学的观点来说,春节是一个典型的"通过仪式",春节期间的各种礼俗活动是"通过仪式"的礼仪,人类运用仪式襄助天地从冬季(死亡)向春季(新生)转换。春节期间的各种礼俗活动是帮助世界实现顺利转换的手段,人类在操作时的失误或不合乎规范会导致"转换"出现麻烦甚或失败,因而中原的节庆文化不但详细规定了春节期间应该做和能够做的事情——过年礼俗,也规定了一大堆禁止做的事情——过年禁忌。[①] 这就使得过大年形成了一个系列。

1. 腊八节是过年的序曲

农历十二月初八,是我国汉族传统的腊八节,这天我国大多数地区都有吃腊八粥的习俗。腊八粥是用八种当年收获的新鲜粮食和瓜果煮成的,一般都为甜味粥。而中原地区的许多农家却喜欢吃腊八咸粥,粥内除大米、小米、绿豆、豇豆、花生、大枣等原料外,还要加萝卜、白菜、粉条、海带、豆腐等。

在豫北,有腊八节"枣树吃米饭"的习俗。腊月初八早上,天刚蒙蒙亮,人们就赶快起床熬粥。粥熬好后,第一件要做的事情不是自己吃饭,而是先将熬好的粥喂给枣树,将枣树树身上砍一些小口子,再虔诚地把粥抹在树痕上,这就算是枣树把饭吃掉了。人们这样做的原因,据老人们讲,原来中原地区的枣树不结果,人们都不愿意种枣树。枣神见人们都不尊敬她,便变成一个老太婆来到人间。她在离村不远的地方画了一片果园,满园枣树,红枣满枝。人们摘下一尝,又酸又甜,好吃极了,就纷纷跑到管理枣树的老太婆那里讨教。老太婆告诉大家,只要每年腊月初八给枣树喂顿米饭,枣树就会结果。人们按照她说的方法去做,果然棵棵树上都结出了红枣。从现代观念来看,这个传说包含着许

[①] 吴效群:《民俗文化的根》,《河南日报》,2007年4月11日。

多科学道理:在枣树上砍些口子,可以调节枣树的营养增长,阻止养分向地下输送,好集中力量供应地上部分,从而保证了果实的营养需求。至于把粥抹在树痕上,不过是一种促使伤口愈合的土措施罢了。直到现在,豫北还保留有腊月初八让枣树吃米饭的风俗。当地流传有这样一句民谣:"腊八枣树吃米饭,枣儿结得干连蛋。""干连蛋",是河南土语,意即枣树硕果累累,果稠个大。

2. 迎春是过大年的开始

自古以来,河南不少地方民间的迎春活动颇为隆重,一直延续至今。在安阳每年立春时,东郊的聂村义务搭建春棚,准备香烛、白酒,选10岁左右儿童一人扮芒童(神),扎制像真牛一样大小的春牛(多为竹、苇扎架,外糊彩纸;清朝时为两具,废府后改为一具),腹内装花生、核桃、柿饼等干果和铜钱。在过去的迎春仪式上,府官和县官都着官服参加。出迎时,全体执事鼓乐在前,知府、知县乘轿率士农工商各界民众,按其职业携不同工具随后,迎春队伍出东门前往聂村。抵村后,村主事带领部分村民鼓乐相迎,引至春牛、芒童面前。知府、知县下轿向春牛、芒童行揖;村主事向知府、知县各敬酒一杯,并向春牛、芒童献酒一杯。之后,由芒童伴随列队抬着春牛按原队形自南门入城,将春牛和芒童送到府、县衙正堂院内,迎春仪式告毕。迎春仪式之后,知府、知县端坐在大堂上,文武官员陪坐两旁,等待立春时刻到来。据传安阳民间测算打春时刻是采取一丈多长的竹竿,捅空埋在地下,露出地面一两尺高,然后将鸡毛疏松地填入竹筒内,待地气一升,竹筒内的鸡毛纷纷飞扬,意即打春时刻已到。此时,知府、知县令芒童持棒将春牛打碎,谓之"打春"。春牛腹内干果和铜钱散落满地,围观群众蜂拥争抢,谓之"抢春"。传说老年人食此干果增寿,中年人食之获福,幼童食之增智,并预示着来年五谷丰登、吉祥如意。现在,各地的迎春活动,删减了过去纷繁复杂的旧事礼俗,剔除了带有封建色彩的情节,增加了许多现代的文化元素。

"高抬花轿"迎新春

3. 过大年之前先过小年

农历腊月二十三,是春节前的一个重要民间节日,人们称它为"祭灶节",也叫过小年。每到这个时候,人们按捺不住迎接新年的喜悦心情,停下手中各种活计,忙忙碌碌地例行年前的祭灶送神活动。每到腊月二十三这天,中原城乡"噼噼啪啪"燃放起新年的第一轮鞭炮。城镇居民忙于购买麻糖、火烧等祭灶食品。而在广大农村,祭灶的准备活动和隆重的祭灶仪式便在震耳欲聋的炮声中渐渐拉开了帷幕。祭灶仪式多在晚上进行。祭灶时,祭灶人跪在灶爷像前,怀抱公鸡。也有人让孩子抱鸡跪于大人之后。据说鸡是灶爷升天所骑之马,故鸡不称为"鸡",而称为"马"。若是红公鸡,俗称"红马",白公鸡,俗称"白马"。焚烧香表后,屋内香烟缭绕,充满神秘的色彩。男主人斟酒叩头,嘴里念念有词。念完后,祭灶人高喊一声"领"!然后,用酒浇鸡头,若鸡头"扑棱"有声,说明灶爷已经领情。若鸡头纹丝不动,还需再浇。

祭灶仪式结束后,人们开始食用灶糖和火烧等祭灶食品,有的地方还要吃糖糕、油饼,喝豆腐汤。典型的祭灶食品首推灶糖。也有人说,祭灶用灶糖,并非粘灶爷的嘴,而是粘嘴馋好事、爱说闲话的灶君奶奶的嘴。祭灶这天除吃灶糖之外,火烧也是很有特色的节令食品。每到腊月二十三祭灶这天,城市中的烧饼摊点生意非常兴隆。人们挤拥不动,争买祭灶火烧。农村大多是自己动手,发面、炕制,一家人热热闹闹,很有过小年的味道。

人们把祭灶节看做仅次于中秋的团圆节。凡在外地工作、经商、上学的人,都争取在腊月二十三之前赶回家里。相传能吃到家里做的祭灶火烧,便会得到灶神的保护,来年家人就能平安无事。

4. "除夕"守岁

农历十二月最后一天是年三十,从东汉开始,中原人称之为"除夕"。年三十,家家都要包饺子,而且包得越多越好;户户都要贴春联,这源于黄帝所创的桃符。年三十晚上,一家人围坐一起被称为"守岁"。初一都要吃饺子,主要取其"更岁交子"之义。

5. 初一大拜年

拜年是过年的一项重要活动。大年初一、初二是家族内的拜贺,初三之后是邻里和亲戚朋友之间互相拜年,一直延续到正月十五元宵节。拜年的习俗发展至今,无论在形式和内容上都有了很大的变化。

6. 正月十五闹元宵

中原民间元宵节活动内容丰富,规模盛大,素有"小过年,大十五"之说。正月十五点灯盏是元宵节重要的祭神祈福活动。春节期间中原地区还有丰富多彩的踩高跷、划旱船、玩狮子、挂灯笼等表演。它来源于古老的土地与火的崇拜,自秦汉以后,演变成为民间传统的综合性文化活动,并成为全国春节文化活动的重要内容。

河南的灯节,内容丰富、程序讲究、形式多样。早在北宋时期闹元宵就成为重要的风俗。

农历正月十五日夜,民间要点灯盏,又称"送灯盏",以进行祭神祈福活动。河南灯节饮食颇多讲究,豫西喜蒸制糖包馍、枣花馍以及祈福辟邪的馍形,诸如谷穗、麦穗、猪头、刺猬等。大部分地方还要炸油饼、面角,信阳各地要做年糕。也有的十五吃饺子,十六吃元宵。在三门峡

一带十六则吃"蒜面条"。

用灯有讲究：所用灯盏有瓷制，也有面制，其形多样。一般呈碗形，直径有二市寸大小，高一市寸，中间空处有一圆柱形置灯芯处。自家所制的"面灯盏"，用豆面、玉米面或白面蒸成，俗称"灯馍"。使用时，将油盛于其凹窝中，内置灯芯。

宋代宫中闹元宵图

点灯有讲究：正月十四日下午鸣炮焚香"请神"，至夜将备好的灯盏添上棉（香）油，并置芯点燃，俗称"试灯"。十五日夜为"正灯"，届时焚香祷告毕，将所有灯盏送放于自家院内院外的神龛、牌位、水缸、粮囤、房门、墙头、大树下、捶布石、猪圈、羊栏、马棚、牛槽、鸡窝、粪坑、粪堆、厕所、磨盘、碾盘、石滚、井边等。每处均放两个，大户人家有放百十个灯盏的。测旱涝的灯盏要放在大门两边，每边六个，院中搭有"灯山"、"灯树"并竖有"天灯"，桅杆上放灯盏，然后统统点燃。同时点燃大门楼下所挂的一对灯笼。此时满院生辉，一片光明，灯花起舞，油香扑鼻，它象征着家家到处油（有），当年生活一定富裕。民间称此举为"送灯"、"点灯盏"。

续灯、收灯：各家所点灯盏，当晚不收，让其尽油而燃，次日再加油点燃，称"续灯"。一般至十七日方"收灯"。汝南、平舆人收灯时要查看大门两边测旱涝的十二个灯碗中是否有露水、有多少，以测当年各月之旱涝。灯节后，所用灯盏如为瓷制，则收藏起来，次年再用。凡面灯盏，要收起打发"要饭的"，称"舍神果"。

偷灯：南阳镇平县一带，点灯盏时，邻家子女也可悄悄将灯油燃尽的面灯拿走，俗称"偷灯盏"，"偷灯盏"有求子之意，谚有"偷个灯头儿，生个孙猴儿"。

送灯：灯节期间，各地民间还要向祖坟"送灯盏"，所用灯笼大多用苇秆或黍秆扎成，外糊以纸。也有用点煤油的玻璃灯者。送灯或在下午，或在晚上。不行送灯礼者，多预先制灯笼插在坟上以为表示。灵宝等地人向新坟送灯要连续进行三夜，借此表示不忘前辈养育之恩。

观灯：河南民间灯节时还要举行集体"玩灯"。丝织品外罩的花灯、方灯、圆灯以及各种纸灯、玻璃罩灯、"走马灯"和扎制成各种动植物形象的羊灯、牛灯、鸡灯、鸭灯等。灯罩上都绘制有内容丰富多彩的图案，或为历史故事，诸如"火烧战船"、"苏武牧羊"；或为古代忠孝节义的典型人物及其事迹，如"王祥卧冰"等；也有书以吉祥的词句，如"福"、"禄"、"寿"，"万事如意"等。灯节时，各灯社将灯张挂于公共场所，以供人观赏。为了增加欢乐的气氛，还临时搭制大型的"灯树"、"灯山"，灯山搭制有按五行八卦二十八宿布局的，有按南极、北极、启明、长庚、牛郎织女等天上星斗布局的。

点灯山：以前，灵宝阳店乡观头村人喜点"灯山"。即灯节时，将村后的马宗岭上全部放上灯盏点燃。每年正月初五后，全村家家户户便自动挖泥取土捏制灯盏以为点燃灯山之用，至灯节时，将所制灯盏在马宗岭上，随弯就势，一排一排摆放在梯田的埝头上，并使其呈宝塔形，从岭顶一直摆到村口，至夜添油点燃。其时横看成排，竖看成山，红光一片，灯山之壮观令人惊叹，此俗源于祭山神。各地灯节之灯一般点燃三夜，也有四夜五夜方收者。

灯谜：民间灯节玩灯，历来还有猜灯谜之举。人们在灯笼的外罩上写上各种谜语供人猜，俗称"谜灯"或"灯谜"。20世纪50年代以来，灯

谜活动多由当地文化部门组办。

点老杆：河南民间玩灯之夜，喜配以"焰火"。民间焰火会的高潮是在搭设的高杆上，用烟花表现各种故事，称"点老杆"。

搭彩棚：搭彩棚是河南各地灯节相庆之俗，也称"搭神棚"，即用苇席和秫秆在村头路边，或村内公共场合搭起各种彩棚。彩棚内供各种"神位"。棚外两侧遍插翠柏枝叶和高悬红灯。横额上写有"欢度灯节"字样。棚内还悬挂着绘有各种图案的"吊画"。在巩义一带，彩棚还是节日神社办"供品展"的场所。人们将供奉各种神的供品陈列于彩棚的神位前，有荤供、素供、果供、全供，名堂繁多，实为民间烹调技术的大比赛。民国时期，堤东村彩棚内供给火神的"全供"长达十三个木方桌，十分壮观。

社火：河南灯节期间是民间歌舞最活跃的日子，有狮舞、高跷、大鼓、高台、竹马、旱船、龙灯、耍大头和尚、扑蝴蝶和吹奏乐等，它们由民间的文化组织——"社"或"会"来组办，俗称"社火"。灯节演出称"兴社火"、"赛社火"。灯节社火旧时许多地方从正月初七便已开始训练，直到正月十三。从十四日请神开始"亮相"或称"预演"，连续三个下午。灵宝杨平乡东常村和西常村还有"骂社火"、"对社火"之俗。表演最多的程式为"狮子盘门"。民间有俗语：狮子进了院，一年保平安；狮子盘了门，院里生金银。

郊游：俗也称"踏青游百病"[①]，尤为妇女所喜爱，她们穿红着绿，三三两两，到野外"游百病"，以"将晦气掷之外边"，称"十五十六游百病，老牛老马歇三天"。郊游也有"玩十五，逛十六"的讲究，即在十六日上午郊游踏青时，有病之人要作绕水井或转古庙的活动。绕转时，将随身之物裹上土块、瓦砾投之井中或掷之庙外，并拾柴在十字路口点燃，以示与病永诀。老年妇女也到野外拾谷茬豆秸烧锅和擦拭炊具以除五毒。儿童则用高粱秆数节制成串，称"打鬼棒"，以驱鬼祛邪，也有制成

---

① 邓勤：《春游踏青百病消》，《家庭医药·快乐养生》2011年第4期。

灯笼挂于门口祈福者。在豫南,有在十五日晨,执"烟把"到田中熏烟以除毒的,新县人则烧"元宝纸"。鹤壁浚县正月古庙会从正月初一至二月初二,长达月余,波及周围5省80多个市县,高峰期日人流量近30万人。县城四关四街,人流如潮,县城方圆数十里社会各界汇聚,数省商贾如期赶会,被誉为"华北第一古庙会"。

中原大地早有"没出正月都是新年"的说法,看来"正月里来是新年,过年的习俗说不完"。

(二)节日季季有,民俗各不同

1. 端午节

早在先秦时期中原便有了端午节俗。在河南民间,端午节的起源有两种说法,一说是为了纪念屈原,一说源于田文端午立新规。伴随着生动有趣的传说,河南的端午习俗越发显得丰富多彩。有民谣这样说:五月五,麦子熟,包好粽子过端午。说明包粽子、吃粽子,是河南端午节里一项重要的民俗活动。从形状上说,其他省、市有袋粽、角粽、锥粽、菱粽、筒粽、秤锤粽和九子粽等,而河南主要是角粽,有三个角的,也有四个角的。

"五月里有午端阳,粽子油条泡雄黄。"端午节时,河南人不仅要吃粽子,还要吃油炸食品。像油条、麻花、麻叶等,都是人们常做的油炸食品。在众多的油炸食品中,糖糕和菜角是最典型最有代表性的节日食品。在端午节这天,有些人家很讲究吃鸡蛋。端午早上,主妇们将鸡蛋煮熟后,放在孩子的肚皮上滚几下,然后去壳让孩子吃下。据说这样可以免除孩子的灾祸,日后孩子也不肚疼。

古代端午节捉癞蛤蟆的风俗现在仍在河南农村流行。民间认为,癞蛤蟆有剧毒,能够清热解毒,特别是端午这天捉到的癞蛤蟆毒性最大,质量最好,人们把癞蛤蟆眼泡上的毒汁挤出拌入面粉搓成长条,晾干备用。还把锭墨塞进癞蛤蟆嘴里,将它挂在墙壁上,风干后就成了中药,此称蛤蟆墨。人身上出了毒疽,用此墨画一圈,病情就会得到控制。正因为有此风俗,这天的癞蛤蟆特别难捉,人们说它是"神虫",这天怕

被人捉拿,都纷纷躲藏起来,故而民间有"癞肚蛤蟆躲端午"的俗语。

随着科学知识的普及和发展,人们把端午节俗中的封建迷信色彩已经摒弃,而把纪念屈原、夏季防病、美食文化、商业文化等新的内容融进传统的节日。

2. 祭月迎寒——中秋节

农历八月十五中秋节,源于古代中原地区的祭月迎寒活动。作为节日,西汉时已初具雏形,晋时已有赏月之举,到北宋时正式定名中秋节,至今长盛不衰。中秋节已遍及全国,现已确定为全国的法定节日,加之与国庆节相近,故节庆的内容、形式和规模已远远超出祭月迎寒的范畴,而成为我国的一个综合性的大型节日。

3. 双九登高——重阳节

农历九月初九重阳节,由来已久,对其源起也是说法不一。古代中原民间就有南朝梁吴均《续齐谐记》中的"桓景避难"说。在这一天,有出游、登高、望远、插茱萸、饮菊花酒等以避灾避难的风俗,故又称"登高节"。另外,在中原人的传统观念中,"双九"蕴有生命长久、健康长寿的意思。这一天还有许多以老人为中心的尊老、爱老、敬老活动。

据南朝宗懔《荆楚岁时记》[1]所载,九月九日,四民并藉野宴饮。按杜公瞻云:九月九宴会不知起于何代,然自汉至宋未改,今北人亦重此节,佩茱萸、食饵、饮菊花酒,云令人长寿。又有《续齐谐记》所云:汝南桓景,从费长房游学,累年。长房谓之曰:九月九日汝家当有灾,宜急去,令家人各作绛囊,盛茱萸以系臂,登高饮菊花酒,此祸可除。桓景如言,举家登山,夕还,见鸡、犬、羊一时暴死。长房闻之曰:此可代也。今世人九日登高饮酒,人戴茱萸香囊,盖始于此。这都说明了重阳节肇始地区和有关人物。

在历代诗人对重阳节数不尽的咏唱诗中[2],都离不开赏菊、插茱萸、

---

[1] 张勃、南朝梁宗懔:《荆楚岁时记》,《民俗研究》2010 年第 4 期。
[2] 郑江义、梁彬:《登高赏菊点点愁——莫友芝重阳节诗创作特点探析》,《遵义师范学院学报》2009 年第 2 期。

登高的节俗,而且多为有感、伤别、思亲而发。但从河南上蔡县志史中看到,其古代诗人对重阳节的咏唱,却别具特色。诗人们重阳节登山不是兴之所至,而是视为不可少的活动,事前相约结伴而行,彼此告诫"菊花天气莫蹉跎",并且,"囊中归味添茱萸",早有周到的准备。明末诗人冀景隽《九月登楼有怀》诗因"无伴独登楼",难免感到孤寂,美好的秋色也无心欣赏,看到的只是阴森的相国冢和荒烟蔓草中的玩河台而已。清代诗人李士英的《重阳偕友登玩河楼》却是别有一番景象。重阳节日将临,就"拟准重阳结队游",到重阳日,诗人们雅兴满怀,结队登上冈山的玩河楼,放眼四望,"千秋落叶随风走,万里长江贴地流。村圃雨余鸦噪晚,关山霜冷雁鸣秋"。

从诗中也看到,上蔡县重九节登山是例行活动,登的是上蔡古城的"冈山",而不是一般的"登高"。诗人们似乎在乘着古来遗风,步着桓景登山走过的路子,到桓景驻足的地方,只是忘却了桓景的登山是趋吉避凶,而自己是寻求欢快了。这也证实了当年学者研究认为重阳节的源头在上蔡结论的正确性。

待到祭月迎寒过,瞬间转眼到腊月,腊八过后是小年,小年过后是大年,一年四季节不断,节气节日紧相连。随着我国把端午、中秋等传统的民族节日定为法定的假日,中原的传统节日将会更加多姿多彩。

三、与地域农耕相联

中原地区长期以农耕为主,根据地域特点,围绕农田耕作形成的节日,无论从内容上,还是在形式上,都具有浓郁的地域农耕色彩。

(一)敬地——祭祀土地神

土地神崇拜在原始崇拜中占有重要地位。古代称祭祀土地神为"社祀",殷墟甲骨文中有许多祭祀"毫土"的卜辞。二月二日为土地神生日,又称社日或社王节,主要民俗活动是祭祀土地神,祈求农业丰收。

(二)拜龙——"二月二龙抬头"

中原地区长期为小农经济生产方式,历来崇拜能呼风唤雨的龙神。

传说龙在农历二月初二抬头升天,古代中原人便把这一天定为"龙抬头节"或"青龙节"。这一天要开展各种各样的活动,一来祈求龙王降雨,二来祈福消灾祛毒。

河南农村的妇女这一天都不动剪刀,不做针线活,怕动了刀剪伤龙体。按老年人的说法,这是为了表示对龙的尊敬。在这个节日里,人们到田野里采野菜,包饺子,煎煎饼,炒玉米,炒黄豆,煎腊肉,蒸枣馍,改善生活成为节日的一项重要内容。在众多的食俗活动中,这天摊煎饼和吃炒豆的人最多。民间认为,这天是东海龙王的生日,煎饼是龙王的胎衣。吃煎饼,是为龙王嚼灾;扔煎饼,是为了掩埋龙王的胎衣。

(三)崇火——拜阏伯祈福佑新年

为祭祀火神阏伯,在商丘市睢阳区有座火神台。每年从农历的正月初一开始,豫鲁苏皖四省交界的百姓就云集而来,祈求阏伯降福,庙会时间长达一个月。据当地人说,火神台庙会已有千年历史。火神台也是2008年奥运火种的采集地之一。

(四)庆丰——六月初一过小年

农历六月初一,是中原民间比较重视的节日。在豫东和豫南,都有六月初一过小年的说法。特别是农村,更为重视。人们把这天当做庆祝丰收、祀求丰年的节日。这时,麦子刚刚打下不久,丰收的喜悦洋溢在农民的心头和眉梢。人们在屋中、院内、麦场里摆上供桌,放上馍、枣山(馍的一种)和桃、李等五种瓜果,用斗盛满新收的小麦,斗上贴红色的"福"字,然后焚香燃炮,祈求秋季风调雨顺,五谷丰登。之后,人们高高兴兴地吃上一顿用肉、青菜、粉条、海带做成的"杂烩菜"。大人们在麦场里猜拳行令,孩子们边吃边耍,十分尽兴。

农历六月初一过后,接着,六月初六又是一个大节。所以,有的人家干脆把六月初六的活动合并到六月初一来进行。六月初六,民间称"炒面节"、"望夏节"、"闺女节"等,往往是相隔十里八里,风俗就不大一样。不管怎样,节日就是吃、玩、走亲戚。而且这些节日都与出嫁的姑娘有关。农村的各家各户,在六月初一至初六期间,都要把出嫁的姑娘接回家,款待后再送回婆家。俗语有:"六月六,请姑姑。""六月六,挂锄钩,叫了大姑叫小姑。"

六月初一过小年的习俗,在中原地区相当普遍。从六月初一到初六,中原农村的"年"味是浓郁的,时间要持续一周左右。尽管有初一和初六的区别,但两个节日距离太近,节日活动自然而然地就融合在一块了。这些节日,是中原农耕地区的农事节日,也是"收获节"和"丰收节"。节日里的风俗活动,是农民品尝自己劳动成果的活动。这种喜悦,自然在走亲访友之中使大家同时都分享了。

(五)崇牛——七月十五牲口节

农历七月十五,是我国传统的中元节,民间俗称为"鬼节"。中原农家也称这天为"牲口节",此日有许多敬奉耕牛的活动。

在豫北林州等地,七月十五这天,家家都要蒸羊羔形的白面馍,中午蒸熟后供奉在案桌上,然后燃放鞭炮,庆贺槽头兴旺。凡有大牲口的农家,这天都要停止使役一天,把供奉后的羊羔馍送给大牲口吃,也有给牲口喂豆等精饲料的,以显示牲口节与平时不同。晚上,他们还要做一锅米汤给牲口喝。有民谣说:打一千,骂一万,七月十五喝顿小米饭。

中原是农耕地区,大牲畜是家家耕地的主要"劳力",秋耕又是牲口最繁重的劳动,人们把农历七月十五专门奉为"牲口节",足见人们对牲畜的重视以及牲畜在人们生产生活中所起的重要作用。

(六)崇"物"——地域名产节庆多

中原气候温和,阳光充足,洛阳的牡丹,开封的菊花,郑州的荷花、月季花等在不同的季节里装点着中原,从而形成了新的节日节庆。

1. 洛阳牡丹甲天下

牡丹是洛阳的市花,洛阳历来都有举办牡丹花会的习俗。洛阳种植牡丹的历史可以上溯到唐代,到了宋代,洛阳牡丹已经有了90多个品种。为了让天下百姓都能一睹号称"国色天香"的洛阳牡丹的风采,当时的洛阳太守组织了"万花会"。花会期间,人头攒动,满城皆花。

自唐以来,洛阳牡丹便有了"甲天下"的美誉。北宋时期就有"花

开花落二十日,一城之人皆若狂"的观花习俗。每到春暖花开的季节,牡丹竞相开放,花团锦簇,美不胜收。

牡丹以其雍容华贵、妖艳妩媚的秀姿,赢得"万花之王"和"国色天香"的美誉,洛阳也因种植牡丹的历史悠久被世人称为"牡丹城"。自隋唐以来,200多种牡丹云集洛阳,经过花工的妙手栽培,红、黄、粉、白、紫、绿、蓝、黑等各色牡丹争奇斗艳,为古都洛阳增色添彩。

春日洛阳人观赏牡丹是一种风俗,从古至今沿袭不变,并且越来越盛。赏花的时间自花开至花落,大约有20天。花开之时,也是全城沸腾之日。只有等到牡丹凋谢之后,古城才慢慢趋于平静。

洛阳牡丹之所以成为牡丹之魁,是由这里特殊的地理条件决定的。洛阳土地肥沃,气候温和,为种植牡丹提供了良好的自然环境。欧阳修在他的《洛阳牡丹图》中写道:"洛阳地脉花最宜,牡丹尤为天下奇。"而民间传说,百色牡丹汇集洛阳的原因,是由于武则天一道圣旨怒贬的结果。据说,武则天做了皇帝之后,一年冬天,她在长安皇宫中饮酒赏雪,突发奇想,命令万花在一夜之间全部开放。醉意蒙眬中,她挥笔写下了这样一首诗:明朝游上苑,火速报春知。花须连夜发,莫待晓风吹。百花得到皇帝圣旨,不敢违命,第二天一早便破雪绽开。唯有牡丹桀骜不驯,拒不从命。武则天看后勃然大怒,将牡丹逐出长安,贬至洛阳。

洛阳人把牡丹小心翼翼地植入家中。他们精心施肥浇水,百般怜爱。牡丹不负众望,争展娇容。后来,牡丹就在洛阳扎下了根,家家养,户户传,品种和数量越来越多。

洛阳牡丹千姿百态,品种各异。人们根据颜色、花形、产地、种植世家等特点,冠以许多美好的名字。像"姚黄"、"魏紫"、"潜溪畔"、"鹤翔红"等,都是花中之王。而花红叶绿株大味香的"洛阳红",被尊为洛阳牡丹王中王,备受洛阳人的推崇。形姿奇异的"苏家红",以繁多的千叶花瓣,赢得众人的青睐。它初开时呈赤红色,随着花瓣的舒展,颜色由深到浅,转而变为娇嫩的粉红牡丹。特别令人喜爱的是,"苏家红"盛开的时候,花瓣边缘色淡,瓣根色浓,由浅及深,似画家均匀涂抹一般,人们都称它为花王二世。像平头的"左花"、大如盘的"魏紫"、橘红的"牛花",依次被称为花王三世、四世和五世。近年来,又有许多牡丹优秀品种不断问世,真是繁花似锦,美不胜收。

1982年9月,洛阳市人大常委会决定以牡丹花为市花,并确定每年牡丹盛开的4月15日至5月8日举办"牡丹花会",充分利用得天独厚的鲜花资源,既可以丰富群众的业余生活,又能加强洛阳与中外的经济技术文化交流,可谓一举多得,盛况空前。在国花评选中,国色天香、雍容华贵的牡丹高票当选,不仅体现了富贵吉祥、繁荣昌盛的寓意,更代表着中华泱泱大国之风范,"春来谁做韶华主,总领群芳是牡丹"[①]。

2. 开封赏菊是传统

开封菊花早在北宋时期就已盛极一时,挂菊花灯、开菊花会、饮菊花酒等活动在开封已经有上千年的历史。每年十月、十一月,开封的大街小巷遍布色彩绚丽的菊花,红的、黄的、紫的、白的,把开封装点成一片花海。花会主要展点有龙亭、铁塔、大相国寺、包公祠、禹王台等几处,所展出的菊花品种多达100余种。开封已经把传统的赏菊与现代的菊花节有机结合,形成了集各种文化经贸活动为一体的综合性节日,使人们在赏菊的愉悦心情中,了解开封的历史和现在,向世界和全国展示古城开封的美好未来。

3. 月季花开满绿城

月季花是绿城郑州市的市花。每年5月,郑州都举办月季花会。不仅有主办单位拿出的各色月季花,而且城中百姓也可以把自己家里培育多年的名品拿出来,届时满城皆花,公园、街巷处处都是美丽的鲜花,香气馥郁。

4. 历史悠久信阳茶

信阳茶叶历史悠久。早在1200年前,信阳便是我国八大茶区之一。自1992年起,信阳茶叶节便成为具有鲜明地方特色的民间节日。

---

① 边纪:《春光无限好赏花需及时——洛阳牡丹甲天下》,《新农村》2011年第4期。

(详见"信阳毛尖")

5. 金城果会在灵宝

河南省灵宝市,地处秦、晋、豫交界处,素有"鸡叫一声鸣三省"和黄河"金三角"的称谓。灵宝因盛产黄金而得名金城,因盛产苹果等多种黄土高坡特有的水果而成为全国有名的金城果乡。每年果实成熟的季节,9月10日~20日,灵宝市人民政府都举办金城果会,这是一个集旅游、经贸洽谈为一体的大型交易活动。

6. 百泉庙会祭药王

新乡百泉庙会,起源于隋大业四年(608)开始的祭祀卫河神灵活动,因在卫水之源的卫源庙举行,而名为卫源庙会。唐高宗时,在尊崇佛教的社会环境中得到了发展,固定到每年的四月初八举行,规模进一步得到扩大,逐步融入了物资交易的内容。明洪武八年(1375),卫源庙会得到了官府的支持,规模倍加扩大。又因太行山盛产药材,药材交易日渐成为庙会的重要内容。清康熙五十七年(1718),各地来卫辉的药商捐资修建了药王庙,在每年正月初十至十二日,举办药王庙会。百泉庙会逐渐演变成全国三大药材交易会之一。在担负物资交流职能的同时,百泉庙会也承载了周围地区群众的精神文化生活。庙会的祭祀活动颇具特色,有"观羊"和"送帖"的独特习俗,形成了独特的地方民间艺术"放水鸭"和"送河灯"等文化形式。庙会期间,在药王庙前都要举办声势浩大的祭神赛会。

此外还有荥阳的河阴石榴文化节、内黄的红枣文化节等,不胜枚举的崇"物"节庆。

第二节 中原节庆文化叶茂

中原节庆文化不仅体现源远流长的"根深",还突出地表现丰富多彩的"叶茂"。

一、"百重孝为先",以节祭先人

"百重孝为先。"[①]在中原,崇拜神明和祭祀祖先活动一直非常盛行,传统年节或家族中的重要时刻,都要祭祀禀告祖先。祖先崇拜造就和维护了传统社会最为强调的"忠"、"孝"观念,这两种道德观念成为社会团结和合作的重要纽带。在当代,"忠"、"孝"观念仍然是我们民族和社会强调的核心价值理念。

(一)清明节祭祖扫墓

祭祖扫墓是中原清明节俗的中心内容。一到清明,人们就拿着祭品到墓地烧纸点烛,祭奠先祖。清明这天,各家门头要插柳枝,男女都戴柳环。以怀念祖先,勉励后人。

清朝绘画《清明戴柳》

清明扫墓包含有中元节,又称盂兰盆节,有放河灯拯孤照冥的习俗。寒衣节时人们在祖先墓前焚化纸衣。

(二)月半节、放路灯、点花山

河南光山一带民间讲究"新半月"和"老半月",七月初二、初三为

---

① 启东:《"孝"分城乡待德政》,《中国劳动》2005 年第 9 期。

新半月,七月初六至十四为"老半月"。新半月专祭新亡故之人,老半月则祭先祖。新县人则从农历七月初五至十五日都可行祭,讲究赶早不赶晚。桐柏县人给先人烧纸要在晚上,同时讲究农历七月十五日午饭前不烧纸祭祖者不能来家串门。

(三)"十月一,送寒衣"

冬季来临,为祖先送上寒衣,以表对祖先的怀念。时至今日,每年农历十月初一,不仅河南多数地方还保留着这种习俗,全国许多地方特别是大中原地区仍保留着这种习俗。随着人类文明的不断发展,人类科学文化水平的不断提高,有的封建迷信色彩比较重的祭祖节日已经在发展过程中被摒弃或淘汰,但对祖先敬重怀念的传统仍在以不同的方式在继承和发展。

(四)庆寿辰过生日

中原地区对祖辈、父辈生日寿辰的"家庆"由来已久,虽无准确的文字记载,但世代相传。为祖辈、父辈庆寿有许多讲究。人生一甲子,要过"六十大寿";"人活七十古来稀","七十大寿"较隆重;耄耋八十要大庆;九十岁、百岁成庆典。每逢大寿之日,儿子家要摆寿宴,女儿要献寿桃,近亲挚友要送寿礼。在寿宴间要吃"长寿面",这是必不可少的。有的地方还讲究在座的人要从自己的碗里为寿星加面条,俗称"添寿"。有的地方还把为老人过生日的隆重程度,看做是否对老人孝敬的标准。

二、"行行出状元",以节庆敬名人

中原沃土,人杰地灵,素有"七十二行,行行出状元"之说。以节庆敬名人的传统世代相传,成为中原节庆文化的重要特点。

(一)老子文化节

老子是我国古代伟大思想家,道家学派的创始人。老子,姓李,名耳,楚国苦县(今河南鹿邑东)人。约生活于公元前571年至公元前471年之间。老子幼年牧牛耕读,聪颖勤快。晚年在故里陈国居住,后出关赴秦讲学,死于扶风。老子遗留下来的著作,仅有《五千文》,即《道德经》,也叫《老子》。它是老子用韵文写成的一部哲理诗。它是道家的主要经典著作,也是研究老子哲学思想的直接材料。《五千文》被日、苏联、德、英等国视为古代哲学中的奇葩并翻译出版。美国《纽约时报》列其为世界十大古代作家之首。《道德经》一书是一个唯物主义体系,并具有朴素辩证法思想。它宣扬自然无为的天道观和无神论。其唯物主义体系的核心是"道"。老子反对天道有知,提出了天道无为的思想以及"道常无为,而无不为"的思想,即道是构成万物的基础,道是世界万物自身的规律。他的哲学思想和由他创立的道家学派,不但对我国古代思想文化的发展作出了重要贡献,而且对我国2000多年来思想文化的发展产生了深远的影响。

鹿邑县每年农历二月十五日至十七日的老子文化节,是一个集旅游、朝拜、民间庙会为一体的节庆活动。

灵宝市素以"三名"——名关、名人、名著而久负盛名,名关即函谷关,名人即老子,名著即《道德经》。相传灵宝市的太初圣宫是道教始祖老子著《道德经》的地方,紫气东来的典故就来源于此。每年正月初一至初五,举办三门峡函谷关老子文化庙会,有众多的旅游者和海内外道教团体来此考察观光。

(二)洛阳河洛文化节

河洛文化是中华民族文化史上浓彩重墨的华章。以洛阳为中心的河洛地区作为中华先民最古老的生息繁衍地之一,孕育了灿烂的华夏古代文明。在论及中华民族三代之史时,司马迁在《史记·封禅书》中说:"昔三代之居,皆在河洛之间"。"河洛"一词作为一个文化概念无数次地出现于中国浩瀚的典籍之中。"河洛"[①]一词既有地域上的意义,更有人文的广博内涵。《周易》载"河出图,洛出书,圣人则之"。《竹书纪年》和《水经注·河水》载:"龙图出河,龟书出洛。"河南省的孟

---

① 刘保亮:《河洛道家文化与河洛文学》,《洛阳理工学院学报(社会科学版)》2011年第2期。

津县为"河出图"之地,南北朝时期建造的"龙马负图寺"至今尚存于孟津县的雷河村。河南省的洛宁县为"洛出书"处,洛水中游的长水镇现在还有汉魏和清代的古碑。"河图洛书"看起来虽然只是图点的结合,但它凝结了古代先哲无限神秘的想象和超凡的智慧。至汉代,一些经学家用河图洛书解说《周易》和《尚书》,并进而形成了"阴阳五行"学说,由此生发了许多中国哲学、医学、天文、历算以及儒、道、兵、刑、法等。河洛文化孕育了《周易》、《尚书》等影响中华文化至深的元典文化,并促生了客家文化。

为了更好地弘扬河洛文化精髓,展示博大精深的河洛文化和绚丽多姿的河洛山水,洛阳市在每年9月28日至10月28日举办河洛文化旅游节。河洛文化旅游节是继牡丹花会之后,洛阳市推出的又一大型节会活动。

(三)安阳殷商文化旅游节

安阳是中国八大古都之一,是举世闻名的甲骨文的故乡、《周易》的发源地,世界上最大的司母戊大方鼎也是从安阳出土的。殷商文化已经成为安阳的标志,安阳殷商文化旅游节也已经成为安阳市重要的节庆活动。随着安阳殷墟成功申报了世界文化遗产,安阳殷商文化节正是在这样厚重的殷商文化氛围中举行的。从殷墟博物馆品鉴神秘的甲骨文,到司母戊鼎故里感受青铜文化;文化交流、研讨会也会让游客更深地了解历史、了解祖国的灿烂文化。依托殷商文化的名片,历届文化旅游节都吸引着众多中外游客前往,影响越来越广,安阳市的殷商文化在一步步迈向世界。

此外还有漯河市许慎汉字文化节、商丘虞城县木兰文化节、南阳张仲景医药节等,以名人命名的节日不胜枚举,使节日的文化效应得以充分发挥。

三、"以人为本",以节伴人生

中原的节庆不仅表现在祭神、祭天、祭地、祭祖等方面,而且突出

"以人为本",以节伴人生也是中原地区节庆文化持续发展的重要因素。

(一)贺生

中原许多地方有生育之后向外祖家送红鸡蛋报喜的习俗。如生男则送双数,生女则送单数。生育9天外祖家亦应送挂面、红糖、红鸡蛋。生男在红鸡蛋上加一黑点,称为大喜;生女不加黑点,称为小喜。更为特异的是老年得子,则邻里亲友纷纷往男婴生父脸上抹锅灰或墨,称为"抹喜灰"、"开花脸"。在农村更有得子者无论寒暑都要翻穿皮袄倒骑驴,手提着新尿壶,灌着水或酒,边走边饮,亲朋则簇拥左右任意调笑。

(二)庆婚

西周时期在中原形成的婚庆仪式,自后齐以来,逐步演变为"六礼"①。一曰纳采。这是议婚的第一阶段,男方请媒提亲后,女方同意议婚,男方备礼去女家求婚,礼物是雁,雁一律要活的。为何用雁?雁为候鸟,取象征顺乎阴阳之意,后来又发展了新意,说雁失配偶,终生不再成双,取其忠贞。二曰问名。求婚后,托媒人请问女方出生年月日和姓名,准备合婚的仪式。三曰纳吉,即把问名后占卜合婚的好消息再通知女方的仪礼,又叫"订盟",这是订婚阶段的主要仪礼,古时要用雁作为婚事已定的信物,后发展到用戒指、首饰、彩绸、礼饼、礼香烛、甚至羊猪等,故又称送定或定聘。四曰纳征,即订盟后,男家将聘礼送往女家,是成婚阶段的仪礼。这项成婚礼又俗称完聘或大聘、过大礼等。后来,这项仪式还采取了回礼的做法,将聘礼中食品的一部或全部退还;或受聘后,将女家赠男方的衣帽鞋袜作为回礼。聘礼的多少及物品名称多取吉祥如意的含意,数目取双忌单。五曰请期,即送完聘礼后,选择结婚日期,备礼到女家,征得同意时的仪式。古俗照例用雁,礼品一般从简,请期礼往往和过聘礼结合起来,随过大礼同时决定婚期。六曰亲迎,就是新婿亲往女家迎娶的仪式。这项仪礼往往被看做婚礼的主要程序,

---

① 王昆:《唐代婚姻缔结程序研究》,《商丘师范学院学报》2008年第4期。

而前五项则当成议婚、订婚等过渡性礼仪。这些形式中有一部分出于社交关系的需要,如女家的"添妆",到男家时的"开揖"、"闹洞房"等,都是确立社会关系的仪礼。纯属亲迎部分的仪式,一般用花轿,分双顶或单顶,扶新妇上轿的"送亲嫂",陪新郎至女家接人的"迎亲客",都各有要求,起轿、回车马、迎轿、下轿、祭拜天地、行合欢礼、入洞房……每一过程又都有几种到十几种形式,大多表示祝吉驱邪。迎亲的季节,一般选在春天,适逢农闲,正好婚配,逐步演化为提亲、定礼、迎娶等固定婚俗,并延续至今。

(三)忌岁

河南开封和大中原范围的许多地方都有忌45岁之说。相传当年开封府尹包拯,45岁去陈州放粮,路上遭劫,被迫化装成妓院的服役(俗称"鳖腿")才逃过厄运。开封人认定45岁是个倒霉的年岁,凡逢此岁都诡称44岁或46岁。

(四)葬礼

汉人重土葬,强调吃土还土,入土为安。古人以为,太阳死于西天葬于大地,翌日再生而跃入碧霄,是大地母亲给了它帮助。

丧葬礼仪在河南既讲究又隆重。据考古发掘,中原地区早在两万年前就有了葬仪,至周代形成一套比较完整的丧葬礼仪,并成为中原乃至全国重要的礼俗。时至今日,人们已经摈弃了葬礼中的封建迷信色彩和纷繁复杂的程序,大部分地方已告别了"入土为安"的旧俗,换以新的内容和形式,以告慰死者亡灵,激励后代奋发。但在不少农村还保留着过去的丧葬礼仪。

(五)乞巧节

每年的农历七月初七,是汉族的传统节日。因为此日活动的主要参与者是少女,而节日活动的内容又是以乞巧为主,故而人们称这天为"乞巧节"或"少女节"。

河南新乡一带的乞巧风俗是在每年的农历七月初六晚上,当地未出嫁的姑娘七人凑成一组（以应"七夕"①之数），每人兑面兑物，为织女准备供品。有的要买葡萄、石榴、西瓜、枣、桃等七样瓜果，烙七张油烙馍或糖烙馍，包七碗小饺子，做七碗面条汤。除此之外，还要单独包七个大饺子，饺子馅由七样蔬菜做成，内包用面做成的七样东西，像针、织布梭、弹花槌、纺花锭、剪刀、蒜瓣或算盘子等。这七样东西，要能代表七位姑娘的心愿。这天晚上，七位姑娘把供品摆在瓜棚下或清静的地方，焚香点纸，跪在月下向织女祈祷，念完祷语后，七个姑娘分吃水果和七碗小饺子。然后把七张油饼和七个大饺子放在竹篮内，挂在椿树上。这天晚上，七个姑娘一齐守夜，看守竹篮子。这种举动称为"守巧"，目的是防止爱开玩笑的男孩子偷嘴吃，把"巧"（大饺子）偷去。

七月七日清晨，天刚刚蒙蒙亮，七个姑娘闭着眼睛，在竹篮内各摸一个大饺子。谁摸出的饺子内包有针、剪刀等东西，谁就是未来的巧手。

在豫北沁阳、孟州等地，现在还流传有七夕对歌的习俗。每到七夕这天，当地的少女们按村子，或按乡、县组成小组，每组七人，也可为九人、十一人，以单为巧数。民间讲究对歌人的数量，俗语有"当单不当对，当对拙一辈"。人们把对歌小组分成单数，都是为了能够获"巧"，希望本村的对歌组能够取胜。

乞巧会和乞巧对歌习俗，妙趣横生，余味无穷。它丰富了农历七月初七乞巧节的内容，使这个少女的节日同少女的性格一样，充满了天真活泼、乐观欢快的气息。

第三节　中原节庆文化花更红

随着全国文化大发展大繁荣的步伐，乘着建设和谐社会的和煦之

---

① 吴天明：《七夕五考》，《中南民族大学学报》（人文社会科学版）2003年第3期。

风,踏着中原崛起的浪潮,中原节庆文化根深叶茂花更红。

一、传承节庆聚人心

节日、节庆是一代一代传承的结果,传承的是祖训,传承的是人心,传承的是文化。节庆是凝聚人心的重要形式,凝聚人心是节庆的重要目的之一。

祭祖寻根聚人心是中原节庆文化的显著特点,本节前面讲到的"新郑祭祖"就是很好的例证。而濮阳县舜帝故里庙会最具特色。一年一度的舜帝故里庙会吸引了方圆百里的万余群众前来参加,每位赶庙会者只需掏出7元钱,便可在同一大锅里吃饭。据了解,作为舜帝后裔,"万人同吃一锅饭"的庙会传统已沿袭了1000多年。根据国家及我省著名史学专家论证,濮阳县就是4000多年前中华人文始祖舜帝的出生地和早期活动地,《史记》中有"舜耕历山[①]、渔雷泽、陶河滨,就时于负夏"的记载,而负夏就是今日的濮阳瑕丘村。目前,舜裔在世界各地有两亿多人,主要涉及陈、袁、胡、孙、王、鲁、田、车、姚、虞等十大姓。由于历史传统,瑕丘自然形成了庙会并沿袭至今,庙会日期为舜帝的出生日(每年正月十八)。多年来,每逢舜帝庙会,来自山东、河南、河北等地及海外的舜帝后裔们纷纷前来朝拜先祖。台湾学者陈守仁教授还专门在瑕丘遗址处立下了"舜帝故里"纪念碑。10多年来,瑕丘村民还自发捐款40余万元在瑕丘遗址上建成了仿古式建筑,并自发轮流进行守护。为向后人弘扬团结精神,该庙会一直沿袭着古人同吃一锅饭的习俗。

诸如此类的节庆还有:黄帝故里拜祖大典、开封市农历正月初一至正月二十一举办的翰园春节祭祖大庙会、炎黄文化旅游节、泌阳盘古文化节、新郑市具茨山黄帝朝拜大典、新乡卫辉"太公文化节"、洛阳河洛文化节等,把节庆聚人心的功能体现得淋漓尽致。

[①] 赵建斌:《舜耕历山在山西考辨》,《文物世界》2010年第2期。

二、融合节庆旺人气

龙的传人、炎黄子孙归宗认祖等中华民族的传统意识,使中原地区注重把传统的祭神节日、宗教节日、民族节日、庙会等,冠以文化名称而融合,利用节庆旺人气,收到显著效果。

(一)占地利,以"圣"为节

由于中原文化的根源性特点突出,河南的圣人不胜枚举。帝圣伏羲、黄帝,易圣周文王,谋圣姜尚、鬼谷子,字圣许慎,厨圣伊尹,酒圣杜康,道圣老子、庄子,墨圣墨子,商圣范蠡,法圣韩非,医圣张仲景,科圣张衡,智圣诸葛亮,僧圣玄奘,诗圣杜甫,文圣韩愈,武圣岳飞,律圣朱载堉等。无论是出生地,还是葬埋地,或是发迹地,凡与河南有关的圣人,几乎都有相应的纪念节日。而且随着节庆文化的作用越来越明显,以圣人为名的节庆,大多都发展成为综合性的文化名牌节庆。

(二)借庙会,扩大影响

庙会,源于古代中原地区广为流行的"报赛"活动,在漫长的文化演进过程中,从"娱神"为主逐渐转向了以"娱人"为主,已经成了民俗文化活动的最要载体。鉴于庙会与发展经济、商品交流及农事生产、休闲娱乐的关系,人民群众喜闻乐见,因此庙会也就有了强大的生命力。据不完全统计,河南各县每年的庙会数量少者百余,多者盈千。如林州231次,温县243次,滑县249次,新密450次,禹州609次等。会期每届少则一天(如宝丰"正月十三马街书会"),多则月余(如淮阳太昊陵的"人祖会")。最为常见的会则多为三天。如此算来,全省庙会的数量大约为35000届,合13万个赛日,无论从规模或从数量上看,这在全国都是非常惊人的。

1. 洛阳民俗文化庙会

每年4月14日—25日举行。每年精心组织众多民间艺术团体和社火团队进行大规模表演,有龙灯、狮舞、排鼓、秧歌、斗鸡等民间艺术节目。这些民间艺术活动,既具有浓郁的中原地方色彩,还处处洋溢着

强烈的时代气息,每年都吸引大批中外游客前来观光。洛阳民俗文化庙会的成功举办,为弘扬河洛文化、展示洛阳民俗风情、丰富城乡文化生活发挥着重要的作用。

洛阳庙会

2. 浚县正月古庙会

浚县是国家历史文化名城,中国民间艺术之乡,文化积淀丰厚,文物荟萃,以太行山余脉大伾、浮丘两山为依托的正月古庙会历史悠久、影响深广、规模宏大,它集民间艺术、宗教信仰、物资交流、文化娱乐为一体,其时间从正月初一到二月二,长达一个月,每年都吸引着来自晋、冀、鲁、鄂、皖等周边20个省市以及海内外数百万的香客、游人来此观光。其高潮一个是初九(东山,即大伾山),一个是十六(南山,即浮丘山),正月十六是古庙会的最高潮,日客流量达30多万人。这一天来自各地的50余家民间社火队及一些艺术表演团体在两山之间走高跷、耍狮子、舞龙、跑旱船、放火铳、耍杂技、唱戏曲,锣鼓震天,热闹非凡,形成一道亮丽的中原文化景观。

浚县正月古庙会最早可追溯至后赵时期,当时庙会的规模仅限于当地,而且人数少,没有什么物资交易活动,人们只是结社集会、朝山拜佛。随着浚县城乡的发展变化,两山上的各种宗教活动渐渐增多,相继修建了许多寺庙和道路,庙会的规模日益增大。经过一千多年的发展,两山相继修建了许多寺庙、道观,庙会的规模逐渐扩大。明嘉靖二十一年(1542),浚县知县蒋虹泉修建了浮丘山碧霞宫古建筑群,使庙会规模步入高峰期。至明末,浮丘山庙会、山东泰山庙会、陕西白云山庙会、北京妙峰山庙会被称为华北地区四大庙会。2004年4月,浚县古庙会又被财政部、文化部公布为中国民族民间文化保护工程项目之一。每月的初一、十五和三、六、九日,还有来自周围市、县烧香拜佛、求福还愿的大量香客。

3. 道口传统的火神庙会

农历正月二十七至二十九举行的道口传统的火神庙会,是民俗文化的集中展示,同时也是华北地区"正月最后一个庙会"。道口镇共有"三关六铺"九大会社,分文会、武会两种,每年的火神庙会期间,各个会社都要操起锣鼓家什,拿出踩高跷、舞狮子、跑旱船、背阁、抬阁、扭秧歌、武术表演等看家本领上街"过招",方圆上百里的百姓前来助兴,道口镇到处人山人海,除了外地观众都是演员,男女老少齐上阵,载歌载舞庆盛世,大家脸上化的妆、身上的服装无不体现出浓郁的民族特色。其情其景堪称中原特色的狂欢节。庙会的看点值得一提的是,道口镇河西的高跷,光高跷腿就有2米。还有一个巨大的麒麟,需要两个力量较大、经验丰富的人才能默契地舞动。这里还有珍稀的大弦戏、大平调等地方剧种,大弦戏被列入了全国首批非物质文化遗产名录。据史料记载,大弦戏起源于唐宋时期的宫廷戏,乐器多用大铜器,锣鼓铿锵,曲调高昂,颇有上古遗风。明朝时期,这里即有大弦戏班。道口秧歌也被列入了第一批河南省民族民间文化保护工程保护名录。

4. 中岳庙会

中岳庙位于河南省登封市城东4公里处,太室山东南麓黄盖峰下。每年农历三月初十和农历十月初十,这里都要举行传统的中岳庙会。中岳庙会源于古代统治者对山岳的祭祀,宋代政道合一,中岳庙会进入鼎盛期,中岳庙会逐渐发展成为重要的商品交易场所。中岳庙会会期长达10天,人数最多时每天达20万人次。庙会至今仍保留着许多古老的习俗,如"拴娃娃"、"拜干爹"、"摸铁人"等。

惟妙惟肖的泥人

庙会上还有舞狮子、旱船、高跷、火龙舞等民间艺术表演，还可见到具有浓烈信仰色彩的各种纪念品"吉祥物"，如各种长命锁、玉如意、宝葫芦、香袋、辟邪剑、生肖石等。

三、运用节庆促发展

节庆搭平台，节庆促发展，是节庆文化的功能所在。随着社会主义文化建设大发展大繁荣的时代步伐，中原节庆文化对于促进中华民族文化的发展、促进和谐社会的建设、促进经济建设的全面发展和促进社会主义核心价值观的树立，发挥着积极的作用。

（一）促进中华民族文化的发展繁荣

通过节庆的方式，最生动最广泛地把一些优秀的民族文化精神存续在人们的生活中，把远去的历史记忆以节庆代代相传，经过几千年的积累和变革，成为中华传统民俗文化的骨干和基础。随着民族融合、人口流动和经济文化交流加强，中原节庆文化在全国乃至世界华人族群中都产生了广泛而深刻的影响。河南节庆文化中以文化命名的"名神"、"名人"、"名产"、"名胜"、"名姓"等节庆活动，彰显着坚韧不拔、

独立自主、不畏强暴、爱好和平、追求真理、自强不息的中华民族精神,有力地促进中华民族文化的发展和繁荣。

(二)促进和谐社会的建设

中原的节庆文化,是先民在生产和生活实践中坚持"仰则观象于天,俯则观法于地"[①]的传统文化观,形成天人合一的理念,追求天、地、人和谐统一。由于中原是我国农耕文明的诞生地和重要发展地,许多源于中原的衣食住行生活习俗,生育、婚丧等人生礼俗,家族、乡邻方面的交往礼俗,春节等传统节日习俗,通过节庆的方式,经过几千年的积累、沿革、渗透、影响,有的已经在节庆文化的演变过程中,被广泛地应用于社区建设之中,有的已经拓展为国家(地区)之间、省市之间的纵向与横向和谐发展的"品牌"节庆活动,都有力地促进了和谐社会的建设。

中原节庆文化中蕴涵的敬天法祖观念和祖先崇拜活动,经过世代传承,长久地影响、引导和强化着我们民族的价值观,使之成为普遍的社会心理和民族意识。祖先崇拜造就和维护了传统社会最为强调的"忠"、"孝"观念,这两种道德观念成为社会团结和合作的重要纽带。在当代,"忠"、"孝"观念仍然是我们民族和社会强调的核心价值理念。

(三)促进经济建设全面发展

我国是一个传统农耕社会,由于中原地区长期处于中国的政治、经济、文化中心地位,中原文化通过节庆的有效方式,辐射力强,影响面广。随着历史的变迁和国家、地区经济文化交流的扩大,中原节庆文化对周边地区的影响也在不断地扩大。诸如,历史上中原人的数次大规模南迁,中原民俗对广东、福建乃至台湾地区都产生了广泛而深刻的影响。在这些地区,至今仍然保留着许多古代中原传统习俗的痕迹。现在台湾民间的婚礼和葬礼仍然遵循中原古代礼制的传统。炎黄子孙的祭祖节庆、认祖归宗的姓氏节庆、武术节庆等节庆,已经扩大到了华人

---

① 李婷婷:《浅析张衡空间观念的转变》,《文艺生活》(下旬刊)2011年第10期。

世界,传统的单一的节庆内容,已经发展成为综合性的融文化交流、经济交流、行业交流等为一体的节庆。节庆文化的特殊方式和特殊功能得到了充分的发挥,有力地促进了经济建设的全面发展。

同时节庆文化还影响着人们的社会心理、价值观念、道德标准、审美追求。传统的节庆形式,加上现代的媒体运作,已成为民族认同的载体、姓氏归宗的平台、社会团结的纽带,其和谐价值观正日益成为全球划时代人类的核心价值,有力地加快了社会主义核心价值观的形成和和谐社会、和谐世界的建设步伐。

第八章
民以食为天
——中原饮食文化

在洋洋洒洒的中华民族文化宝卷里,有一条清晰的主线贯穿始终,无与伦比,源头由此而起,根基由此而建,趋势由此而发。通俗地说叫吃喝,儒雅而曰饮食,时尚而称饮食文化。"民以食为天"就是对饮食文化的地位作用的经典概括。中原作为中华民族文化的重要发源地,其文化源远流长,中原饮食文化犹如繁星闪耀,成为中原文化中的亮点。

第一节 中原饮食文化源远流长

黄河是中华民族的摇篮,河南地处黄河中下游,沿黄 700 余公里,是摇篮的中心,是中华民族饮食文化的重要发祥地之一。

一、中原饮食文化历史上的"神"

"神"是中华民族文化历史上的早期崇拜,中国是个多神信仰的国家,有些神话传说和历史人物被奉为神明加以崇拜和祭祀,而且范围广,时间长。中原古典神话是中国神话的摇篮,从盘古开天地,三皇五帝到如今,中原处处有传说。

河南之酒神[1]。文有文圣,武有武圣,酒亦有酒圣。"酒神"中的酒圣就是杜康。

据民间传说和相关历史资料记载,杜康又名"少康",夏朝人[2],是中国历史上第一个奴隶制国家夏朝的第五位国王。据《史记·夏本纪》及其他历史文献记载,在夏朝第四位国王帝相在位的时候,发生了一次政变,帝相被杀,那时帝相的妻子后缗氏已身怀有孕,逃到娘家"虞"这个地方,生下了儿子,因希望他能像爷爷仲康一样有所作为,所以取名少康。少年的杜康以放牧为生,带的饭食挂在树上,常常忘了吃。一段时间后,少康发现挂在树上的剩饭变了味,产生的汁水竟甘美异常,这引起了他的兴趣,于是就反复地研究思索,终于发现了自然发酵的原理,遂有意识地进行效仿,并不断改进,终于形成了一套完整的酿酒工艺,从而奠定了杜康中国酿酒业开山鼻祖的地位,其所造之酒也被命名为"杜康酒"。

另据传说,杜康原是黄帝手下的一位大臣。黄帝建立部落联盟后,经过神农氏尝百草、辨五谷,开始耕地种粮食。黄帝命杜康管理生产粮食,杜康很负责任。由于土地肥沃,风调雨顺,连年丰收,粮食越打越多,那时候没有仓库,更没有科学保管方法,杜康把丰收的粮食堆在山洞里,时间一长,因山洞里潮湿,粮食全霉坏了。黄帝知道这件事后,非常生气,下令把杜康撤职,只让他当粮食保管,并且说,以后如果粮食还有霉坏,就要处死他。

有一天,杜康在森林里发现了一片开阔地,周围有几棵大树枯死了,只剩下粗大的树干,树干里边已空了。杜康灵机一动,他想,如果把粮食装在树洞里,也许就不会霉坏了。于是,他把树林里凡是枯死的大

---

[1] 韩雷、林海滨:《中西酒神比较研究》,《宁夏社会科学》2010年第3期。
[2] 《五千年杜康 喜见中国红》,《国土资源导刊》2010年第7期。

树，都一一进行了掏空处理。不几天，就把打下的粮食全部装进树洞里了。

两年以后，装在树洞里的粮食，经过风吹、日晒、雨淋，慢慢地发酵了。一天，杜康上山查看粮食时，突然发现一棵装有粮食的枯树周围躺着几只山羊、野猪和兔子。开始他以为这些野兽都是死的，走近一看，发现它们还活着，似乎在睡大觉。杜康一时弄不清是什么原因，正在纳闷，一头野猪醒了过来。它一见有人，马上窜进树林去了。紧接着，山羊、兔子也一只只醒来逃走了。杜康上山时没带弓箭，所以也没有追赶。他正准备往回走，又发现两只山羊在装着粮食的树洞跟前低头用舌头舔着什么。杜康连忙躲到一棵大树背后观察，只见两只山羊舔了一会儿，就摇摇晃晃起来，走不远都躺倒在地上了。杜康飞快地跑过去把两只山羊捆起来，然后才详细察看山羊刚才用舌头在树洞上舔什么。

原来装粮食的树洞已裂开一条缝，里面的水不断往外渗出，山羊、野猪和兔子就是舔了这种水才倒在地上的。杜康用鼻子闻了一下，渗出来的水特别清香，自己不由得也尝了一口。味道虽然有些辛辣，但却特别醇美。他越尝越想尝，最后一连喝了几口。这一喝不要紧，霎时，只觉得天旋地转，刚向前走了两步，便身不由己地倒在地上昏昏沉沉地睡着了。不知过了多长时间，当他醒来时，只见原来捆绑的两只山羊已有一只跑掉了，另一只正在挣扎。他翻起身来，只觉得精神饱满，浑身是劲，一不小心，就把正在挣扎的那只山羊踩死了。他顺手摘下腰间的尖底罐，将树洞里渗出来的这种味道浓香的水盛了半罐，便去找黄帝。

黄帝听完杜康的报告，又仔细品尝了他带来的味道浓香的水，立刻与大臣们商议此事。大臣们一致认为这是粮食中的一种元气，并非毒水。黄帝没有责备杜康，命他继续观察，仔细琢磨其中的道理。又命仓颉给这种香味很浓的水取个名字。仓颉随口道：此水味香而醇，饮而得神。说完便造了一个"酒"字。

从这以后，我国远古时候的酿酒事业开始出现了。后世人为了纪念杜康，便将他尊为酿酒始祖。相传古时杜康造酒地址在伊川县城西北7公里处的杜康沟。以秫作料,汲用泉水。杜康死后,葬于造酒原址近旁,墓冢至今尚在,墓后侧建有杜康庙,并立有石碑,以此来供奉、纪念、颂扬造酒始祖杜康。最终,杜康被戴上了"酒圣"的桂冠。

河南之茶神。传说中的"茶神"是神龙氏,相传神龙氏在一个风和日丽的一天,带着妻子儿女去爬山,突然觉得口渴,就在那时候,忽然有一片树叶飘至眼前,捡起来用手一揉,觉得汁液润滑,用舌头一舔,苦涩得不得了,神龙氏凭着丰富的经验,知道这是一种能止渴、提神的药。我国第一位著《茶经》而将茶艺弘扬光大的人,是唐朝的陆羽,后来经营茶艺的人,都供奉陆羽为"茶神"[①]。

二、中原饮食文化历史上的"早"

中国历史上最早的宴会产生在河南。早在4000多年前,夏启在禹县为诸侯设宴,史称"钧台之享",是我国最早的宴会。

中国历史上最早的宴会制度也产生于河南。据《礼记·王制》中记载:"凡养老,有虞氏以燕礼,夏后氏以飨礼……""殷人以食礼。"这是我国古老的宴会制度。文中的有虞氏在河南虞城县。

中国历史上最早最大的宫廷嬉戏宴会也发生在河南。殷纣王在安阳一带"以酒为池,悬肉为林……为长夜之饮",被称为历史上最早最大的宫廷嬉戏宴会。

三、中原饮食文化历史上的"名"

中国历史上有名的厨师,"官"做得最大的厨师,都与河南有关。夏少康被夷族追逐,逃到已有宴会制度的有虞氏做厨官,后来恢复了夏朝,少康成了国君,可谓"国君厨师"。商都开国相伊尹,出生于河南伊川县一带,擅烹调,可称为"宰相厨师",伊尹被后代尊称为"烹调始祖"。

---

① 刘毅:《宋辽高丽人形注子探析》,《中原文物》2005年第6期。

(一)中原饮食文化"名产"繁多

河南有山有水,西北部有太行山,西部有伏牛山,南有桐柏山,东南为大别山。南阳一带属江汉流域,中南和东部属淮河流域,中北部为黄河流域,北部属海河流域。全省平原、盆地、河谷占56%,其余为山地和丘陵。全省属亚热带和暖温带过渡地区,湿润和半湿润季风气候。所以,我国北方之谷物、蔬菜、干鲜果品、畜禽鱼鲜等,河南均有出产。在山区,盛产木耳、银耳、猴头、鹿茸、羊素肚、蘑菇等菌类植物和竹笋、荃菜、板栗、山楂、猕猴桃以及闻名省内外的信阳毛尖。在平原,陈州黄花菜、商丘胡芹、周口芦笋、怀府山药、林县花椒、焦作香椿、永城辣椒、中牟白蒜、清化老姜等也闻名中外。中原居民主要肉食是猪、牛、羊、鸡、鸭、鱼。鱼类有闻名的宽淇鲫和淮阳佳鲫,黄河鲤鱼和洛鲤伊鲂,卫源白鳝,罗河黄鳝和淮南圆鱼。淮南禽蛋,特别是固始、正阳"三黄鸡",很受烹饪界欢迎。

(二)中原饮食文化"名器"珍贵

清代著名文学家、美食家袁枚在《随园食单》中写道:"古语云:美食不如美器,斯语是也。"说明餐具、菜具在饮食文化中的重要地位。北宋时期我国瓷器的五大名窑:官、汝、钧、哥、定,河南有三。官窑在开封、郑州一带,釉色有天青、翠青、青、月下白等,瓷质极细,有"青如天,明如镜,薄如纸,声如磬"之美誉。汝窑在汝州市,一种胎骨香灰色,釉色近于卵青;另一种胎骨淡灰,釉色近葱绿。图案有花卉、水波、鱼鸟等。钧窑在禹州市,所产餐具、菜具造型端庄、古朴、典雅,釉质浑厚、透活晶莹,"绿如春水出生日,红似朝霞欲上时",并有"入窑一色,出窑万彩"的窑变艺术效果。上述三窑的瓷器,是饮食文化活动中不可或缺的皿具,北京故宫博物院都有收藏,列为珍品。

(三)中原饮食文化"名菜"享誉中外

中国饮食分南味、北味,南味以南京、杭州、江陵等为代表,北味以西安、北京、沈阳等为代表。河南因其居中的地理位置而称中原,代表城市洛阳、开封虽属北味,但因地理位置和物候条件不同,又有别于北味。如果说西安菜"味道偏咸",开封菜则讲究清淡,素油低盐。中原饮食和"淳朴敦厚,方正仁和"的民性有关。烹必匀和平畸味、除殊味、提香味、藏盐味、定滋味,五味调和百味香。所以,豫菜适应性强,男女老少适口,四面八方咸宜。为了照顾特异口味,豫菜有"另备小料请君自便"的传统,用小巧玲珑的杯、瓶、壶盛放辣椒油、花椒、盐、姜末、蒜泥、葱段、芥末、麻酱、腐乳、酱油、香醋等供食客选配。

豫菜中出名的有牡丹燕菜、套四宝、道口烧鸡等。之所以为名菜,很多与名人有关,不妨看看有关牡丹燕菜的典故便知其详。

相传当年武则天女皇到了洛阳,当地献上特大白萝卜一个,武则天下旨吃了它,当地厨师苦思冥想,便用这大萝卜切成极细的丝,用水泡很长时间去味,再用淀粉混匀蒸5分钟,再放入水中去淀粉,捞出再蒸5分钟,然后做料汤,放火腿蘑菇鸡茸等配料做成相当于现在酸辣汤的味道,将萝卜丝放入汤内,再熬一会儿即可食用。不用说,武则天吃毕大喜,赐名洛阳燕菜。因为大萝卜吃起来似燕窝丝一般,如同当了一回神仙一样。

当年周恩来总理宴请加拿大总理吃洛阳燕菜[1],当地厨师用鸡蛋做成黄色的牡丹花,放入燕菜中,周总理说,洛阳牡丹名贵天下,瞧,连菜里也有牡丹。从此洛阳燕菜就叫牡丹燕菜了。

第二节 中原饮食文化丰富多彩

饮食在中原,内容丰富,形式多样。有以洛阳水席为代表的"名席",有以宫廷宴为代表的"名宴",有以伊尹为代表的"名厨",有以官窑、汝窑、钧窑为代表的瓷器"名皿"等,有以豫菜为代表的"名菜",有以烩面为代表的"名面",有以胡辣汤为代表的"名汤",有以杜康、仰

---

[1] 田青:《周总理与"牡丹燕菜"》,《食品与健康》2001年第8期。

韶、宋河、"张（弓）、宝（丰）、林（林河）"等为代表的"名酒"，有以信阳毛尖为代表的"名茶"，真可谓名至实归，名目繁多，名不虚传。

一、具有文化风味的菜

以豫菜为代表的中原名菜，历史悠久、花样繁多、系列配套、不断发展。《梵天庐丛录》载："晋、鲁、川、滇、豫、粤、苏、浙等省，食各有味道，菜各有拿手，人各有异，处处不同……"点出了我国的八大菜系，豫菜是我国重要菜系之一。经过历代名厨、食客、文士和广大群众的研究、挖掘、继承和创新，豫菜烹饪技法已有60余种，名菜佳肴数千种，是我国重要菜系之一，早有定论。20世纪50年代初期，饮食文化界讨论八大名酒、八大名菜、八大菜系时，豫菜是八大菜系之一。

豫菜始于夏、商，经过东周、东汉、魏、晋、南北朝、隋、唐、五代的不断充实发展，到北宋时，已形成具有独特风味的重要菜系。历史上有名的"周王八珍"对豫菜影响较大，经过历代厨师的继承和发展，内容不断丰富，技艺精益求精。唐朝武则天临朝称制，改国号周，定都洛阳，附近山区民间汤菜进入宫廷，经过高手加工升华，成为定型定制的"洛阳水席"，是豫菜中的一朵奇葩。

北宋时期，赵匡胤执行"恩施于百官者惟恐其不足，财取于万民者不留其有余"的政策。国都汴京（今开封）是全国最大的消费城市，有"集天下之珍奇，皆归市易；会寰区之异味，悉在庖厨"之说。这些条件使豫菜形成了色、香、味、形、器五性俱佳的完整体系。豫菜包括宫廷菜、官府菜、市肆菜、民间菜和寺庵菜等多种系列。

宫廷菜是豫菜的精华，料源广泛又选料严格，技奇绝精湛，口味清纯，餐具精美，并讲究食疗。如流传至今的"皎月香鸡"、"乌龙蟠珠"、"龙凤呈祥"、"鲜瓠羹"、"珍珠汤"等。官府菜讲究功夫，要求典雅，刻意创新斗奇，提出"烂、热、少"三字诀，说是烂容易咀嚼消化，热不失香味，"一热当三鲜"，少则不会腻烦。如"套四禽"、"凤求凰"、"腐乳腐皮"、"紫酥肉"、"雪里青"等。寺庵菜多是素菜，大批僧尼终日研制素

食斋饭，一为消磨光阴，解除寂寥，二为招待施主换取布施。如"素火腿"、"清蒸素鸡"、"玉灌肺"、"山海羹"、"白扒素海参"等。民间菜是豫菜的基础和源泉，它的原料是历代劳动者培植、饲养、采集、渔猎和不断选优的本地产品，它的烹调方法也不断改进和创新，其特点较为突出，即"色重、味浓、汤满、熟透、热吃"。如"红烧肉"、"黄焖鸡"、"汆丸子"、"杂烩菜"等。市肆菜集各类菜的精华于一体，以适应市场竞争的需要，特别是宋都汴京，饭店酒楼遍布大街小巷，大菜小吃的品种品类不胜枚举，所以，可以说市肆菜是豫菜的主体。此外，豫菜还有个支派叫"名士菜"，是知识分子创造的。

宋人孟元老在《东京梦华录·序》中曾这样描绘当年的汴京："时节相次，各有观赏。灯宵月夕，雪际花时，乞巧登高，教池游苑。举目则青楼画阁，绣户珠帘，雕车竞驻于天街，宝马争驰于御路。金翠耀目，罗绮飘香，新声巧笑于柳陌花衢，按管调弦于茶坊酒肆。八荒争凑，万国咸通。集四海之珍奇，皆归市易；会寰区之异味，悉在庖厨。花光满路，何限春游，箫鼓喧空，几家夜宴。"此等景象，如果一阅宋人张择端的《清明上河图》，便知绝非虚语。

鲁迅先生曾在北京居住近15年，在上海居住10个年头。从《鲁迅日记》上看他在北京去过的餐室、饭馆有50余家，其中去豫菜馆的次数占较大比重。住上海时，常去梁园致美楼豫菜馆宴请亲朋。1934年12月19日，鲁迅在日记中写道："……晚在梁园邀客饭……到者萧军夫妇、耳耶夫妇、阿紫、仲方及广平、海婴。"1935年5月8日"邀胡风及耳耶夫妇夜饭梁园……"此外，"属梁园豫菜馆定菜"等语也散见于《鲁迅日记》。鲁迅爱吃豫菜中的"酸辣肚丝汤"、"炸核桃腰"、"糖醋软熘鲤鱼焙面"和"三鲜铁锅烤蛋"。

1985年，年已耄耋的梁实秋先生写出《雅舍谈吃》[①]一书，书中有大量篇幅谈到豫菜，他特别欣赏豫菜中黄河鲤鱼菜，他说"能于餐馆业独

---

① 宋淑芬：《浅谈梁实秋谈吃散文的艺术魅力》，《河南财政税务高等专科学校学报》2011年第3期。

树一帜","糖醋鲤鱼""依稀透明鲜美无比","两做鱼""有独到之处";说"瓦块鱼"是"鲤鱼菜中一绝,看那形色就会令人馋涎欲滴",对"铁锅蛋""记忆犹新"等。

今之学者曾以"有美皆备,无丽不臻"来形容昔日豫菜的繁荣,行业专家则以"中国烹饪大词典"来评价中原餐饮业的技术水平。

豫菜的烹调方法,共有50余种。扒、烧、炸、熘、爆、炒、炝别有特色;葱椒炝和凹,独树一帜。其中,扒菜更为独到,素有"扒菜不勾芡,汤汁自来黏"的美称。豫菜选料讲究,如:"鲤吃一尺,鲫吃八寸","鸡吃谷熟,鱼吃十","鞭杆鳝鱼、马蹄鳖,每年吃在三四月"。在刀工上,有"切必整齐,片必均匀,解必过半,斩而不乱"的传统技艺;河南的厨切与众不同,它具有"前切后剁中间片,切背砸泥把捣蒜"一刀多能的功用。

豫菜的口味,一般是春天酸味初露,炎夏清淡稍苦,秋季适中微辣,严冬味浓略咸。在肴馔的色泽上,讲"春季青翠艳丽,夏天绚亮淡雅,三秋七色调和,寒冬赤橙紫黄"。

由此可见,豫菜有自己风格鲜明的特色,是中国饮食文化盛宴中一抹亮丽的色彩。

(一)洛阳水席

洛阳人把水席看成是各种宴席中的上席,以此来款待远方来客。所谓"水席"①,有两层含义:一是以汤水见长,二是吃一道换一道,一道道上菜,像流水一般,故名"水席"。洛阳水席最初只是在民间流行,唐代武则天时,将洛阳水席召进皇宫,加上山珍海味,制成宫廷宴席,又从宫廷传回民间,遂形成特有的风味。因它仿制了官府宴席的制作方法,故又称"官场席"。它不仅是盛大宴会中备受欢迎的席面,就是平时民间婚丧嫁娶、诞辰寿日、年节喜庆等礼仪场合,人们也惯用水席招待至亲好友。它作为传统的饮食习俗,和传统的牡丹花会、古老的龙门石窟,并称为"洛阳三绝",成为洛阳人的骄傲。

---

① 李红军:《洛阳水席与民间传说》,《河南教育学院学报(哲学社会科学版)》2006年第1期。

洛阳水席,由24件组成,简称"三八席"。洛阳水席有非常严格的规定,开席时先上8个冷盘下酒,分为4荤4素,紧接着再上16个热菜,均用不同型号的青花海碗盛放。16菜中有4个压桌菜,其他12个菜,每3个味道相近的为一组,每组各有一道大菜领头,俗称"带子上朝"。洛阳水席有三大特点:一是有荤有素,有冷有热;二是有汤有水,对南方人和北方人的饮食习惯都很适合;三是上菜顺序有严格规定,搭配合理、选料认真、火候恰当。

洛阳水席

在水席上,爱吃冷食的人可以找到适合自己的凉菜;爱吃酸辣菜的人,水席菜能让人辣得冒汗,酸得生津;有人喜食甜食,第四组菜足以让人吃得可口,吃得惬意;如果有人爱吃荤菜,席面上山珍海味、飞禽走兽应有尽有,完全可以饱了口福;不愿吃荤,想吃素菜,以普通蔬菜为原料的素菜粗菜细作,清爽利口。水席独到之处是汤水多,赴宴人菜、汤交替食用,能使人感到肠胃舒适,菜虽多胃口不腻。看到鸡蛋汤上桌,了解当地风俗的人都知道,24道菜已全部上完,这碗送客汤说明水席到了尾声,宾主皆大欢喜,纷纷起身离席。

洛阳水席的菜单如下:牡丹燕菜,料子全鸡,西辣鱼块,油炒八宝饭,洛阳肉片,米粉排骨,洛阳大腰片,炖鲜大肠,生氽丸子,五彩肚丝,条子扣肉,洛阳水丸子,蜜汁红薯,山楂甜露,焦炸丸子,鸡蛋鲜汤,假海参等。洛阳水席并不讲究用料的名贵，一般的生猛海鲜都不用，只讲究做法。

(二)信阳板鸭

信阳板鸭是很有特色的河南菜肴，以鸭为主要材料，口味属于酱香味。

信阳板鸭的做法历史悠久，是将鸭育肥增膘后，按照一定的生产工艺和质量卫生标准制作而成。成品板鸭外形平整如桃状，脱毛净，无"天窗"，色泽白润，肉质细嫩，尾油丰满，盐味适中，营养丰富，远销港澳、日本和东南亚各地。人们对板鸭的评价是：造型美观，肉细骨软，咸淡适中，食味香浓。

(三)开封桶子鸡

桶子鸡系开封特产名菜，是很有特色的河南小吃，它选用当地的优质母鸡，采用百年老汤煨制而成，色泽金黄，肥而不腻，鲜嫩脆香。其制作过程如下：选肥嫩活母鸡一只宰杀，煺毛，去内脏，洗净，剁去爪，去掉翅膀下半截的大骨节，从右膀下开个5厘米长的月牙口，手指向里推断三根肋骨，食指在五脏周围搅一圈后取出；再从脖子后开口，取出嗉囊，冲洗干净；将两只鸡大腿从根部折断，用绳缚住；取少许八角用纱布包住；先用部分花椒和盐放在鸡肚内，晃一晃，摇一摇，使盐、花椒走匀浸透；把洗净的荷叶叠成6厘米长、3厘米宽的块，从刀口处塞入，把鸡尾部撑起；用秫秸秆一头顶着荷叶，一头顶着鸡脊背处，把鸡撑圆；白卤汤锅放火上，烧开撇沫，先将桶子鸡下入涮一下，紧住皮，再下入锅内，放入八角、黄酒、葱、姜，汤沸，移至文火上焖半小时左右，捞出即成。

(四)开封套四宝

开封套四宝是开封的传统菜肴，堪称"豫菜一绝"。"套四宝"绝就绝在集鸡、鸭、鸽、鹌鹑之浓、香、鲜、野四味于一体，四只全禽层层相套，个个通体完整，无一根骨头。每当酒席宴会上过几道菜之后，这道菜便用青花细瓷的汤盆端上，展现在食客面前的是那体形完整、浮于汤中的全鸭。其色泽光亮，醇香扑鼻。当食完第一层鲜香味美的鸭子后，一只清香的全鸡便映入眼帘；鸡肉吃后，滋味鲜美的全鸽又出现在面前，最后又在鸽子肚里露出一只体态完整、肚中装满海参丁、香菇丝和玉兰片的鹌鹑。一道菜肴多种味道，不肥不腻，清爽可口，回味绵长。套四宝制作精细，色、香、味、形十分讲究，制作时费工费时，技术不过硬不行，火候掌握不好也不行。最复杂的是剔骨，全神贯注，犹如艺术雕刻。从颈部开口，将骨头一一剔出，个个原形不变。有的地方虽皮薄如纸，但仍得达到充水不漏。剔骨后将四禽身套身、腿套腿，成为一体。套四宝始创于清末开封名厨陈永祥之手，他曾为慈禧太后办过"御膳"。陈家名菜达300多种，"套四宝"属其中的一颗明珠，目前由陈景和三兄弟继承祖业，将此菜发扬光大。

（五）蜜汁江米藕

蜜汁江米藕，听起来像南方菜，其实是很有河南特色的甜味菜肴，蜜汁江米藕原名"熟灌藕"，以莲藕为主要材料，烹饪的做法以蜜汁为主。据传"熟灌藕"始于元代，后经历代厨师不断改进，成为"蜜汁江米藕"。此菜选用豫西南社旗县唐庄白莲藕，经煮、酿、蒸、蜜炙而成，成菜软糯香甜，为筵席名馔。唐庄的白莲藕个大节长，皮薄肉细，晶莹如玉，甘美可口。一般的藕切开后都有许多细丝相连，牵扯不断，故有"藕断丝连"的成语，而唐庄白莲藕却切削刮剁都不见一丝，为藕中奇品。清代曾将其列为贡品，是不可多得的烹饪原料。

（六）道口烧鸡

豫北滑县道口镇，素有"烧鸡之乡"的称号。其"义兴张"[1]的道口烧鸡，像金华火腿、高邮鸭蛋、北京烤鸭一样，在全国食品中独占鳌头，并且誉满神州，名扬海外。

道口烧鸡具有五味佳、酥香软烂、咸淡适口、肥而不腻的特点。食用不需要刀切，用手一抖，骨肉即自行分离，无论凉热，食之均余香满口。

---

[1] 王盼盼：《道口烧鸡》，《肉类研究》2009年第3期。

道口烧鸡创始于清顺治十八年(1661),距今已有三百多年的历史,据《滑县志》记载,在开始的一百多年时间里,由于技术条件差,尚未形成特色,生意并不兴隆。到乾隆五十二年(1787),现在的烧鸡大师张存友的先祖张炳,一次在大街闲逛,偶遇一位曾在清宫御膳房做过厨师的老友,得到"要想烧鸡香,八料加老汤"的秘诀。八料为陈皮、肉桂、豆蔻、白芷、丁香、草果、砂仁和良姜八种作料,张炳按其用法、用量,依法烹制,制出的烧鸡果然大有成色,后来,又在长期的制作实践中,对严格选鸡、宰杀燀毛、开剖加工、撑鸡造型、油炸烹煮、用汤下料、掌握火候等方面,不断进行探索改进,从而总结出一整套成功的经验。当时,张炳的烧鸡"色、香、味、烂"被世人称为四绝。从此,他的烧鸡声誉大震,远近闻名,并定铺号名为"义兴张"。

道口烧鸡的制作技艺历代相传,形成自己的独特风格。1981年被商业部评为全国名特优产品。

(七)鲤鱼三吃

"鲤鱼三吃"是河南的名菜,鲤鱼要正宗的黄河鲤鱼,买回鲤鱼来,必须在清水池里面养两三天,把土腥味吐干净,才可以捞出来下锅。"鲤鱼三吃"是一半干吃,一半糖醋瓦块,头尾杂加萝卜丝做汤,最有意思的是把糖醋汁拌一窝线面条吃,跟杭州西湖醋鱼拌面有异曲同工之妙。

(八)鲤鱼跃龙门

在河南以黄河鲤鱼为主料的名菜有不少,菜以鱼而名,鱼以贵而优。黄河流域自古就有"洛鲤伊鲂,贵似牛羊"之说。鲤鱼为黄河名鱼,肉嫩味美,营养丰富,闻名中外。鲤鱼跳龙门,造型优美,寓意吉祥。只见烹制好的鲤鱼,昂首盘中,栩栩如生,仿佛欲一跃而起。加之有青山衬托、状如门阙,颇富山野情趣。食之味美无穷,深受国内外游客欢迎。

（九）鲤鱼焙面[①]

鲤鱼焙面是开封的传统名菜，它是由"糖醋熘鱼"和"焙面"两道名菜配制而成。"糖醋熘鱼"历史悠久，据《东京梦华录》记载，北宋时期，东京市场上已流行。它是以鲤鱼尤以黄河鲤鱼为上品原料，经过初步加工后，用坡刀把鱼的两面解成瓦垄花纹，入热油锅炸透。然后以适量白糖香醋、姜末、料酒、食盐等作料，兑入开水，勾加流水芡，用文火烘汁，至油和糖醋汁全部融合，放进炸鱼，泼上芡汁即成。其色泽枣红、鲜嫩鲜香，甜中透酸、酸中微咸。"焙面"又称"龙须面"。据《如梦录》载：明代开封每逢农历二月初二，所谓"龙抬头"之日，为呈吉祥官府、民间都以细面相赠，称之为"龙须面"。起初面用水煮食，后来，不断改进，过油炸焦，使其蓬松酥脆，吸汁后，配菜肴同食，故称"焙面"。

1930年前后，开封名师最早将用油炸过的"龙须面"，盖在做好的"糖醋熘鱼"上面，创制了"糖醋熘鱼带焙面"名菜，深受顾客欢迎。将二者合而为一，既可食鱼，又可以面蘸汁，别有风味。后来，拉面传入开封，人们把拉面油炸后和熘鱼搭配起来，使其更为锦上添花。

（十）清汤东坡肉

"东坡肉"是享誉全国的文化名菜，而清汤东坡肉则是古城开封的名菜之一。虽借东坡名，有别东坡味。

相传，大文学家苏东坡喜食鲜笋，称竹笋为"玉板和尚"，称赞烧笋是"禅悦味"，又将鲜笋奉为"素中仙"。在一次诗文酒会上，他赋诗一首："无竹（笋）令人肥，无肉令人瘦；不肥又不瘦，竹笋加猪肉。"故而竹笋加猪肉的制作方法不胫而走，在骚人墨客中流传开来，并以"东坡肉"冠其名，渐传至民间，历久不衰。

清汤东坡肉的制作方法是：把猪肉煮成八成熟，片去外皮的二分之一（以除去鬃毛气味），切成长方块，与冬笋片、冬菇片错茬摆入蒸碗内，放入盐水、原油、料酒等佐料，上笼蒸烂后翻入碗内，除去浮油，兑入

[①] 王云：《典故与地方名菜软熘鲤鱼焙面》，《中国食品》2001年第15期。

适量的清汤即成。其特点是汤鲜肉烂,清醇利口,肥而不腻。

豫菜花样繁多,仅举几例,以觅"食"客。

归纳起来,豫菜的特点是:鲜香清淡,四季分明。色彩典雅,质味适中。

二、"北方人的面"

"南方人的米,北方人的面",中原的地理位置和自然条件决定了河南人的主食以面食为主。日常主食有馒头(称蒸馍)、烙馍、饼子(厚馍)、油馍、面条、饺子(即扁食)、小米饭、稀饭、"糊涂"(玉米糁汤)等。农闲时每日早晚两稀,中午一干;农忙时早上、中午食干,晚上食稀。晚上吃饭多为面条一类的稀食,故俗称"喝汤"。河南有不少地方人们在吃晚饭前不说:"吃饭了没有?"而是问:"喝汤了没有?"

(一)烩面

烩面在郑州,犹如羊肉泡馍在西安一样,大有"天下第一碗"之势,已经成了郑州的招牌饭。现在郑州的大街小巷,处处可见烩面馆。有"合记"、"萧记"、"马记"、"白记"的大招牌,也有"三鲜"、"滋补"等各式各样的小招牌。有人甚至称烩面代表了郑州的饮食文化。

烩面是引进、合成、创新的结果。烩面的做法考究,和面要稍微软一点,最关键的一点,面里要放盐;每半个小时活一次,一共活三四次,醒面至少3个小时以上,所以晚上准备吃,上午一定要和面,不然面没劲儿;最讲究的是烩面的汤,带骨牛肉,或羊肉炖汤,汤里只放姜,连盐都不要放;肉炖差不多烂以后将肉捞出,将骨头剔掉,肥肉剔掉继续放回锅里炖。准备香菜、葱花、豆腐皮丝、海带丝,有人喜欢吃青菜可以准备点菠菜,在开始做之前半个小时,将面全部切成两厘米宽的长条,两面抹油,再醒半个小时;将长条的面甩开,越拉越长,就成了我们常见的烩面。

郑州烩面

面条下锅后,待面快熟时,将海带、菠菜放入一起煮熟;准备大碗,放入切好的肉、香菜、豆腐皮丝、葱花、盐、味精、辣椒(一定要自己炸的有很多辣椒油的才好吃),将煮熟的面盛入,再浇上炖肉的汤,一碗香喷喷的烩面就完成了。

(二)开封第一楼[①]包子

到开封吃第一楼包子,就是品汴梁文化。开封第一楼包子可以追溯到北宋时期。当时东京(今开封)是宋都,是全国政治、经济、文化的中心,一幅《清明上河图》,就是宋都繁荣景象的生动写照。第一楼包子,当时叫灌汤包子,就是包子里面有汤。吃开封灌汤包子,看是一个重要的过程。灌汤包子皮薄,洁白如景德镇细瓷,有透明之感。包子上有精工捏制均匀的折皱32道。搁在白瓷盘上看,灌汤包子似白菊,抬箸夹起来,悬如灯笼。这个唯美主义的赏析过程不可或缺。吃之,内有肉馅,底层有鲜汤。唯要记住,吃灌汤包子注意抄底,横中一吃,未及将汤汁吸纳,其汤就顺着筷子流至手上,抬腕吸之,汤沿臂而流,可及背心。吃灌汤包子烫着背心,在理论上是存在的。所以,吃灌汤包子必须全神贯注,一心在吃,不可旁顾。

---

① 陈太政、侯彦喜、梁留科:《开封第一楼餐饮集团 SWOT 分析》,《集团经济研究》2006 年第 13 期。

(三)新安烫面饺

新安烫面饺已有70多年的历史。新安烫面饺是用精白粉作皮,用猪前胛后臀肉作主馅,配适量大葱、韭黄、白菜心、生姜,佐以白糖、料酒、小磨油、食盐、味精等,把面用开水和好,擀成薄皮,包成如新月形的面饺,上笼清蒸,十分钟即可。特点是皮薄如纸,色泽如玉,五味俱全,鲜香不腻。

(四)卤面

卤面系大众饭,其做法是,用湿面条(细的)隔水大火蒸20分钟(要蒸透,面条蒸不熟,就是失败)。将蒸好的面条淋上水、酱油、植物油的混合体,抖开再上笼蒸至上大气。将五花肉切块(没肉就用油),炒出油,爆葱、姜、辣椒、蒜、秘制调料,加水、酱油、盐、味精,肉熟后下豆角或蒜薹或黄豆芽或洋白菜。把蒸好的面条放入盆内,泼入炒好的菜,用筷子拌匀即成。金黄油亮的蒸面条入口松松软软,暗香涌动,河南人常说:"中,得劲,乖乖,一口气能干掉两大碗!"

(五)坛子肉焖饼

坛子肉焖饼是用饼和特制的坛子肉加青菜焖制而成。其饼是用软面烙成千层饼,放凉后切成帘子棍形备用。坛子肉选用带皮五花猪肉,切成2厘米见方的方块,先放入锅内添水煮开,撇去浮沫杂质,捞出肉装入坛内,下足八大料,外加香腐乳,倒入肉汤封口,大火烧开后,改用文火慢炖,炖到烂熟。焖饼时,锅内用青菜铺底,放上饼条和坛子肉,加高汤稍焖即成。配菜除用绿豆芽外,更多是用四季鲜菜,如蒜薹、小白菜、四季梅、茭白等。焖饼用的汤,除猪肉汤外,还用鸡汤、鸭骨汤。河南有名的有葛记坛子肉焖饼。

(六)浆面条

浆面条,既经济实惠,又老少皆宜,是河南人普遍喜食的一种风味小吃。它是将豆浆置于适当的温度下,发酵变酸,然后放入锅内加热到80度左右,液面便有一种蘑菇状的浆汁。这时加入少许香油,反复搅拌,待滚沸,将面条下锅,最好是杂面条,搅拌面条使之呈糊状,然后将

调制好的盐、葱花、青豆、芹菜、韭菜、辣椒加入。浆面条制作简单,成本低、味道美、易于消化,因而自古以来流传不衰,成为具有浓厚地方特色的名食。

（七）大刀面

大刀面距今已有200多年的历史。切面的刀大得出奇,此刀长3尺,宽5寸,形如铡刀。先将面擀成一尺多宽的面皮,然后折叠成十余层,放在大刀下,切成宽细不同的面条。吃时佐以浇头、配菜,酸辣可口。

（八）洛阳锅贴

锅贴是一种煎烙的馅类小食品,制作精巧,味道精美,多以猪肉馅为常品,根据季节配以不同鲜蔬菜。包制时一般是馅面各半,呈月牙形。锅贴底面呈深黄色,酥脆,面皮软韧,馅味香美。锅贴的形状各地不同,一般是饺子形状。成品灌汤流油,色泽黄焦,鲜美溢口。

洛阳锅贴

三、"唱戏的腔,厨师的汤"

在河南,早有"满席山珍味,全在一碗汤"、"唱戏的腔,厨师的汤"的说法,都是讲汤在烹饪中的地位。豫菜在制汤上分头汤、白汤、毛汤、清汤,清则见底,浓则乳白,味道醇正,清香适口。在选料、配料、刀工、火工、走菜、摆台、看桌等各个方面都十分考究,精细认真。

汤的做法很多,最通行的要数面条汤。洛阳等地的粉浆面条汤酸美可口,别具特色。小米汤里喜欢掺把豇豆或绿豆,待小米煮出了油、豆子煮开了花,喝起来最香甜。秋季红薯一下来,切几块放在玉米糁(糊涂)里,甜丝丝如同放了糖一样。"小米汤,放豇豆。打糊涂,放红薯"是较流行的"汤"的做法。

(一)胡辣汤[1]

胡辣汤是河南小吃系列中的一绝。胡辣汤是河南周口别具风味的小吃,始于西华县逍遥镇,已有百年历史。以精烹细作、味道鲜美、经济实惠、方便群众闻名城乡。主料有精粉面、粉条、肥猪肉。配料有花生仁、芋头、山药、金针、木耳、葱花、蒜片、面筋泡。它源于清代中叶,大兴于民国初年,之后花样不断翻新。至今你若行走在郑州、洛阳、开封、南阳等城市的大街小巷,随处都能见到它的身影。它以大众化的品位和低廉的价格,始终是人们早餐时的首选。

胡辣汤的做法有严格的要求,先将红薯粉条和切碎的肥猪肉放入铁锅里炖,同时加入花生仁、芋头、山药、金针、木耳、干姜、桂子、面筋泡等。待八成熟后勾入适量精粉,注意搅拌。然后兑入配好的调料及花椒、胡椒、茴香、精盐和酱油,略加食糖少许,一锅色香味俱佳的胡辣汤就做成了。

胡辣汤

---

[1] 衣水:《逍遥胡辣汤》,《四川烹饪》2011年第3期。

（二）阎家羊肉汤

阎家羊肉汤至今已有1500年的历史。调料配置适当,汤味鲜美,闻名豫西城乡。阎家羊肉汤的特点是用鲜羊肉,当天用肉,当天宰羊;香料齐全、量大。用胡椒粉而不用辣椒,咸淡适口,汤味鲜美。

（三）尚记牛肉汤

尚记牛肉汤别具一格,分甜、咸两种,其特点是肉肥汤鲜,汤料齐全。用油炸过的辣椒和大蒜,掺在一起捣碎,添加到汤料中去,味道尤其鲜美。如果把馍泡在牛肉汤里同吃,则别有风味。

四、琳琅满目的小吃

小吃是饮食文化中的大亮点。河南的小吃很多,像郑州回民馆里的烩面、洛阳的油酥火烧、新安烫面饺、睢县双瓤烧饼、息县油酥火烧、汝南徽子、商丘十二股麻花、沈丘贡馍、南阳胡辣汤、博望锅盔、信阳勺子馍等,都很有特色,而又以开封夜市小吃最具代表性。入夜,华灯初上,开封鼓楼广场人声鼎沸,热闹非凡。广场两侧,统一规格的夜宵车整齐地陈列在饮食区内。五颜六色的小吃香气四溢,沁人心脾。夜市小吃的品种很多,有炒凉粉、馄饨、黄焖鱼、胡辣汤、元宵、牛羊肉、鸡血汤、烧鸡、卤面、烧饼夹肉、五香肉盒等数十种。风味小吃入夜上市,通宵不断。现今夜市上的食品更加丰富,以各种成品菜肴和馅食为主,如当街水饭、熬肉、干脯、包子、腰肾、鸡碎、旋煎羊、白肠、煎夹子等几十种。

（一）水煎包子

水煎包子是中原很有名的一种风味小吃,多处都有卖家。水煎包子,选料精细,要求严格。面要好面、肉要好肉,生姜扒皮、大葱只用葱白,大料面也是买来花椒、大茴香,自己磨。操作上坚持手工剁馅,而不用绞刀绞。寒冬腊月也要手工打馅,打好后用食盐和酱油腌上,第二天用。包子下锅,一锅多少个是一定的,多一个也不放,保证个匀量足。虽然包子下锅后要浇上一层稀面水(故称水煎包子),但实际上仍少不了用油。拌馅用小磨香油,外边也要向锅底浇洒小磨香油,所以包子出锅,老远就闻着喷香。出锅的包子,一个是一个,没有粘的,没有破的,黄焦酥脆,特别好吃。

(二)风味炒冰

炒冰是让人既饱口福又祛暑热的冷食。炒冰用的是特殊的炒锅,即急速冷冻锅。这种特殊的炒锅,可以在半分钟内,将温度降到 $-40℃$。炒冰的原料,也不是冰,而是鲜榨的水果汁。如今,炒冰越来越多,较以前不仅增加了品种,而且增加了花色,如果汁炒冰、奶油炒冰等,炒出来的冰,质地滑,入口即化,较之冷冻机制出的冷饮,别有一番风味。

(三)菊花火锅

菊花是开封的市花,菊花火锅是开封小吃中的佼佼者,盛行于晚清宫廷内,传入开封已有近百年历史。因开封的市花是菊花,因此原料来源得天独厚。它以鲜鱼为主,火锅内兑入鸡汤滚沸,取白菊花瓣洗净,撕成茬丝撒入汤内。待菊花清香渗入汤内后,将生肉片、生鸡片等入锅烫熟,蘸汁食用,其滋味芬芳扑鼻,别具风味,被视为火锅之上品。

(四)五香风干兔肉

五香风干兔肉是将1.5公斤左右的野兔挂置阴凉通风处风干,再用十余种香料卤制而成,成品香味独特,回味绵长。

(五)五香豆腐干

五香豆腐干是开封朱仙镇的特产。它选用当地优质黄豆、古泉水为原料制成豆腐,经传统工艺九晾九卤精制而成。外皮油黑,内肉黄棕,品之清香可口。

(六)油茶

油茶原是河南武陟特产,油茶的原料为白面、花生米、黑芝麻及盐。虽名为油茶,而实际并不用油,制法也极简单。先烧一锅开水,注入特制金属大壶内,将壶口塞住。取适量的白面置瓷盆内,用冷水调匀,成稀面糊,再将食盐、芝麻和泡好的碎花生米等放入。烧一锅开水,趁热

倒入盆内，慢慢搅匀，使其成为半熟的油茶。再将半熟的油茶倒入锅内，微火加温，不能超过将滚未滚之时，亦即油茶最稠之时停火，然后将壶中的热水倒出，趁壶热倒入油茶，封好壶口，一壶浓香扑鼻的油茶便制好了。

(七) 陈留豆腐棍儿

陈留(今属开封县)豆腐棍儿是开封独具一格的著名特产。因该产品始创于陈留古镇，故名"陈留豆腐棍"。明崇祯年间，陈留豆腐棍儿成为向皇帝朝贡的佳品。1901年，慈禧太后在开封行宫做寿时，陈留县令彭寿山奉召，命名师韩德林、崔玉山制作豆腐棍儿宴席，使其大饱口福，慈禧吃后赞不绝口。

陈留豆腐棍儿主要以开封优质大豆和精炼花生油为原料，精制加工成固体豆腐棍，再通过名厨煨、烧、炒、酿等即可做成。陈留豆腐棍儿中含有蛋白质、脂肪、氨基酸和多种维生素，食之可延年益寿，对营养不良、糖尿病、贫血等症都有效。因此，陈留豆腐棍儿不仅是宴席上一道风味独特的佳肴，也是一种营养丰富的保健食品。

(八) 炒凉粉

炒凉粉是开封广大市民喜食的一种风味小吃，俗言说："吃不到炒凉粉就是没到开封。"在开封城内，很多集贸市场和小吃摊点集中的地方大都设有出售点(大多用摊车)，一般居民家庭也会制作。制法是：先把粉芡配水打成稀糊，入沸水成熟糊晾凉，即为凉粉。炒凉粉就是以凉粉为主料，佐以豆酱、葱、姜，加油炒制而成。老开封人吃凉粉是有讲究的，要炒焦了才吃。如果是冬夜，一定要多放点辣椒，吃起来焦香、热辣。炒凉粉这道风味独具的大众小吃，已被开封人带入北京市，据说还有人将它带到了俄罗斯和罗马尼亚等国，真可谓名扬四海了。

(九) 龙须糕

龙须糕具有悠久的历史，传说是哪吒闹海时把龙须割下来交给厨师做成的食品。糕点表面呈须状，故又名楷须糕。是以米、面粉、糖、油作为主料，并佐以姜、虾、盐、肉、蛋松等混合制成。具有色泽美观，甜咸适口,风味独特等特点。

(十)花生糕

花生糕是季节性食品,河南盛产花生,每到新花生下来,天气变冷后才有人做。制作的大致过程是先将花生仁清炒,去下红皮,打碎成粉末。再将白糖加水烧开,熬化,加入适当的配料,倒到石板上冷却等到不烫手时拔成白丝,加花生粉末,反复拉伸折叠,直至成为麻絮状,然后切成长条,就成了。花生糕口感酥脆,香甜利口,具有花生的香甜味道。花生糕的保存应当注意低温,防止溶化。

(十一)白扒豆腐

豆腐俗称"软玉"、"脂酥",属高蛋白食品。豆腐在我国创始于汉代炼丹家刘安。刘安为汉高祖刘邦的孙子,为求长生不老,在淮南八公山炼丹,并取料黄豆,经多次实验,丹没炼出来,却点成了豆腐,此地也成为豆腐的发祥地。我国的几届豆腐文化节都在淮南举行。元代则有"磨砻流玉乳,煎煮皆清泉,色比土酥净,香逾石髓坚"之诗句,赞誉豆腐色泽似玉,香味悠长;清代进士袁枚称"豆腐入味远胜燕窝"。豆腐的制作技术传到河南后,聪明的工匠采用就地取材的方法,创新发展而成白扒豆腐,今之白扒豆腐,味甘性凉、清热解毒。

(十二)进士糕与状元饼

把进士、状元的"头衔"与糕、饼相联系,冠以新名,是文化人的创举。进士糕与状元饼,是古城开封传统名点,沿传数百年,盛誉不衰。相传宋代科举盛行,每逢大比之年赶考的书生云集京师开封。商人们为迎合考生心理,争相制作"进士糕"与"状元饼"。两者的原料、做法相近,工艺精良,只是用馅不同。其做法是:先把糖、蜜、油、鸡蛋、绍酒和食用黄色素,按比例混合,制成面团待用。然后,将冬瓜、青梅、桃仁和枣分别制成果仁馅和枣泥馅。再将醒好的面团擀成长条,加入馅料。用不同的模子压上"进士"和"状元"的字样,最后放入炉中烘烤而成。加工制成的进士糕、状元饼颜色大红金黄,形体大小匀称,香甜、松软,入口即化。其中进士糕以浓香果仁和桂花香味取胜,而状元饼更以郁

馥的枣泥甜香味见长。而今进士糕和状元饼不再只是古代文人、学士们喜爱的佐餐佳肴,已成为人们馈赠亲友和招待贵宾的高级礼品。

(十三)三门峡麻花

这种麻花长有尺余,色泽柿红透亮,有棱角,香甜可口,黄焦酥脆,久放而不干,是一种老少咸宜的风味小吃。

(十四)陕州糟蛋

用鸡蛋和黄酒酒糟加工酿制而成。用料严格,工艺讲究,成品蛋蛋心呈红黄色细腻糊状,无硬心,有蛋香、脂香、酒香等多种香味,风味独特。

(十五)宋城御猫

相传,北宋年间著名剑侠展昭,不但武艺高强,而且忠君爱国,为民除害,被钦封为"御猫"。开封的厨师根据这个掌故,精心构思,细致选料,精工处理,运用精巧的造型艺术,使"宋城御猫"的形象跃然盘中,给人以出神入化、优美和谐的艺术感染力,适合作高档宴席的大件冷盘。

(十六)御饼

御饼即茯苓夹饼。相传是赵匡胤当皇帝那天,赐给文武大臣的点心,故而得名。其饼皮形状类似中药云茯苓,于是在民间便称为茯苓夹饼。其特点是甜软适口,香味浓郁。

(十七)鸡蛋灌饼

河南是以面食为主的省份,各种面食小吃琳琅满目,洛阳的鸡蛋灌饼就是其中的一款。鸡蛋灌饼原为洛阳水席的配套小吃,以洛阳真不同饭店制作的为代表,以其面筋、蛋暄、味美、易做,风靡北方大小城市,据说目前改良后的鸡蛋灌饼已成为各地早点市场的主力军。

(十八)宫廷杏仁茶

宫廷杏仁茶是由宫廷传于民间的一种风味小吃。它选用精制杏仁粉为茶料,配以杏仁、花生、芝麻、玫瑰、桂花、葡萄干、枸杞子、樱桃、白糖等十余种作料。色泽艳丽,香味纯正,是滋补益寿之佳品。

五、悠久醇香的名酒

酒中乾坤大,壶里日月长。说起饮食文化就离不开酒,说起中原饮食文化就更离不开酒。在河南博物院有关酒和酒具的文物比比皆是。酒是中国传统文化的组成部分,无论是李白"举杯邀明月",还是王维"劝君更尽一杯酒",或者是打虎英雄武松、青梅煮酒论英雄的曹操等,这些代表人物不仅浸透了传统的历史文化色彩,同时还浸透了浓浓的醇香的酒味。三国时,曹操吟咏出了"慨当以慷,忧思难忘;何以解忧?唯有杜康"的千古绝唱。唐朝诗人杜甫写出了"夜深彭衙道,月照白水山"、"杜康频劳劝"的优美诗句。晚唐诗人皮日休亦有"滴滴连有声,空凝杜康语"的佳句传颂。

(一)杜康酒[1]

杜康酒是我国历史名酒,因杜康始造而得名,有"贡酒"、"仙酒"之誉。

杜康当年酿酒的遗址在汝阳蔡店乡杜康村。杜康村是中国秫酒的发源地。自1987年开始,洛阳每年举办"中国杜康酒节"。

在今河南汝阳县杜康村,建造了杜康当年造酒遗址。杜康造酒遗址在许多历史文献中均有记载。历代墨客文人与杜康酒结下不解之缘,常以诗咏酒,以酒酿诗,诗增酒意,酒助诗兴,觥筹交错,华章汗牛。

要说让杜康酒名传千古的人,首推三国时期的魏武帝曹操。"慨当以慷,忧思难忘;何以解忧?唯有杜康。"

诗圣杜甫云:"杜康频劳劝,张梨不外求。"

词豪苏轼留下醉语:"如今东坡宝,不立杜康祀。"

"竹林七贤"之一的诗人阮籍"不乐仕宦,惟重杜康",听说步兵校尉衙门藏有杜康三百斛,便辞官而去。

最让人难忘的还是"杜康造酒醉刘伶"的趣闻。当年,杜康因酿酒

---

[1] 梁燕君:《酒的由来和中国几大名酒溯源》,《食品与健康》2005年第11期。

名声大震,酒因名"杜康"而盛名远播。传说杜康在白水康家卫开了一个酒店。"竹林七贤"中的名士刘伶,以饮酒闻名天下。一天,刘伶从这里路过,看见酒店门上贴着一副对联:"猛虎一杯山中醉,蛟龙两盅海底眠。"横批:"不醉三年不要钱。"刘伶看了,不禁哈哈大笑,心想,我这个赫赫有名的海量酒仙,哪里的酒没吃过,从未见过这样夸海口的。我把你的酒统统喝干,看你还敢不敢狂? 接着,刘伶进了酒店,杜康举杯相敬。谁知三杯下肚,刘伶只觉天旋地转,果然醉倒了,跌跌撞撞地回家去,一醉便是三年。三年后,杜康到刘伶家要酒钱。家人说,刘伶已死去三年了。刘伶的妻子听到杜康来讨酒钱,又气又恨,上前一把揪住杜康,哭闹着要和杜康打人命官司。杜康笑道:"刘伶未死,是醉过去了。"便领众人到了墓地,打开棺材一看,刘伶醉意已消,慢慢苏醒过来。他睁开睡眼,伸开双臂,打了一个大呵欠,吹出一股喷鼻的酒香,得意地说:"好酒,真香啊!"这就是民间至今还流传的"杜康造酒醉刘伶"的故事。至今,在陕西省白水县大杨乡康家卫村杜康墓对岸,一小溪之隔,便是刘伶之墓,石砌而就。《杜康造酒醉刘伶》一书中写道:"天下好酒数杜康,酒量最大数刘伶……饮了杜康酒三盅,醉了刘伶三年整。"当然,这是夸张的民间传说。但杜康酒确实有"开坛香十里,隔壁醉三家"的美誉。

1972年日本首相田中访华,周总理盛宴款待。田中兴至赞叹"天下美酒,唯有杜康"。周总理当即请郭沫若介绍了杜康的渊源和历史,引起了外宾的极大兴趣。后来总理知道这种名酒早已失传,便说:"酒也是一种文化现象,与我们中华民族文明史有千丝万缕的联系。我们的先人在4000年前便发明了酒,这在世界上是罕见的,很了不起。以'酒祖'杜康命名的酒应视为国宝啊。"周总理提出,应"恢复杜康,为国争光"。

杜康酒质量越来越高,1979年开始打入国际市场,1988年我国外交部发出通知,河南伊川、汝阳杜康酒被指定为国宴用酒。

(二)赊店老酒[①]

赊店老酒始于夏,兴于汉,盛于明清,传承至今。公元23年,东汉皇族刘秀率28宿在宛东古镇(今赊店镇)"刘记"酒馆聚众商议推莽扶汉大计,酒饮至正酣时,忽见酒幌空中飘舞,便将酒幌为帅旗,招兵反莽,兴兵南阳,大战昆阳(今叶县),定都洛阳,刘秀赊酒幌为帅旗,圆了皇帝梦,成就了东汉数百年基业,更是谱写了一曲酒之壮歌。公元25年,刘秀在洛阳登基后,念起"刘记"酒店赊旗有功,亲封"刘记"酒店为"赊旗店","刘记"酒店酒为"赊店老酒",自此赊店老酒便为东汉王宫的宫廷御酒。

赊店老酒在生产工艺上采用古老的传统工艺与现代科技相结合,运用当地上等高粱、优质小麦为原料,入三百年泥池老窖,优质矿泉水加浆,科学降度,精心酿制而成。酒体丰满,清澈透明,浓郁芳香,醇和协调,纯正爽净,形成了酒度高而不烈、低而不淡之特色。特别是不加化学香料,顺其自然,饮后不上头、不刺喉、不口渴,在强手如林的白酒行业中独树一帜。国内外酿酒专家给予高度评价,被誉为"酒中之秀"、"中原之佳酿"。赊店老酒被评为省优、国优产品,荣获消费者信得过产品等荣誉称号。河南赊店酒业有限公司位于国家历史文化名镇——赊店镇中心,系国家大型企业,全国500家大型饮料制造企业之一,省、市重点企业,全国白酒工业百强企业。

(三)仰韶酒

仰韶酒历史悠久,是古"醴泉春"的继承和发展,因酒厂设在举世闻名的"仰韶文化"发源地渑池县而得名。7000年来,一代又一代仰韶人坚守7000年陶蒸传统,沿袭7000年陶蒸技艺。用陶发酵,用陶蒸酒,用陶窖藏,用陶盛酒。仰韶人陶与酒的发明、陶与酒的结合影响了整个世界。早在几千年前,陶蒸酒便通过陆路丝绸之路和海上丝绸之路遍布世界各地,中国因此有了"陶国"、"酒国"的美誉。

[①] 张国杰:《赊店老酒新动力——赊店酒业改革三十年纪实》,《管理观察》2009年第19期。

2009年7月20日,由河南仰韶酒业、中国关心下一代工作委员会、中国国际慈善基金会联合主办的"'中华名人走进渑池、品味仰韶'第三届国际慈善论坛暨向20位国家元首及国际奥委会主席罗格先生赠送'仰韶国陶'酒"仪式,在北京人民大会堂新闻厅隆重举行。在赠送仪式上,20位国家元首的代表从河南仰韶酒业有限公司董事长侯建光手中接过"仰韶国陶"酒。国际奥委会主席罗格先生也委派代表前往北京人民大会堂收藏了"仰韶国陶"酒。"仰韶国陶"酒的瓶形设计源于出土的几千年前的女娲彩陶造型(现已收藏于国家历史博物馆)。九届全国政协副主席孙孚凌为河南仰韶酒业有限公司董事长侯建光颁发由中美贸易发展协会授予的"中国仰韶文化传人"荣誉证书;同时聘请著名导演陈凯歌为"仰韶品牌文化大使",并向101岁高龄的酒界泰斗秦含章先生颁发"仰韶酒业名誉总顾问"荣誉证书。

中国的酿酒史起源于7000年前的仰韶文化,仰韶陶蒸酒也名副其实地成为中国第一历史文化名酒。

(四)宝丰酒[①]

追溯宝丰的酿酒起源,有历史根据的是仪狄造酒。仪狄是我国的造酒鼻祖。在史籍中,有多处仪狄造酒的记载。《吕氏春秋》载:仪狄始作酒醪,变五味,于汝海之南,应邑之野。古时汝河流经汝州的一段称之为汝海,汝海之南就是汝河之南,宝丰在汝河的南岸。宝丰商周时为应国属地,古应国遗址现在宝丰县城东南10公里处,为全国重点文物保护单位。在古应国遗址上先后发掘墓葬100余个,出土文物万余件,其中酒具酒器就有三千多件,可以看出宝丰酒业历史之悠久、规模之宏大。隋唐时,宝丰酒业得到了长足发展,北宋时,汝州有十酒务,仅宝丰就有商酒务、封家庄、父城、曹村、守稠桑、宋村等七酒务。酒务是宋朝官方专门经营酒的地方,年收税万贯以上。金时,宝丰酒业兴盛不衰,资产万贯以上的作坊100余家,贩粮售酒者如流,监酒官有镇国上

---

① 马武、姚岗:《宝酒集团酒为宝——记河南省宝丰酒业集团》,《决策探索》2001年第2期。

将军、忠校尉、忠显昭信尉等16人，官高三品。

宝丰酒以其悠久的历史和上乘的质量，赢得了历代名人的赞誉。唐代著名诗人刘希夷是汝州人，他以家乡汝州龙兴美酒（宝丰酒的前身）盛情款待友人，赋诗《故园置酒》，畅言"愿逢千日醉，得缓百年忧"。唐代"酒仙"李白曾数度游经汝州龙兴县（即宝丰县）。他在《夏日诸从弟登龙兴阁序》（龙兴阁在宝丰西北龙兴寺，有吴道子壁画）中称："当挥尔凤藻，搜乎霞筋，与白云老兄，俱莫负古人也。"金代著名文学家元好问，在畅饮宝丰酒后写下了"春风着人不觉醉，快卷还需三百杯"的佳句，赞美宝丰酒。末代皇帝溥仪的弟弟、著名书法艺术家溥杰作诗赞宝丰酒云："每爱衔杯醉宝丰，香飞白堕绍遗风。开往继来传佳酿，誉溢旗帘到处同。"

宝丰酒以优质高粱为原料，大麦、小麦、豌豆混合制曲，陶瓷地缸发酵，采用"清蒸二次清"的酿造工艺，具有"清香纯正、绵甜柔和、甘润爽口、回味悠长"的特点，是我国清香型白酒的典型代表之一。

1956年，宝丰酒被命名为河南名酒。1973年10月14日，周恩来总理陪同加拿大总理特鲁多到洛阳参观访问，在所设国宴上，周总理提出："喝河南的名酒宝丰大曲嘛！"1979年、1984年，宝丰酒蝉联两届"国优"，1989年在第五届全国白酒评比会上，宝丰酒以最高得分荣获国家金质奖，晋升为中国名酒。2007年11月，宝丰酒顺利通过名酒质量复评，蝉联"中国名酒"称号。2008年6月，宝丰酒酿造技艺经国务院批准入选第二批国家级非物质文化遗产名录。

（五）林河酒

河南林河酒业有限公司位于国家历史文化名城——商丘。商丘是商人、商品、商业和商文化的发祥地，这里充满了浓厚的商业气息和中国传统文化的墨香。

林河酒历史悠久，源远流长，春秋时代就闻名天下。相传西汉丞相萧何衣锦返乡，途经林河村，遥望酒旗飘扬，便乘兴下马，开怀畅饮，不禁连称："美哉，林酒也！"后几经沧桑，历久不衰。千年的酿酒历史和

酿酒文化,以及林酒的美丽传说伴随着郁郁酒香飘向神州,飘向海外。

林河酒用小麦、大麦、豌豆配比制曲,高粱为料,古井汲水,泥池发酵,在继承传统生产工艺的基础上,结合现代科技,用最严格、最考究的传统方法精心酿造而成,具有东酒之甜、西酒之香,滴滴经典,杯杯传情。特别是林河XO系列酒,以其"可加冰加水、任意调制"不变色、不失光的独特风格而闻名于世,深得广大消费者的厚爱,被誉为"中国的XO"。

(六)张弓酒

河南省张弓酒业有限公司坐落在中州名镇张弓镇,地理位置非常优越。这里盛产丰富的酿酒原料小麦、高粱,有质地纯净的地下水,酿酒资源得天独厚。张弓酒始于商,兴于汉,盛于今,具有悠久的历史渊源和丰富的文化内涵。西汉末年"王莽赶刘秀"的典故即发生在张弓镇:汉光武帝刘秀曾逃难至张弓镇,脱险后沽张弓酒庆幸,酒力泛胸,余香盈口,遂吟诗抒怀。刘秀称帝后封张弓酒为御宴用酒。从此,张弓酒名扬天下,流传至今。2007年被认定为"中华人民共和国地理标志保护产品",曾蝉联第四届、第五届全国白酒评比银质奖,荣获阿姆斯特丹第三十届世界金奖,荣获河南省名牌产品、河南省免检产品、河南省著名商标、河南省中华老字号等称号和国家、省部级质量金、银奖100多项。故有"东西南北中,好酒在张弓"之美誉。

(七)宋河酒

河南省宋河酒业股份有限公司地处河南省鹿邑县枣集镇,是道家鼻祖老子李耳的诞生地和道教文化的发祥地,是我国著名的传统酒乡。宋河酿酒,始于春秋,盛于隋唐。宋河佳酿被古人誉为"天赐名手,地赐名泉",吸取清澈甘甜的古宋河地下矿泉水资源,以优质高粱、小麦为原料,历经千年、愈研愈精的传统酿制工艺与现代化科技的完美结合,使千年佳酿具有"窖香浓郁,绵甜爽口,回味悠长"的特色。

(八)四五酒

河南祥龙四五酒业有限公司位于河南省周口市,是河南省酿酒行业重点骨干企业,河南省八大名酒生产厂家之一。其前身是创始于1949年的河南四五酒厂,在60多年的经营过程中,屡获殊荣。目前四五酒已经形成了"豫商系列"、"四五老窖系列"、"老酒系列"等10多个系列,高、中、低档60多个品种。2007年5月荣获河南中华老字号称号,2007年8月河南省酒业协会豫酒风格研发基地在公司挂牌成立。2008年9月5日,河南祥龙四五酒业有限公司在新加坡证交所主板挂牌上市,成为河南省首家实现上市的白酒企业,也是我国首个在海外实现上市的白酒酿造企业。

2006年公司出巨资冠名赞助河南建业足球队,并聘请华语乐坛巨星周华健为四五老酒品牌形象代言人,与省希望工程办公室联合设立"四五老酒周华健爱心教育基金"。一系列的公关活动,使四五老酒这一品牌形象有了质的飞跃。企业信奉"以人为本、诚信经营、追求多赢"的经营理念,坚持"员工满意、客户满意、股东满意、社会满意"的宗旨,营造"阳光开放、仁爱和谐、主动行动、绩效第一"的企业文化,追求"扎根本土,雄霸中原,辐射全国"的目标,以全新的形象展示在广大消费者面前。

六、源远流长的名茶

中国的茶文化历史悠久,已经漂洋过海,远播他乡,成为中国饮食文化的独有特色。作为"茶神"故里,中原的茶文化源远流长。

（一）信阳毛尖[①]

河南的名茶,可以说是信阳毛尖一枝独秀。早在1200年前,信阳便成为我国八大茶区之一。信阳地区产茶有两千多年历史,在唐代已列入著名淮南茶区主要产茶县之一。1915年巴拿马万国博览会上获金质奖,1959年评为中国十大名茶之一。信阳茶叶资源极为丰富,淮

---

① 易亮、陈怀亮、张雪芬、申占营:《豫南大别山太阳辐射变化规律及其对"信阳毛尖"茶叶品质的影响》,《蚕桑茶叶通讯》2005年第4期。

南丘陵和大山区皆有种植，荣获国家金质奖的信阳毛尖的原料则主要来自信阳西南山区，俗称"五云两潭一寨"，即车云山、连云山、集云山、天云山、云雾山、白龙潭、黑龙潭、何家寨。俗话说，高山云雾出好茶，"五云两潭一寨"海拔均在300—800米之间，所产毛尖茶质量最优，其中以车云山天雾塔峰所出为最佳，这主要原因：

一是高山云雾多，光照适宜，短光波的蓝、紫、红光易被叶绿素吸收，增强光合作用，使茶叶含有丰富的有机质，茶叶味香浓。

二是高山雾浓，空气湿润，芽叶持嫩性强，粗纤维少。

三是高山日夜温差大，茶叶经光合作用积蓄物质，有效积累多，故高山茶叶味浓郁。

四是山高林茂，枯枝落叶多腐烂为土，有机质丰富，土层深厚松软，偏酸性，有利于茶树生长。

五是空气、水质洁净，很少污染，茶叶质量纯正，无杂味。

喝茶有讲究，品茶是艺术。有信阳毛尖这等好茶，自然就形成了具有信阳毛尖特色的茶文化。信阳毛尖其外形条索紧细、圆、光、直，青黑色，一般一芽一叶或一芽两叶。阳春三月，茶芽开始萌发，清明节过后开始采摘，谷雨前普遍开采。春茶采摘时间为40天左右，5月底以前采的为春茶，也叫做"头茶"，开采的头两天，数量很少，称之为"跑山尖"，多在谷雨前采制，也称为"雨前毛尖"。5月底春茶结束停采5至7天，再采为夏茶，采摘时间为一个月左右。八九月间，秋芽萌发，采之则称为"秋茶"。秋季萌芽多为养树而不摘，于是便有"头茶苦，二茶涩、秋茶好喝舍不得"之说。

信阳毛尖的采摘、炒制、品评都有独到的讲究，色、香、味、形皆为艺术。干看评外形，湿看识内质，信阳毛尖外形细、圆、紧、直，多白毫，色泽翠绿，冲后香高持久，滋味醇厚，回甘生津，汤色明亮。近年来新开发的"信阳红"，也是茶中上品。

信阳毛尖

(二) 太白银毫

太白银毫产于河南省桐柏县崇山峻岭中,主产地在太白顶和淮源、水帘洞、桃花洞等处。太白顶乃桐柏山主峰,在桐柏县城西15公里处,又名胎簪山、大复山、天台山,峰顶海拔1160米,淮河之源离太白顶约200米。当地人说"小淮井",实则是两处泉眼成6.6厘米深浅井水。太白顶西3公里之山腰间,溪流形成澧水,入汉水流长江,茶园面积千余亩,分布在傍溪靠涧的谷地或山坡,其土地湿润肥沃,有机质含量高,结构疏松,通气透水,茶树生长发育旺盛,根深叶茂盛。特别是春季,经常细雨蒙蒙,云雾缭绕,唐代已经为闻名茶区,因其是战略要地,多遭毁弃,1962年,河南省农业厅在这里帮助建立了国营茶场,发展茶叶生产。广大茶叶工作者根据茶叶生长特点,结合悠久的茶叶采制技术,创制出"太白银毫"。其特点为:条索雄壮,紧实,银毫满披,色泽翠润,汤色绿而清澈,滋味醇爽,叶底肥软绿亮。

饮太白银毫是领略名山名茶和茶文化的一种特殊享受。冲泡银毫用透明的杯子,冲落滚开水,那展开的芽头像朵朵花儿,从杯底浮向水面,活像整齐地生长在茶篷上一样,看上一眼,别有一番情趣,喝上一口,茶香久留,品味一下滋味鲜爽,浓烈厚实。

(三) 雀舌茶

雀舌茶是商城县所产,商城县的金刚台、大苏山等地层峦叠翠、云雾缭绕,所产"雀舌茶"形如鸟雀舌尖,汤呈淡黄微绿,滋味香醇。

(四) 灵山剑峰茶

灵山剑峰茶是罗山县所产,具有灵山茶的鲜明特色,"灵山云茶数

千年,古今中外美名传。清香明目延年寿,长生何涵术仙丹",就是对灵山剑峰茶的赞誉。"灵山剑峰"在1990年河南省名优茶评比会上被评为省级新名茶。

第三节 中原饮食文化强势发展

悠久的历史为中原饮食文化的不断发展提供了丰厚的底蕴,科学技术的飞速发展为中原饮食文化的不断创新插上了腾飞的翅膀,在改革开放的条件下,中原饮食文化注重传统、注重融合、注重文化,呈现出强势发展的趋势。

一、注重传统创新发展

名人、名饭、名菜、名宴等,是中原饮食文化发展的传统优势,继承传统创新发展是中原饮食文化发展的显著特点。不但以洛阳水席、开封第一楼、道口烧鸡、杜康酒、信阳茶、逍遥镇胡辣汤等为代表的传统饮食得到了长足的发展,而且涌现出了以"双汇"、"三全"、"思念"为代表的中原饮食文化的新星。

在改革开放初期组建的双汇集团,经历了20多年的风风雨雨,把一个被人们处处"下眼观"的"杀猪的"、"屠夫"、"屠宰场"的行业创新发展,使之由小到大,由弱到强,在由亏损到现在的国家知名企业的发展历程中,沉淀了所有优秀品质企业的精华,以递增的发展速度与稳定的管理根基引领着国内肉制品的快速发展,开创了中国肉类品牌,也创造了肉类行业价值最高的品牌。

郑州思念集团的产品创新和价值链创新活动使企业在不到10年的时间里迅速成长为速冻食品行业的重要成员之一,他们对传统的速冻汤圆产品进行了创新,推出了"小小汤圆"的创新概念产品,将汤圆市场进行了分化,掀起市场销售的高潮。目前,思念小汤圆的年销售额近 4 亿元，在"小小汤圆"领域占据着领导地位。"思念"又借鉴河南开封灌汤包的制作工艺，在全国首推"灌汤水饺"，再一次畅销全国，并奠定了思念"中国速冻饺子大王"的地位。目前思念水饺的年度销售额已突破 5 亿元，成为速冻水饺市场的领先品牌。从 2006 年春天开始，"思念"又推出了中国市场上的第一个煎饺产品"煎饺好吃"，第一个飞饼产品"思念飞饼"和"手打天下"水饺，半年中这三个创新产品销售额已近 3 亿元。除了汤圆和水饺，"思念"还对我国其他传统食品进行了开发。在我国，粽子长期以来一直是一种时令性食品，以手工作坊生产为主。"思念"大胆突破，开发出以箬竹叶做粽衣的"竹叶清香粽"。这种粽子百煮不黄，长放不枯，竹叶长青，每年销售额近 3 亿元，成为继汤圆、水饺之后思念公司的又一主要产品。

速冻面点是思念集团的另外一项重要创新。思念通过市场调研发现早餐面点市场潜力巨大，但是市场上尚无竞争力的面点品牌，于是在 2004 年推出"第一份营业来自早八点"的核心传播概念，将面点市场又划分成两个不同阵营。2005 年度，思念"早八点"销售额达到 3 亿元，成为速冻面点领域的领先品牌。

目前"思念"已经形成了"思念小小汤圆"、"思念水饺"、"思念竹叶清香粽"、"思念早八点"四大系列创新产品，思念着力打造的"速冻食品专家"形象已经在消费者心目中树立了起来。近年来思念集团又涉足中式快餐领域，经营品牌为"一江两岸"的中式快餐连锁店。连锁店的货源由"思念"直接供应，连锁店无需进行食品生产，只需对食品进行加热或者简单的加工即可出售。"一江两岸"连锁快餐在上海、南京等地已经取得了初步的成功。

二、注重融合协调发展

注重融合协调发展是中原饮食文化发展的另一个显著特点。科迪食品集团就是注重融合协调发展的佼佼者。

科迪集团始建于改革开放初期，现已发展成为一家以农副产品深加工为主,集工、科、农、牧、商于一体的现代综合性食品企业集团,公司现有员工10000余人,是国家八部委联合认定的全国农业产业化重点龙头企业之一、"中国食品工业优秀企业"、"全国出口创汇先进单位"、"河南省重点企业"、"河南省十佳粮食转化重点企业"、"省农行资信AAA级企业"和"河南省三大畜牧养殖基地和乳品加工基地"。公司下属乳制品厂、速冻食品厂、河南科迪生物工程股份有限公司、方便面厂、河南科迪罐头食品有限公司、河南冠生园科迪食品有限公司、农业开发公司、科迪便民连锁超市公司等10多个生产企业和商贸企业。科迪集团是中国最大的速冻食品和方便面生产加工基地之一,也是新兴的乳业发展基地。"科迪"品牌已成为全国食品行业知名品牌。科迪集团自创建以来一直致力于做"三农"文章,提高农业资源的附加值和市场化程度,使企业得到了快速发展,产生了显著的社会效益和经济效益,走出了一条种、养、加结合和工农一体化道路。2003年12月16日胡锦涛同志视察"科迪",对科迪农业产业化经营的路子给予了充分肯定。现公司的主导产品有乳制品、速冻食品、面制品、罐头食品、优质胚胎奶牛及奶牛胚胎等五大系列200多个品种。其中,科迪汤圆、科迪水饺双双获得"中国名牌";科迪速冻产品排全国前三位,科迪乳品排河南省第一位,科迪面业已排河南省前三位,奶牛胚胎生物工程产业化、规模化、现代化程度居国内领先地位。

三、注重文化持续发展

注重文化历来都是饮食文化持续发展的内在动力和动因。

从"民以食为天"的传统文化理念,到"消费者的安全与健康高于一切"的企业宗旨,一进入双汇集团的车间就可以看到两条标语:"产品质量无小事,安全生产大如天"、"谁对产品不负责,谁就失去了工作的机会"。确保火腿肠的理想状态"优质,新鲜,丰富,安全"。自从加入世贸组织之后,双汇集团积极参与国际竞争,迈向国际化,开展了标准化管理工作,完善了ISO 9001质量认证体系,建立实施HACCP体系、ISO 22000 质量安全管理体系、ISO 14001 环境管理体系，大力推行 ERP 企业资源计划等一系列的质量相关体系的结合，使人们吃上放心肉，被人们誉为"明星工程"、"明星工厂"。"双汇"的质量信誉和品牌价值也得到了不断提高。

双汇集团坚持从"让更多的人吃上放心肉"的理念到"统一形象，统一标准，统一服务，统一配送，统一管理"的"五统一"方针；从选拔录用了一批年轻化、知识化、专业化的人才到培养出了一批高层管理人员和科技人员。双汇集团相信 20% 的人创造了 80% 的财富的"二八"法则，下放中高层管理人员到基层工作 3 年，了解各个生产工序，让其实践与理论相结合，挖掘自己的潜力，寻找不足，提高业务能力和吃苦耐劳的品质，并加强与基层工人的接触与了解，实现上下同心，气氛活跃，提高工人的积极性等。全方位的实践，充分证明了文化对于饮食行业发展的重要性。

从"中国制造"到"中国创造"，从国人的"菜篮子"到"菜盘子"，中原饮食文化处处呈现出强劲发展的势头。

第九章
天下功夫出少林
——中原武术文化

中原地区，交通便利，气候宜人，物产丰富，人文发达，历来是兵家必争之地，自古有"得中原者得天下"之说。悠悠的历史长河中，作为古老文明的一个分支，优秀的传统武术文化在中原沃土中滋生、发展、延续，并不断丰富着中原文化的内涵。

第一节 中原武术概谈

一、中原武术

武术，古称"拳勇"、"技击"，民国时期又称"国术"，是以技击动作为主要内容，以套路和格斗为运动形式，注重内外兼修的中国传统的体育项目。武术是一种纯粹的民间文化形态，保留着原始古朴的风貌和浓郁的地域特色。中国武术的所有流派，都是以地域文化为底蕴，从地域文化中孕育出来的。而中原自古便是兵家必争之地，盛行尚武之风，又是古代行气术的重要发源地，为内外兼修、形神合一的中原武术准备了合适的土壤。因此中原武术的形成和发展，与中原地区特定的人文环境以及社会变迁有着密切的联系。

中原武术是中华民族的宝贵文化遗产之一,是民族传统文化在武技方面的体现。它浸润着中原人民的性格气质,蕴涵着中华民族对搏击之道的独特悟解。它刚柔并济、内外兼修,既有刚健雄美的外形,更有其典雅深邃的内涵。中原武术,源远流长,历经沧桑,在数千年的发展中蔚为奇观。

二、中原武术与中原文化的关系

中原大地不仅是中华民族文化的摇篮,同时也孕育了名扬天下的两大拳种,即嵩山少林寺的少林拳和温县陈家沟的陈氏太极拳。人们说"功夫"时会脱口而出"天下功夫出少林",人们以武会友切磋"缠丝劲"时自然要去寻根陈氏太极拳。

中原武术不只是搏击术,更不是单纯的拳脚运动,也不是力气与技法的简单结合,它饱含着哲理,深蕴着先哲们对生命和宇宙的参悟,以一种近乎完美的运动形式诠释着古老的东方哲学思想,追求那种完美而和谐的人生境界。中原武术与中原文化是一脉相承的,中原武术即反映了时代文化的发展与变迁,又在时代文化的推动下,进行创新与传承。可以说,中原武术与中原文化密切相关、密不可分,是其表现形式之一。

中原武术文化是中原文化的重要分支,它是中原文化在社会运动实践中的抽象升华和提炼。中原武术文化的生成与发展依附于整个中原文化系统发展与演进。它的生成根植于中原文化的沃土,随着中原传统文化形态的演进而不断地发展。

三、中原武术的形成和发展

中原地区是华夏文明的发祥地,在这块土地上,我们的祖先创造了灿烂辉煌的古代文明,包括武术器械、武术典籍、汉画像石、壁画和一些遗留下来的练功遗址在内的大量反映武术文化的资料,不仅反映了中

原地区武术文化的历史渊源,而且也展示了不同阶段中原武术的发展风貌。

武术在中原有着悠久的历史,它的产生源于远古祖先的狩猎和战争,是搏斗技术与经验的总结。《兵迹》中说"民物相攫而有武矣","孟冬之月,天子乃命将帅讲武、习射御脚力"(《礼记》),当时把射御、角力、手搏、击刺等,泛称为"武",在不同的历史时期,它所涵盖的内容不尽相同。类似今天武术的内容有角抵、相扑、角力、手搏、击剑、刺枪、打拳、使棒等。古代记载中,如商代有"拳勇"、春秋有"技击"、汉代有"武艺"等提法。"武术"一词最早出现在南朝梁武帝长子萧统所编《文选》中,文中有诗句为"偃闭武术,阐扬文令"。后人将"武术"一词作为自卫强身之术的专门用语,清末民初得以广泛应用。武术作为独立的社会文化现象,是同中华民族文明的产生同步的。武术萌芽于原始社会时期,成型于奴隶社会时期,发展于封建社会时期,没落于民国时期,振兴于新中国建立时期。

中原武术的发展大致经历了四个阶段。

第一阶段(先秦时期~1840年)为中原武术的成型阶段。早在商周时期就出现的"武舞",它是将用于实战格杀的技艺按一定程式来演练,是古代武术由感性认识向理性认识的升华,也是武术套路的雏形。春秋战国以后,列国争雄,很重视技击术在战场中的运用,这对士卒的选择与训练更加严格,促进了军事武艺的发展。"击剑"盛行于此时,武术的功能向多样化发展。秦汉时期"刀舞、钺舞、剑舞、双戟舞"等近似套路运动的舞练项目相继出现。而手搏、角抵、击剑等格斗形式的竞技活动在《汉书·武帝本纪》等书中已有记载。武术流派雏形开始出现,如曹丕在《典论·自序》中谈到剑术已有"法",而且各异,便证实了流派的形成。入唐以来开始实行武举制,对武术的发展起到了促进作用。宋元时期,民间练武已有结社组织出现,如"相扑棚"、"弓箭社"等,还有以卖艺为生的"路岐人",他们在街头巷尾表演,"使拳,弄棒、舞刀、枪、剑"等,并出现"擂台"比赛形式,古称"打擂台"。明清时期是武术大发展时期,各种流派林立,拳种纷呈。其主要标志是中原三大武术拳种已经形成,武术的多元价值被人们所认识。①

第二阶段(1840~1949)为中原武术向体育方面转换的发展阶段。处于这个时期的中国武术也开始接受近代西方体育文化的影响,并踏上了向近代转型的道路。鸦片战争以后,随着冷兵器的消亡,武术基本上从军事中脱离出来,成为强身自卫的运动。19世纪60年代,近代西方体育开始传入中国,在近代西方体育传播的冲击下,我国武术也发生了一些变化,辛亥革命后,曾把武术作为中国式体操。近代,随着各项运动的开展,中国人也开始组织自己的体育团体,其中包括武术团体。1910年在上海成立了"精武体育会",1927年在南京成立了"中央国术馆"。民国时期,民间出现了许多拳社、武士会、体育会等武术组织。然而,由于旧中国处于半殖民地半封建的社会时期,政治、经济、文化、教育都受到帝国主义和封建主义的影响,武术前进的步伐是缓慢的,受武术大环境的影响,中原武术在不同程度上也体现出这个时代武术发展的特征。

第三阶段(1949~1977)为中原武术的成熟阶段。中华人民共和国成立后,武术成为社会主义文化和人民体育事业的一个组成部分,得到了蓬勃发展。1950年中华全国体育总会召开了武术座谈会,倡导发展武术运动,1956年中国武术协会在北京正式成立,武术正式定为表演项目。1958年国家体委制订了第一部以流行面较广的长拳、太极拳、南拳为竞赛内容的《武术竞赛规则》。自1960年开始,大部分省、自治区、直辖市纷纷成立武术运动队。1972年以后,为了适应竞技武术比赛的要求,中原各地先后建立起了青少年武术训练班,为中原竞技武术人才的培养和竞技武术水平的提高提供了有力的保障。

第四阶段(1978年至今)为中原武术的繁盛阶段。从1979年开始,武术竞赛和表演有了新的发展,每年都举行全国武术表演赛和全国

---

① 李德祥等:《试论中国武术文化》,《云南师范大学学报》2002年第12期。

武术观摩交流大会。20世纪80年代以来,群众性的武术活动蓬勃开展,各种形式的武术馆、站、社、校等相继成立。1983年,河南省武术挖掘整理领导小组成立,随后各地市也相继成立武术挖掘整理小组,开展了武术挖掘整理的三献(献技艺、献资料、献器械)活动。1992年国家体委在全国范围内开展评选"武术之乡"的活动,中原大地的登封县、温县、汝州市、淮阳县被评为"武术之乡"。改革开放以来,随着中原武术文化的兴起,有着地域特色的郑州国际少林武术节、散手邀请赛以及"省港杯"散手擂台赛等都多次在中原地区举行。2006年10月,在郑州举行了"首届世界传统武术节",这些赛事都说明了中原地区的地域优势,奠定了中原武术文化的重要地位,为武术的发展谱写了新的篇章。

第二节 中原武术的文化内涵及其功能

一、中原武术的文化内涵

中原武术的本质核心是具有技击性和养生功能,其文化内涵是以人体内的精神气质为基础,注重阴阳平衡,与大自然浑然一体,强调天人感应,身心、内外合一,由于长期受到中原文化的熏陶,传统的哲学、生理学、养生学、力学、军事学等文化艺术之精神也融入其中。中原武术经久不衰,具有很高的实用价值和浓郁的民族文化内涵。

(一)中原武术的哲理性

中原武术与传统文化有着深厚的血缘和形神相依的联系。它受"刚健有为"、"天人合一"、"崇德和谐"、"阴阳学说"等中国传统文化哲学思想影响,具有较强的哲理性。

首先,武术练功是把人作为一个整体来训练,把人放到自然中去,把人的运动同周围环境密切联系起来,讲究"内练精气神,外练筋骨皮"、"内外合一,形神兼备"。武术练功要求按不同的季节、时辰、时令等,根据自然界和人体机能的变化,采用不同的方法,来达到练功的目的。

其次,从"天人合一"思想引发出"圆"与"空"的观念,是人对天地自然特色的领悟。这一观念对武术文化影响至深,形成了武术师法造化、师法自然的鲜明特征。各种象形取意的拳种和拳式,都是自觉或不自觉地在这一哲学观念指导下发展起来的。如少林拳有"拳禅合一"之说,就是承认拳术与禅修有着天生的一体性,无论对于人与世界的认识,还是表达实践的方法,以及相互印证的精神实质,都存在着相连一体的默契。[①]

再次,"知行一致"的哲学观念,很自然地被以搏击攻防为内容、以研究最佳运力用智的武术引为理论指导原则,知行分离是学不了武的。

最后,阴阳是我国传统文化哲学的经典理论,其哲理中的动静、虚实、刚柔、开合、进退、内外、起伏等一系列概念在武术中得到极为广泛的运用。如太极拳以太极阴阳为哲学基础,外示安逸,内固精神,这点在太极拳的技术动作、技术要领中都表现得非常清楚。在太极拳系的日常行为规范当中,特别强调宁静致远这一原则,它主张刚柔结合,这也是我们中华民族的行为文化。[②]

(二)中原武术的传统性

中原武术是按照中国传统文化中"普遍和谐"的法则结构构建起来的,包括自然本身的和谐、人与自然的和谐、人与人的和谐、人自我身心内外的和谐等观念。它的文化价值在于把自我身心内外的和谐作为起点,推广到人与人的和谐,继而扩展到人与自然的和谐,最后才能不破坏自然的和谐。例如在套路运动中的上下相和、内外合一、"眼随手动"、"目随势注",以及"六合"(手与足合,腰与膝合,肩与胯合,心与意合,意与气合,气与力合)和体现躯干与四肢相合的"身法"等表达了周身和谐的高度境界;在太极拳的锻炼中,强调"顺其自然",讲求人与自

[①] 杨俊峰、闫增荣:《和谐社会条件下武术的文化特征及社会价值探析》,《博击·武术科学》2008年第12期。
[②] 彭福栋:《试析武术文化的特性》,《成都体育学院学报》2007年第5期。

然的和谐。中原武术的这一特征恰恰可以成为中原武术发展的动力。

（三）中原武术的民族性

中原武术，除了体现东方哲理外，同时蕴涵丰富的民族传统伦理。武技研究的是制敌取胜之技法理论，要格斗搏击，自然也就意味着暴力、流血和伤人，甚至杀人。但是中原武术却有着鲜明的伦理特色，处处表现着我们这个仁义之国、礼仪之邦的民族特征，形成重传统、重经验、尊师爱徒的人伦观念。

中原武术的伦理思想在儒家仁义精神的基础上，融会了禅宗佛学的"持戒"、"化解"的慈悲胸怀。《罗汉行动短打·序言》称点穴术是为了"不得不打"但又"不致伤人"才创立的。又以道家的"不争"、"虚静"修身养性，深刻地反映了中华民族善良、诚信、热爱和平的美德，也创造出中原武术独特的道德体系，都和遵循人际关系和谐的宗旨、限制武术的暴力程度有关。[①]

中原武术是中原传统文化的产物，具有独具一格的民族特色，是经历历史选择的优秀的精神创造物，具体表现则是物化在生命体上的拳脚攻防动作程式和物化为动作程式的符号记录。这些符号是流动的、有机的表达方式，可得到直接的回应，产生长远的效应，通过这些符号的传播，进行纵向和横向的辐射，进而开发和利用自然力，以满足自身的生存与发展，这就是武术文化的实质。

同时，武术中反映的刚健有为、入世进取的精神也符合中华民族的精神，孔子提倡刚健有为的精神，强调并实践其"发愤忘食、乐而忘忧"的人生态度，《易传》进一步提出了"天行健，君子以自强不息"的口号。历代儒家士人无不以"修身、齐家、治国、平天下"自勉，奋发有为，积极进取。在此基础上，又提倡"天下兴亡，匹夫有责"、"杀身成仁，舍生取义"的精神，葆有"气节"从来就是中华民族崇尚的人生价值准则。中原武术从来赞扬除暴安良、扶弱济贫的行为，忧国忧民、匡扶正义，始终

---

① 彭福栋：《试析武术文化的特性》，《成都体育学院学报》2007年第5期。

是武林界的座右铭,并蔚为爱国主义传统。武林爱国英雄,代不乏人。明代少林僧兵抗击倭寇的事迹,更为中原武术平添了一份荣光。

(四)中原武术的开放兼容性

中原文化是在诸子百家的文化争鸣中形成和发展起来的。孔孟显学,儒道佛三家并立,文化先贤们的思想火花在这块土地上广泛地宣讲传播,反映了中原文化的先进性,也反映了中原文化的兼收并蓄、博采众长的气魄。根植于这片沃土上的中原武术文化,也表现出了应有的兼容姿态与博大开放的胸怀。

少林武术作为中原武术文化的杰出代表,形成于距今1500余年的北魏时期,少林武术以自度度人的佛教禅学文化为主导,经过长期的发展,终成为独步天下的武术流派。据《少林寺志》记载:五代十国时,少林寺高僧福居曾邀请十八家武术师到少林寺演练三年,各取所长,汇成少林拳谱。

到了宋代,僧人们汇众家之长,补充增加了太祖长拳、郑恩缠封、温元短拳、孙恒猴拳等170余套拳路。到了明清两代通过俞大猷等人的共同努力,少林棍法取得了武林正宗的无上地位。

当然少林寺能取得这样的地位,还与其主动迎合时代的变迁,参与社会变革有直接的关系,从隋朝末年少林寺十三棍僧救唐王一直到明代诸僧居朝为将,参与抵御东南沿海倭寇边患的军事行动等。这些行动使少林寺扬名立万、大显身手,于朝野上下广受褒扬。到了清代,康熙皇帝曾亲为其匾额赐书"少林寺"。

形成发展不自封,海纳百川不守成。从少林武术的形成和发展中,不难看出中原武术的宽容开放的文化特征,正是因为有了这种持久地开放与兼容,中原武术才成就了今天的不凡建树。

二、中原武术的功能

(一)健身、医疗功能

常言道:"常常练武术,不用上药铺。""少时练得一身功,老来健壮

少生病。"武术不仅有防身价值,而且其健身医疗价值也是大可赞誉的。中原武术讲求内外兼修,武医结合,从传统中医的观念出发,锻炼人体的五脏六腑和经脉气血,达到内壮的功效,以期由内而外,操练各种手法、腿法,全面锻炼踢打摔拿、闪转腾挪之法,以及配合一些辅助的工具,如沙袋、木桩、千层纸、铁扫帚、中药(药功)等,这样下来,既保证了体内的平衡通畅,内在的能量源源不断,又能使得外在的筋骨皮具有极强的抗击力。

2008年北京奥运会鸟巢广场群众性健身活动

如习练太极拳,要求含胸拔背、松肩坠肘、屈膝坐胯、开胯圆裆、气沉丹田、尾闾中正等,这一切对血液循环有着明显的良性影响,进而对人体的心脏、呼吸系统、消化系统和中枢神经系统都有积极的影响。太极拳运动集中国古代的吐纳、导引、体操、拳法于一体,能活动人的四肢百骸、五脏六腑,平衡阴阳,要求眼随手转,停势眼向前平视,延展及远,对明目有很大作用。还要求眼法与步法、身法一致,精神高度集中,这就是所说的"心静"、"神凝",是中枢神经对肢体调节的极佳体现。可以说长期练习太极拳可达到气血和畅、营养平衡。太极拳对神经衰弱、心脏病、高血压、气管炎等多种慢性疾病有一定的预防和治疗作用。[①]

少林历代武僧中不乏既精通禅学,又兼修文、医、诗、书及擅长武功

---

① 施国山:《试探中国武术的功能与价值》,《科技信息》2010年第5期。

者，比如西魏时的福居禅师和著有《少林骨科旨要》、《少林丸散谱》的僧医总教惠定禅师等人物。《少林七十二绝艺》记载有点穴、卸骨、擒拿之法及内外用药方等。研习点穴之术需知穴位、经络、气血等，施用卸骨之法要懂得人体骨骼构造等，而擒拿法要能认筋辨骨等。所有这些又都必须深谙救治之方法，[1]而中医学、中药学和伤科则是这些学问的基础。

河南派心意拳讲究内外兼修，未学武先养生，在身体机能调理好的条件下再学习搏击之术，拳谱曰：精养灵来气养根，元阳不动称起真。丹田养久千斤宝，万两黄金不谕人。精养灵，说的是大脑思维的机能，必须依靠精血来滋养，精者，有形之物，在人体属阴，出生婴儿先天有之，后天之充，源于五色、五味之饮食，精血通过肺部的呼吸和心脏的血液循环作用，产生热量，升华为人体所需的内气；所谓养根，指的是气力的根源，气根在腰，而身根在脚，肱根在膀；元阳不动，简单地说，是男子未婚前已把功夫练成，童子功为真；丹田养久千斤宝：丹田原为道家语，指男子肚脐以下的下丹田，为内气之库，丹田气的充盈由营养和练功日积月累培养而得，功成艺就贵如千斤之宝，何谓宝？宝者，精、气、神也，因此，在心意拳门里，长寿者比比皆是，洛阳心意拳第二代宗师马梅虎（1805~1924）先辈更是活到119岁高龄。

(二)技击功能

武术最初作为军事训练手段，与古代军事斗争紧密相连，其技击的特性是显而易见的。在实战中，其目的在于杀伤、制服对方，它常常以最有效的技击方法，迫使对方失去反抗能力，这些技击术至今仍在军队、公安中被采用。武术作为体育运动，技术上仍不失攻防技击的特性，而是将技击寓于搏斗运动与套路运动之中，体现了技击性是武术的核心。[2]

---

[1] 韩雪：《中州武术文化研究》，《体育科学》2006年第8期。
[2] 杨俊峰、闫增荣：《和谐社会条件下武术的文化特征及社会价值探析》，《博击·武术科学》2008年第12期。

第九章 天下功夫出少林——中原武术文化

如少林武术的大部分套路,由起势到结尾,每个动作都是根据实战的需要而编成的,是系统组合招式。它的套路结构紧凑,动作朴实健壮而敏捷,攻防严密,招式多变,力量的运用灵活而有弹性,着眼于实用,不练花架子,在练拳和实战中秀如猫、抖如虎、行如龙、动如闪、声如雷,变化多端,进退有方,一气呵成。快能"打人不见手,见手非为能",多变则手脚并用、拳掌齐到、应势而变。实战中讲究"浑身无处不是拳",如头、肩、臂、肘、掌、指、胯、膝、足等均可发挥技击的作用,应用时互相配合,使其招式多变,极具技击性。由于少林拳术实战意义强,加之寺僧研练认真,功夫过硬,历代均有名僧出现。

陈式太极拳具有立身中正、拳走低势、丹田内转、劲走螺旋、虚灵顶劲、开合相寓、刚柔并济、化打合一等技击特色,讲究"彼不动、我不动,彼动、我先动","人刚我柔谓之走,我顺人背谓之粘","动急则急应,动缓则缓随",虽变化万端,而理为一贯。要求练习者有意识地放松身体,用意不用力,"粘连粘随"、"不丢不顶",长期练习,可使感知力达到"一羽不能加,蝇虫不能落"的境界,具有极强的防守功能。①

河南派心意拳行拳多走直线,不图外观修饰,朴实无华,久练实磨、讲究功夫,被历代武术家珍视为"拳术之上乘、民族之瑰宝"。练拳时四肢分明,气质英雄,不求千招有,只要一式精,招招式式要求千锤百炼,火候练到:刚柔相济,攻防兼备,灵活多变。其风格为八个字:勇、猛、短、毒、疾、狠、快、利,拳势练成如雷动风响,掂起轻重,定身如搜橛,显示出阳刚之美。其基本套路为"四把锤",在技击方面,要求整学乱用,死招活用,正奇互换于形,策略谋算于心。马学礼祖师曾说过:"四把锤把打死人!"谱曰:功夫用勇务几倍,去势好似卷地风,虎身展爪不定势,左右横顺任尔行!进击的速度犹如风驰电掣,迅雷不及掩耳,虎身虎胆。

---

① 李淑芳:《略论中原武术文化的文化内涵和功能特点》,《黄河水利职业技术学院学报》2006年第10期。

（三）教育功能

中原武术崇尚"未习武先修德"、"武以德立"、"德以技厚"的哲理，深刻地反映了讲礼守信、勇敢仗义、坚忍笃实、刻苦求进、舍己为人等。

武术进入中小学课堂

尤其对于未成年人，在第一时间切入的文化完全可以先入为主，形成牢固而耐久的文化基础，并产生极为深远的影响。武术文化这些优秀的传统美德能为人们提供有益的伦理品质和人生理念，对于提高青少年的思想道德水平具有重要的作用。武术文化是感悟人体动作的文化，在千变万化的人体动作中，反映出人的思想、道德、意念、方式、手段、美感与文明程度等，渗透到人体的诸多文化和人类自身的发展之中。在武术文化理论课上弘扬武术文化及其民族性特征，有助于培育民族精神，增强广大青少年对民族优秀文化的认同和自信，使青少年在武术文化的民族精神中受到鼓舞，激起武术学习的积极性。

（四）美育功能

中原武术在长期的发展过程中深受中国传统美学的熏染，表现出浓郁的民族特征之美，具有很高的美学价值，能给人以美的享受，陶冶情操。各种武术项目各有其独特的美学特点，如少林拳古拙紧凑，矫捷刚健；心意拳简练质朴，短促有力；太极拳的舒缓柔和、轻灵圆滑、连绵不绝,似行云流水,紧而不僵,松而不懈,行动如抽丝,迈步如猫行。尤其是场面开阔的集体表演项目,因图案多变,威武雄壮,加上节奏清晰的民族音乐和古香古色的服装陪衬,更能给人以优雅舒畅的审美享受。[①] 可以说中原武术体现出的意境美,已超越了纯自然状态。它使武术的本质融于行云流水般的套路演练中,以势夺人,以形娱人,以神感人,以气贯穿始终,如一首首优美的抒情诗或奔放的进行曲,使人们在刀光剑影中享受美,品味着醇厚的武术文化。[②]

武术表演

综上所述,中原武术具有丰厚的文化内涵,渗透着中原传统文化的精髓;具有显著的健身、医疗、教育功能、技击功能和美育功能,体现了追求"内外兼修"和整体和谐的思想观;使人们在休闲的运动中体悟中原古老文化的博大精深。

第三节　中原武术的主要流派

中原地区武术资源丰富,各地流行的武术拳种类型较多,以少林拳、太极拳、苌家拳为代表的在中原地区形成和发展的拳种以及由外省

[①] 高同进:《浅析武术的功能与作用》,《科技信息》2008年第15期。
[②] 张英:《浅谈武术美学价值》,《搏击.武术科学》2011年第6期。

传入,但广泛流传于中原各地的拳种,都构成了中原武术独具特色的拳种体系。目前,中原武术较为流行的体系完整,内容丰富,既有拳术又有器械的拳种共有 40 种,最具代表性的是少林拳、太极拳、心意拳、苌家拳、梅花拳、岳家拳、忠义拳、独门拳、豹虎拳、太祖拳、八卦掌、洪拳、昆仑拳、武当拳、峨眉拳、二郎拳、木兰拳以及竞技武术等。[1]

一、少林拳

俗话说:"天下功夫出少林。"少林武术起源于古代嵩山少林寺,并因而得名。少林寺北依五乳峰,西向少室山,周围群山环抱,清溪潺潺。自北魏太和十九年建寺后,以其具有特色的禅宗文化和少林武术吸引着大量的信众和游客。

少林拳是少林武僧及其传人在长期参禅悟道、修身保命的生活实践之中所创,并汲取各家拳派之精髓不断革新、完善、提高、发展,逐渐演化成派系繁大、内容丰富、理精法奥、独具风格和特点、久负盛名的武术门派,即少林派。以禅宗和武术闻名于世是少林寺的主要特点,又因其佛武同源、拳禅合一、以禅入武,习武修禅,讲究以禅武来颐养性情和护身卫寺、保家救国,所以少林武术亦称为"禅武"。少林武术体系完整,功技独特,理法突出,支脉繁盛。

北魏孝明帝孝昌三年(527),印度僧人达摩来中国河南省嵩山少林寺,传授佛教禅宗。他不主张用文字传教,而采用"壁观"的方法,静坐修心。他在嵩山五乳峰上的一个天然石洞中面壁九年,"寂坐参悟"。由于长期静坐,精神和肉体都不免困倦,而且身居深山密林之中,经常受到毒蛇猛兽的威胁。他便根据山林中虎跃、猿攀、鸟飞、虫爬等动作,并效法我国劳动人民生产和锻炼身体的各种活动,创编了简单的体操活动,作为健身护体之用。达摩初创的这些简单动作,称不上什么拳术,但是从此开创了少林寺僧众健身习武之风。后来,随着一些名人杰

---

[1] 张玉景:《河南武术文化发展研究》,《搏击·武术科学》2009 年第 2 期。

士的到来,寺内和尚的武艺得以与外界切磋交流,使少林武术不断提高和发展。

少林功夫表演

隋末唐初,隋将王世充窃据洛阳称王,与唐高祖对抗,直接阻碍了唐王朝的统一。在王世充与李世民交战于洛阳争夺天下的关键时期,少林寺昙宗为首的十三僧兵,偷袭了王世充的后营,活捉了王世充的侄子王仁则。昙宗大和尚被封为大将军。唐太宗登基后,赠寺田四十顷,盖殿宇僧房两千余间,僧众有两千余人。并准许少林和尚吃肉喝酒,允许寺内建立兵营,训练僧兵。少林寺从此进入兴盛时期,被誉为"天下第一名刹"。

少林寺养僧兵后,练武就直接与作战联系起来了。这就为少林武术的发展提供了非常有利的条件。为了提高实战能力,寺僧们不仅练拳术器械,而且亦加强了对轻功、气功和马、步战术的研练。还经常邀请各地武术名人,入寺传艺指教,各方武术名人也慕名而至,传经送宝。少林寺实际上已经成为全国会武之地,使它有机会博采众家之长,集武术精华于少林。同时,少林武术也广为流传。例如宋初,曾先后汇纳了宋太祖赵匡胤的长拳、韩通的通背拳、马藉的短打等十八家拳法的精华,著成拳谱,流传后世。又如金元时期的觉远和尚,出家到少林后,感到寺内武艺不佳,便携资西出访师于陕西、甘肃兰州,聘请名师李叟、白

玉锋传气功及龙、虎、豹、蛇、鹤拳等。

少林寺真正以武功名扬天下是在明清时期。万表的《海寇议》、郑若曾的《江南经略》、佚名的《云间杂志》、顾炎武的《日知录》、张鼎的《倭变志》以及《吴淞甲乙倭变志》等文献记载了少林武僧走出寺门、杀敌卫国的英勇场面。[①] 嘉靖四十年(1561),少林寺众僧推荐宗擎、普从两人追随抗倭名将俞大猷杀敌、习武。历时三年多,尽得其武技精华,以棍术、轻功、搏击等技为最,后返寺传技于众僧。

少林棍术在名家的指点下,又经过杀敌卫国实战的磨炼,充分显示了其技法的实用性,其在战场上的优秀表现,又吸引了众多武林高手的关注,他们与原有的少林武术交流融合,又加以提炼总结,使少林武功愈臻精湛,经过多年的努力,到了明朝末年,少林棍法已被推为诸家棍法之首,被公认为武术正宗。明代茅元仪在天启元年(1621)编纂的《武备志》中特别指出"诸艺宗于棍,棍宗于少林"。

明朝末年,少林寺僧众致力于拳术的提高,以使拳术与棍术齐名。万历四十四年(1616),程宗猷著的《少林根法阐宗》中的《问答篇》中曰:"……而拳犹未盛行海内,今专攻于拳者,欲使与棍同登彼岸也"。少林拳术讲究"拳禅合一",少林寺是佛教禅宗的祖庭。禅宗以明心见性、顿悟成佛为要旨。正像当代诗人赵朴初所写的诗那样:"大勇立雪人,断臂得心安。天下称第一,是禅不是拳。"正因为禅宗没有把武技看得太重,才使得少林武僧得以步入武学的较高境界。

入清以后,中原地区的习武之风广为盛行。满族统治阶级为了巩固其政权,阻止汉人对满族的反抗,曾经多次下旨禁止民间习练武术,并且还责令地方官对其违反者要严处查办。至此,少林武僧不敢公开习武,但依然暗中练武不辍。少林武僧的星散四方,少林武艺的发展由明转暗,加速了少林武艺全面向各地传播,从而推动了我国民间武艺的发展。以少林寺为代表的寺院武功在这一时期得到迅速发展,成为中

---

① 邓正龙:《少林武术的发展历程与其主导思想探析》,《搏击·武术科学》2009年第6期。

国武术史上又一个快速发展的阶段。①

少林武术是一个博大精深的武术体系,不仅包括少林寺僧俗家弟子演练和整理创编的拳术、器械及其他武术套路功法,而且包括寺外自称是少林武术并且依附少林武术风格特点的武术套路。

少林武术的形成和发展过程,就是一个广泛吸收全国武术之精华,不断自我完善的过程。其拳术、器械俱臻佳境,内容丰富多彩,体系完整,套路精湛,支脉繁衍。据初步统计,少林寺内秘传的拳路有234种,器械套路137种,合计371种。目前流行于北方地区的许多拳种,如梅花拳、炮拳、洪(红)拳、功(弓)力、劈挂、通臂、短打、燕青(秘踪)、拦手、螳螂、七星、昭(朝)阳、关东、八极、戳脚、鹰爪,以及长拳、猴拳、苌家拳、岳氏连拳,等等,也都属于少林拳系。可以说少林拳是集中原武功之大成。②

二、太极拳

太极拳是中原武术苑中的奇葩,它以刚柔并济为特征,以强身健体、修身养性为主旨,是一种蕴涵着深奥哲理、充满了智慧的拳种,它集中体现了中国人的处世之道,是中原传统文化的一种特殊表现形态。

关于太极拳的起源问题,武术史界一直有争议,经过一批批学者和武术研究、教学机构多年研究与讨论,最后一致认定河南温县陈家沟为太极拳的发源地。

2007年3月,在中国民间文艺家协会组织的国内武术、考古、民俗等方面知名专家组成的中国民间文化之乡评审考察验收组进行实地考察后,确定温县是中国太极拳的发源地③。2007年8月21日,在温县陈家沟,国家体育总局副局长冯建中等为"中国武术太极拳发源地"揭牌,焦作市温县被中国中央对外宣传办公室、国家文化部中国武术协

---

① 邓正龙:《少林武术的发展历程与其主导思想探析》,《搏击·武术科学》,2009年第6期。
② 陆草:《论中原武术文化研究》,《中州学刊》2007年第1期。
③ 朱晓娟:《太极拳发源地定为河南温县》,《人民日报》(海外版)2007年6月11日。

会、中国民间艺术家协会命名为"中国武术太极拳发源地"和"中国太极拳文化研究基地"。关于太极拳的起源问题基本已经不是问题,这一结论也可以从太极拳的主要流派的发展、传承中找到依据。

太极拳演练

孙式太极拳,始于河北完县人孙禄堂(1861~1932),孙禄堂酷爱武术,先学形意拳,后学八卦掌,功夫深厚,民国初年孙禄堂开始跟从郝为真学武式太极拳,在融会各家之长的基础上,创立了孙式太极拳,并著有《太极拳学》。其孙女孙剑云著有《孙式太极拳》一书。

郝式太极拳,由河北永年人郝为真(1849~1920)所创。郝为真师从于李亦畬(1833~1892)学习太极拳,而李亦畬的老师是其舅父武禹襄。因为武禹襄、李亦畬都是儒生,从不以拳师自居,所以徒弟非常少,从郝为真开始才广授门徒,郝为真的一些传人和太极拳传习人,以姓氏名其所传,称为"郝式太极拳"。从上世纪60年代初,国家体委出版各派太极拳书时,由于将其书名定为《武式太极拳》,故称此系技法为"武式太极拳"。郝为真的孙子郝少如著《武式太极拳》一书。

武式太极拳,由河北永年人武禹襄(1812~1880)创始。武禹襄的家族在永年是望族,其家是翰墨家庭,但武禹襄本人却酷爱武术,终身没有步入仕途。武禹襄见同乡好友杨露禅练习太极拳,非常喜爱,于是拜杨露禅为师,学习陈氏太极拳老架。后来,武禹襄听说河南省怀庆府赵堡镇的陈清平武技精湛,在一次因公到河南省的时候,拜访了陈清平,学习了太极拳新架套路,后来自创一式,以姓氏名,人称"武式太极拳"。

和氏太极拳,又称"赵堡太极拳",由一代宗师和兆元(1810~1890)始创。和兆元,河南温县赵堡镇人,赵堡镇太极拳名师陈清平的大弟子。和兆元以陈氏太极拳为基础,制定出一套集拳架、推手、散手为一体,寓技击、修身、养身于一道的独具特色的新型太极拳理拳法,即和式太极拳。和兆元处世低调,除传子和润芝、和敬芝,孙和庆喜、苗彦升外,只在赵堡镇附近传播。其曾孙和有禄著《和式太极拳谱》。

吴式太极拳,始于河北大兴满族人全佑(1834~1902)。全佑曾先后跟从杨露禅、杨班侯父子学拳,以善于柔化著名。他的儿子吴鉴泉(改汉姓为吴)得其真传。吴鉴泉对父亲的拳架进行改进修润,使之不纵不跳,更加柔和,后人称之为吴式小架子,形成了现代的以柔见长的吴式太极拳。吴鉴泉主要在北京、上海传拳。

李式太极拳,又称"太极五星锤",是河北武清(今属天津)人李瑞东(1851~1917)创编的。李瑞东自幼酷爱武术,曾练过少林等外家拳术,也曾师从李老遂等习练戳脚翻子拳。光绪初年开始跟从好友王兰亭(杨露禅的大弟子)学习太极拳。后自成一系,人称"李式太极拳"。李式太极拳以太极拳中的搬拦捶、肘底捶、撇身捶、指裆捶、栽捶等五捶为基础,揉入八卦掌、太极十三式、形意拳等技法创编而成,讲究练"理"、练"势"、练"气"、练"机"。

杨式太极拳,始于河北永年人杨露禅。杨露禅酷爱武术,向陈家沟陈长兴学习太极拳,因他能避开并制服强硬之力,当时人称他的拳为"沾绵拳"、"软拳"、"化拳"。杨露禅根据实践,结合社会发展的需要,从陈氏太极拳老架出发,不断发展已有拳架,又经其孙杨澄甫一再修订,遂定型为杨式大架太极拳,由于练法平正简易,故成为现代最为流行的杨式太极拳。

陈式太极拳,源于河南省温县陈家沟,由陈氏家族第九世子孙陈王廷(1600~1680)创始。陈氏家族世代习练太极拳,历代名手辈出,有关文献中提及较多的有陈长兴(1771~1853)、陈清平(1795~1868)、陈鑫(1849~1929)等。

陈氏太极拳创始人陈王廷塑像

从上面太极拳的主要流派的发展传承来看,各流派的太极拳都可以溯源到河南省温县。吴式、李式源自杨式,杨式溯源至陈家沟陈长兴;郝式、孙式源自武式,武式溯源至赵堡镇陈清平和前已溯源于陈家沟的杨式;和式源自赵堡镇陈清平。陈家沟和赵堡镇相邻,同属河南温县辖地。[1]

陈王廷,字奏庭,陈氏太极拳创始人。清兵入关后,他曾投奔在登封玉带山举兵反清的李际遇。陈王廷为清廷平定盗匪立过战功,在河南、山东负有盛名却不被清廷重用,报国无门,收心隐退,在耕作之余,在吸取武术各派精化的基础上,结合易学上有关的阴阳五行之理,并参考传统中医学中有关经络学说及导引、吐纳之术,发明创造出了一套具

---

[1] 参阅康戈武:《中国武术太极拳发源地在温县》,《焦作日报》,2009年8月21日。

有阴阳相合、刚柔相济的新型拳术。太极拳自陈王廷首创之后,在陈家沟世代相传,陈氏子孙妇孺皆知,老幼皆练。陈家沟的人丁越来越兴旺,练太极拳之风也愈来愈盛,后浪推前浪,历代都有名拳师。三百年来,历经陈氏子孙及其门徒的研练浸润,陈氏太极拳日臻成熟完美,成为我国重要的拳种之一。

从《陈式家谱》可知,陈王廷的族系第四代秉壬、秉旺、秉奇三兄弟,是陈家沟著名的太极拳手,人称三雄,与同族陈公兆、陈大兴齐名。十四世的陈有本创编新架;十六世陈鑫(字品三),用13年时间写成《陈氏太极拳图说》,是陈氏太极拳中理论宝库中最重要的一篇,被奉为武学经典。十七世陈发科为普及陈氏太极拳做出了很大贡献;十八世人陈鸿烈、陈照奎等均为陈氏太极拳承前启后、继往开来的一代宗师。并以北京为中心,衍化出陈式太极拳、杨式太极拳、武式太极拳、孙式太极拳、吴式太极拳等五大派系,誉称为"五式太极拳"。形成五花竞放之势,大名鼎鼎的太极拳系才真正形成,成为中国诸大拳系中最富于活力的一支。

在技击原则上,太极拳坚持重在防御、以守为攻、以退为进,即所谓"不敢为主而为客,不敢进寸而退尺"。太极拳讲求以静制动,以柔克刚,以弱胜强,以慢胜快,以少胜多,以巧胜拙,最忌以拙力死拼滥打,最忌硬顶硬抗。太极拳高手们一般都是防范周严,后发制人,从不主动进攻。

太极拳的出现是中国武术史上一次了不起的革命,其拳理来源于中国传统哲学、医术、武术等经典著作,在发展中又吸取道、儒等文化的合理内容,是中华民族辩证的理论思维与武术、艺术、气功引导术的完美结合,是高层次的人体文化。所以,直到目前为止,在中国的诸大拳系中,太极拳始终具有文化层次上的明显优势。

三、苌家拳

苌家拳,又称苌门拳、苌家锤,始于清朝乾隆年间苌乃周(1724~

1783），流行于荥阳、巩义、新密、开封、安阳等地。苌家拳是中原武术百花园中的一枝奇葩，为中原名拳之一，其内容丰富，文武并重，形气合一，刚柔相济，技法独特，是中华武术宝贵遗产的重要组成部分，迄今已有近300年的历史。

苌家拳传人在第十届亚洲艺术节上合影

其创始人苌乃周，字洛臣，汜水（今属荥阳）苌村人，出身于世代书香门第。他自幼受到很好的教育，文化素养深厚，20岁成为秀才，参加了《汜水县志》的编写。但苌乃周另有所好，他十五六岁时，迷上了武术。但在他习武之始，却遭到家人的反对。但苌乃周没有因此放弃，他后来在书中含蓄地忆及此事："虽先兄（指他的长兄苌仕周）屡训，私爱终难自割。"据苌乃周所著的《二十四拳谱序》中载："余成童嗜武……深愧无成。后十年遇河南洛阳闫圣道指点一二，颇觉进益，又数年得字拳四十法，臆续三十二件，积为七十二则，但烦多莫记，乃归约为二十四，命以名，示以窍，使学者便于复习，然恐胶柱鼓瑟，苦其拘执不化，兹因冬日清闲，就二十四而扩充之，每一分而为八，共一百九十二势，纵横奇变，于此毕具……"这段自序既是他创立二十四字拳的真实写照，也是他一生拜师学艺、辛勤耕耘的总结。又据史料记载，苌乃周师从虎牢张八，尽得其术，又得到洛阳闫圣道指点、四川梁道人传授。可以说苌

乃周精研各派，博采众长，集易理、医理、拳理之大成，熔内气、外形、技法与一炉，创立苌家拳派于世。

苌乃周武学思想的核心是炼气之说。他著的《中气论》是苌家拳的核心理论，指导苌家拳械的纲领，该书提出了"炼形以合外，炼气以实内"的武术拳学思想，详细论述了炼气诀窍、手法打法，是中国武术内功的宝贵文献。

苌乃周独创"二十四字拳"，即阴、阳、承、停、擎、沉、开、入、尽、崩、创、劈、牵、推、敌、吃、粘、随、闪、惊、勾、连、进、退，又有"二十四字正势"与"二十四字偏势"之分，每一个字均代表一个动作。拳法实用上讲究一招制敌，即讲究先发制人、后发先制，顺势出招随时练功，在过招的时候，看准时机，直接出招，招招紧扣，直中对手要害。[①] 苌家拳要求：头如蜻蜓点水，拳似山羊抵头，腰如鸡鸣卷尾，脚似紫燕穿林。其套路运地，似醉非醉，似柔而刚，柔时运转如行云流水，似仙女起舞，刚时发力威猛如虎，形如雷鸣电闪。

苌家拳另一个突出的特点就是拳谱图文并茂，它摒弃了其他武术流派在著书时，仅有一幅简单的图片，练功时照猫画虎。苌氏拳谱必有诗词，涉及很多历史典故，一般文化水平低的人根本无法看懂。现在依然流传有关苌家拳"欲学先生之武，必学先生之文"的说法。

苌乃周思想开明，在融会少林、太极、峨眉三大拳派精华的基础上，创编新拳，并著书立说，广传弟子。其弟子中，怀有绝技的有：柴如桂、高六庚、李发文、傅小德、姚老九、秦成宗、唐清廉等。刘廷琳、张书林是再传弟子中最为出色的；荆方中、席太山是以私淑弟子而成名的。其家传后裔中，著名的有苌连登、苌德普、苌克俭，他们都为圣手宗师。[②]

四、河南派心意拳

心意拳全称圣行心意六合拳，与武当、太极、八卦合称四大内家拳。

---

① 参阅陆草：《论中原武术文化研究》，《中州学刊》2007年第1期。
② 参阅陆草：《论中原武术文化研究》，《中州学刊》2007年第1期。

心意拳拳式刚柔即济,硬打硬进,技击性强,为独有的一门古典实战派传统拳法之一。

心意拳始出现于明末清初之际,创始人是姬际可。姬际可,字龙峰,祖籍山西洪洞,明初迁居蒲州(今山西永济)。由于其有一手好枪法,被同行称之为神枪手。姬际可生活在明末清初,遭逢乱世。他以反清复明为己任,曾两次到少林寺寻找反清力量,被清廷获密,险遭不测。后来他目睹清王朝立国业已稳固,复国无望,于是云游天下,遍访名家,潜心钻研,变枪为拳,创编出心意拳,在村里教授子弟,人称"际可拳"。后传至河南洛阳人马学礼,从而开创心意拳河南一脉。

马学礼(1713～1789),回族,洛阳马坡人,河南派心意拳的最早传人。据洛阳心意拳第七代传人孙友恒介绍:马学礼家境贫寒,13岁替人放羊。一天,在瀍河中游的"十方院"歇脚,遇到一个隐士,此人身高六尺开外,白须飘飘,双目有神。他对马学礼说:"我观察你好多天了,见你放羊时腿脚勤快,沟沟崖崖都难不倒你,是个可造之材!这样吧,我教你一套拳吧。"马学礼于是拜老者为师,刻苦练功,学了七年,得其真传。一天,老者告诉马学礼:"我要远行,你要努力苦练,十年后可去少林寺试功,打出山门,让武林承认。"马学礼问师父尊姓大名,老者说:"不必问我姓名,知道神拳即可。"于是飘然远去,不知所终。马学礼牢记师傅的话,十年后到少林寺试功,打出山门,赢得了"神拳"殊荣。[①]

"神拳马学礼"的美誉传开后,他回到洛阳,各大商行纷纷重金聘请他当保镖。马学礼行镖十余年,从未出过差池。后来,河南知府邀请他担任河南府"公差都头"(负责社会治安的官员),任职多年,行侠仗义之举有口皆碑。在办案过程中,他曾遇到过一个山东响马。此人武功高超,在洛阳作案后逃回原籍。河南府派马学礼前去捉拿他。马学礼风尘仆仆地赶到山东,只见响马住在深宅大院内,墙头高高,不好逾越,于是他解下腰带,绑上棉靴,轻点脚尖越过墙头。

---

① 参阅孙钦良:《洛阳心意拳祖师马学礼》,《洛阳晚报》,2007年12月14日。

那响马正在教女儿练武，平展展的八砖地面上，撒满了干豌豆，若常人在上面走动，定会人仰马翻，但响马的女儿蹦蹦跳跳，如履平地。马学礼知道这响马武功高强，若压不住他，他是不会归案的。于是他施展硬功踩踏豌豆，所到之处豌豆皆碎。

响马见了，连声叫好，但还是不服气，把马学礼请进屋里，拿出旱烟袋，却不用火绳点烟，而是伸出两根指头，夹起一块烧红的炭，把旱烟点上了。马学礼见状，微微一笑，说：天真冷，烤烤火！于是他挽起裤腿，露出大腿，把那烧红的炭放在大腿上，然后就着炭火点燃旱烟，笑着对响马说："吸了这袋烟，你跟我走！"响马叹服："我知道遇到高人了，现在就随你走！"于是披枷戴锁，往洛阳投案。

马学礼47岁时弃官归乡，在瀍河清真寺办起武学，传授心意拳，一生收徒众多，最有名的门徒有三人：马兴、马三元、张志诚。马学礼晚年编著了一套心意六合拳拳谱，命名为《圣行心意六合拳》。他去世前嘱咐后人："非吾门穆斯林弟子，宁可失传，也不乱传。"[①]自马学礼之后，河南派心意拳衍化为两支：一支为马兴所传的洛阳系，一支为张志诚所传的南阳系。

马兴，字鸣佩，回族人，1755年生于塔湾村，后迁居北窑张家街，自幼随舅父马学礼学习心意拳。13岁时，马兴对心意拳的拳理拳法已经谙熟于心，所练的各套路也有了"架子"。16岁那年，马兴因舅父马学礼外出数月未归便出外寻找。一日黄昏，路遇土匪数人，手持利刃要马兴留下买路钱，马兴断定逃不掉了，于是退至路旁，挥拳朝一根拴马桩猛力打去，碗口粗的拴马桩齐腰断为两截。土匪大惊，不再上前。马兴背起包裹，扬长而去。[②]

马兴成年之后，文武双全，喜读兵书，精通布阵，曾任四品武职。他先后多次外出，广访名拳师，博采众长，又根据自己多年的练功体会，将

[①] 参阅孙钦良：《洛阳心意拳祖师马学礼》，《洛阳晚报》，2007年12月14日。
[②] 参阅黄新铭：《马学礼、马兴、马三元轶事》，《精武》1994年第8期。

舅父马学礼所授武艺中的每个"单架"发展成一个小套路,把只有一架一式的"单把"改为左右二式,使之成为"双把",连贯打起来即成单趟拳法。创立了"定身"和"玄妙"两种拳法,把静守与动击、组阵与破阵结合起来,使心意拳更加具有实战性,大大丰富了该拳术的内涵。马兴为发展和提高拳术技艺付出了极多的精力,堪称洛阳心意拳的集大成者。

马梅虎(1805~1924),河南派心意拳的第三代传人,其一生最大的贡献就是把洛阳心意拳推广到了顶峰,并打破了只在回民内部传授的规矩。马梅虎德威兼备,规定了严格的传拳规则:凡忤逆不孝、贪财如命、逞能欺人、贪酒好色者,概不得传;师不正不投,徒不正不收;不求千式有,只要一招精;功成艺就,决不许在街头卖艺求钱。①

马三元,心意拳的第二代传人,后来成为心意拳许昌系代表人物。据马三元七世孙马栓林说,马三元在当时以"重拳"闻名,一般人根本不是他的对手,败在他手下的著名拳师不下十人。当时他跟着师傅学习时,师兄弟很少,不过三两个人而已,因该拳派讲究养生,反对无事寻衅,马学礼为保护拳种的纯净,只在清真寺内秘密传拳。有一天,一个外地人专程前来拜师,多次求教被谢绝后,他索性长期住在洛阳,并依照穆斯林习俗起居、修炼。日久天长,马学礼为其诚意所动,便破例授他两年多拳术。谁知此人学艺后回到家乡,将先生的告诫置于脑后,倚仗自己的武功为所欲为,强行霸占了一个民女,最后竟残忍地将其杀害了。这件事影响很坏,马学礼闻知大怒,他命马三元代师出面清理门户,以铲除武林后患。马三元的技艺主要是"四把捶",无论是打擂比武还是与人格斗,很少有人能胜他。他遵从师命,手到擒来,将那人的武功废掉,了却了师傅一桩心事。从此,该拳派定下了更为严格的拳规:"非吾穆斯林弟子,宁可失传,也不乱传。"致使该拳种在穆斯林当

---

① 陆草:《论中原武术文化研究》,《中州学刊》2007年第1期。

中秘传300年。这正是圣行心意六合拳流传不广和神秘莫测的原因所在。①

张志诚,南阳人,为马学礼的入室弟子,得到了秘传,同属心意拳第二代传人,后来成为心意拳南阳系代表人物。传说张志诚有一次在南阳府打擂台,接连打死两名拳师,其中一名拳师是一个大官的亲戚。官府将张志诚抓起来,欲判其死罪。他的家属就到京城申告,正巧碰到乾隆皇帝到大理寺视察,得知案情后问张志诚是如何将人打死的。办案人说是用肘膝顶死的。乾隆自言自语:"用手打才叫打人,用肘膝算啥?"办案官员不敢再问,以为皇上要赦免张志诚,就将他释放了。②

张志诚择徒极严,严守高门第,轻易不收徒,所以得到其真传的人,只有其外甥李政一人。李政,河南鲁山人,其技艺刚柔相济、出神入化。李政传的朋友张聚在晚年时,将所有的绝艺传授其外甥买壮图,造就了中国武术史上极负盛名的"神行无影"买壮图。买壮图一生传授弟子众多,诸如丁兆祥、李宝森、安大庆、袁凤仪等。

安大庆,回教阿訇,一生遍游陕西、河南、四川、湖北等省,跟从他学习心意拳的人很多,但得其真传的只有西安的宝鼎。宝鼎自幼喜欢读书,才华出众,1921年驻军顺庆府,同年冬在四川三台创办"潼川积健武术社",免费收授学员五百多人。宝鼎著有《内功十三段图说》和《心意拳谱》。

袁凤仪,河南周口人。跟从买壮图学艺四年,将心意拳练得炉火纯青。袁凤仪的弟子中,以"周口三杰"最为著名,这三人分别是:杨殿卿、卢嵩高、宋国宾。杨殿卿晚年迁居西安,传其子洪顺、洪生。卢嵩高是"周口三杰"中的小师弟,以手法毒辣多变著称,年轻时以保镖为业,后迫于生计,来到上海,开始广收门徒传授心意拳,并破除积习,外传汉族,曾传弟子卢波,以及马贻芳、裴锡荣、解兴邦、孙少甫、周凯龙、李敬

---

① 参阅黄新铭:《马学礼、马兴、马三元轶事》,《精武》1994年第8期。
② 《心意六合拳名人轶事》,来自搜狐网,2008年10月。

臣、凌汉兴、杨肇基、王守熙、徐文忠、吴永铭、于化龙、张兆元等。

宋国宾,袁凤仪的汉族徒弟,曾与师兄卢嵩高同理镖业,其徒弟多是码头工人,主要有何顺成、蒋安坡、李克俭、唐学英等。

尚学礼,河南周口人,自幼随袁凤仪习练心意拳,为袁凤仪众多徒弟中之首,其武功高强,威震中原,深受武林中人敬仰,他一生传授徒弟众多,主要有:尚青葵、穆廷斌、吕瑞芳、周作民、王效荣等,多定居河南。

目前,心意拳系已经涵盖了大半个中国,并远传海外,于代龙及其弟子徐谷鸣在美国传授心意拳。从上述河南派心意拳的传承来看,我们不难看出,以其潜在的文化优势而彰显出旺盛的生命力。

除了上述少林、太极、心意、苌家四大拳派以外,中原各地还流传着许多拳法和独门武技,如开封的查拳、猴拳、梅花拳,安阳的弹腿,豫东的洪拳,淮阳的六步拳,博爱月山寺的八极拳,朱仙镇回民的汤瓶拳,以及博爱王堡的枪法,汜水、陕县、禹县的弹弓,淮阳回民的棍术,长垣的六合枪,开封的剑术与跤术,滑县的虎尾镰,鹿邑的跤术,等等。此外,还有不少拳论拳谱,或散落于民间,或被图书馆收藏而束之高阁。所有这些,都是中原武术文化的宝贵资源。[①]

第四节　中原武术的现状与发展方向

中原武术与牡丹、豫剧、杜康、茗茶等一道,以非文字的形式记载着中原文化的内蕴,盛行于古老的中原大地,代代相传、生生不息。作为中原儿女,我们应该把这一民族精髓发扬光大,同时又应不断赋予其新的时代内涵。

---

① 参阅陆草:《论中原武术文化研究》,《中州学刊》2007年第1期。

一、中原武术的现状

在当今现代化的全球浪潮中,整个世界体育的发展被所谓西方文明所支配,中原武术也受到潜移默化的影响。

(一)传统武术的流失

每一个民族都有属于自己的个性文化,传统武术就是中华民族的个性文化之一。在体育领域,我们必须谦虚地承认,我们对世界体育文化的认知度还不够,所占据的高度有限,视野也不够宽广。这中间,有传统情结上的束缚,也有急功近利、不思长远、目光短浅等方面的影响。理论上那些虚无缥缈的夸夸其谈,实践上墨守成规的种种禁锢,都不利于传统武术的良性发展。原本内容、形式、内涵和精神均具备多样化的中原武术,同样正被单一化的西方体育指导下发展起来的新武术所掩埋和替代。如现代的武术套路运动正在远离原汁原味,变得只是在一味地注重"高、难、美、新"的外在表现,背离了中原武术的发展规律。

除此之外,中原武术的传承落后于发展,流失速度快于传承速度,武术整体在萎缩,尤其是一些有名的老拳师相继离世,致使一些拳种青黄不接,后继乏人。个别拳种已经到了失传的状况,千年遗产的消亡是民族文化的巨大损失。因此,我们要清醒地认识到,在"经历了对他族文化的好奇和模仿之后",正在"丢弃自己本身的优良血统",正在忽略甚至是丢弃中原武术的根本,这无疑是斩断对中华民族深层文化的认可和敬仰。

(二)竞技武术的兴起

现代武术中的竞技武术已经成为中原武术的商标,武术文化中"感悟、修身、自娱"的"天人合一"文化思想被逐渐舍弃,随之而来的是"锦标和利益"欲望的明显增强。这种以比赛发展武术的机制无疑让人们抓住竞赛这支杠杆,一切围绕竞赛开展武术运动。为了最大限度地发挥个人或集体的运动功能、争取优异成绩而进行的训练竞赛,具有极强的功利色彩,于是从少儿武术训练班到一般武术学校,从各省、市武术队到各大高校武术系,以及国家队都是以竞技套路为主的教学训练模式,由之在人才后备、学历教育、竞赛体制、科研力量等方面,也都采取竞技武术的发展模式。

(三)外来新兴项目对中原武术发展的冲击

21世纪是东西方文化交汇融合的时代,文化的影响将在更广泛的领域发挥更大更深刻的作用。中原武术作为民族文化的重要组成部分,不可避免地在这场文化变革中受到冲击和碰撞。近十年来,中原武术除了少林拳、太极拳发展稍好外,其他拳种都在外来新兴体育项目的冲击下陷入低谷。首先是已列入奥运项目的跆拳道大跨步地进入中国市场,该项目在中国的成功推广,一方面给传统武术带来了冲击,另一方面也给其他项目指明了市场方向。于是,柔道、空手道、合手道等无不以道馆和俱乐部的方式进入中国。就拿流行的跆拳道来说,跆拳道是外来品,很新鲜,再加上奥运会的润色,受欢迎就不难理解。中原武术只有注重细节,才能体现习武的严谨和庄重,才能让人的身心同时得到历练,使人的精神和身体双方面提高。对于外来新兴体育项目,我们不能怀着敌对态度拒绝它们,而应该采取兼容并包的态度,借鉴它们的优点为我们的武术所用,同时对武术进行变革,让我们的武术更有特色和吸引力。

二、中原武术的发展方向

在高度发展的现代文明社会里,我们必须以客观的态度来对待作为一种文化遗产的传统武术,既要保持其自身特色,又要使其能够融入现代社会之中,适应和满足社会需求。

(一)加强对武术文化的传承和发展,提升其科学化和现代化水平

21世纪是文化多元化发展的世纪,文化多元化既给中国武术带来发展的好机遇,同时也对中原武术提出更高的要求。面对外来强势文化的冲击和挤压,中原武术文化要抵挡得住外来强势文化的侵袭和腐蚀。首先,必须提高国人对武术文化的认同和尊重,保持武术文化的民

族特性,提高国人对民族文化的自尊心和自信心。其次,创新传统武术在当今社会存在形式,将传统武术纳入学校教育体系;创新武术交流形式,使人民喜闻乐见,易于接受;扩大对外交流,走出国门,使学校成为发展传统武术并走向世界,逐步纳入国际体育文化体系的基本途径。再次,加强对中原传统武术理论的研究,使其系统化、科学化,为传统武术满足现代人的健康需要提供理论依据。最后,还应挖掘、研究和弘扬中原传统武术理论中反映传统文化精髓的内容,这对现代人有着深远的教育意义。我们应本着"取其精华,去其糟粕"、"古为今用"的原则和态度,对中原传统武术相关理论进行研究,以提升传统武术科学化和现代化水平。

(二)充分发挥中原武术在健身养生方面的独特功能,进一步挖掘武术的健身养生价值

现在是知识经济时代,科学技术迅猛发展,特别是高科技不断融入人类生活,人们无不为新技术革命带来的昌盛而欢欣鼓舞。但是,对于人体来说,科学技术的昌盛也带来了相当的负面影响。对自然界无休止的"巧取豪夺"导致生态环境被严重破坏和污染而出现生存条件不断恶化的危机,人与自然的矛盾日益加剧,人类的身心健康面临着前所未有的严峻威胁。武术文化"身心合一"的价值追求和阴阳辩证统一的技击表达,以及"内外兼修"的健身养生思想对日益高涨的人类对身心健康的关注,满足人们不断增长的健康需求以及人类对文明与和谐社会的皈依和向往都具有重要的现实意义。武术文化所包含的"天人合一"、"阴阳辩证"等哲学思想正好能为新世纪"人类生存战略"和"人类可持续发展战略"注入新的活力,并为其提供强有力的理论依据和实践服务。因此,在现代社会这个人类渴望回归自然的时代,研究和弘扬中国武术,坚持武术在健身养生方面的独特功能,进一步开发武术文化的健身养生价值,这对于追求人与自然的和谐发展,焕发人类自身的潜能和智慧,提高人类生命质量具有重要价值。[1]

---

[1] 陈威:《从文化的构成探析武术文化的基本特征》,《博击·武术科学》2006年第6期。

（三）充分发挥武术的社会功能，在社会主义市场经济发展中创造经济效益

随着社会主义市场经济的不断深入及产业结构的变化和调整，现代社会中武术的技击功能、健身功能、社会功能等逐渐走向市场，与经济相互交融、相互促进，体现出其经济价值，表现出巨大的市场潜力。根据中原武术的特点，主要市场可分为以下六个：一是武术技术培训市场。包括主管部门举办的长短期培训班、境外学员培训班、各种武术馆校的技术培训和职业培训。比如登封市就有大小武术馆校400多家，其中塔沟武术学校现有学生1万多人，每年都能获得丰厚的经济效益，同时也促进了少林武术的推广和发展。二是经营性比赛市场，也就是商业化竞赛市场。例如河南省电视台举办的"武林风"栏目，通过精彩的赛事转播，各种企业分别以冠名、现场广告、插播广告等多种形式参与宣传自己的产品，电视台收取的广告费用与日俱增。三是大型活动市场。和当地政府联合举办各种武术文化节，像郑州市政府在"武术搭台、经贸唱戏"的主导思想下成功举办了多届国际少林武术节，经济效益可观。四是商业表演市场。郑州市文化局创作编排的获奖武术舞台剧《风中少林》在全国各地巡回演出，并应邀走出国门，到国际上大型城市演出。河南登封的少林武僧表演团也是在少林寺旅游场馆、国外不断地巡回演出，对宣传少林功夫、宣传河南都起到了很好的作用。五是影视生产市场。电影《少林寺》的热播，掀起了全国的武术热，热播的电视连续剧《少林寺传奇》也起到了非常好的效果。六是武术旅游和武术用品市场。河南的少林寺、陈家沟都是以武术为特色的旅游景点，为当地的旅游收入作出了贡献。另外，各种武术器材、服装、纪念品也源源不断地销售到武术馆校和旅游景点，产生了可观的经济效益。以上主要的武术市场都为以武养武、发展武术起到了很好的推动作用。

（四）加速武术课进入中小学校，推动中原武术事业的发展

武术是培育和弘扬民族精神的重要载体。武德和武礼是在武术教育中弘扬和培育民族精神的切入点与核心，必须贯穿于武术教育始终；

通过武术段位制的段级标准规范教学内容的难易程度,以武术段位制的晋级、晋段引导青少年逐步进入武术锻炼行列。认真落实《中小学开展弘扬和培育民族精神教育实施纲要》中"体育课应适量增加中国武术等内容"的要求,将武术列为中小学体育课的必修内容,在具备条件的学校单列武术课。深化高等体育院校武术课程改革,编写武术教材,与中小学武术教学改革同步;改造民族传统体育专业,单列武术教育方向,疏通武术专业大学生到中小学的就业通道。建立武术师资培养培训基地,解决中小学武术师资匮乏的问题;实行武术教师资格认证制度,加强管理,提高武术师资队伍水平。通过循序渐进的武术学习和锻炼增进身心健康、培育和弘扬民族精神。

总之,中原武术在几千年的发展过程中是在华夏农耕文明的基础上逐步形成的,是中原文化的优秀组成部分,具有特定的文化内涵和功能。中原武术文化在其发展的过程中,受到历史的局限,不可能不积淀一些消极的东西。因此,无论是出于保护中原本土优秀文化不被遗失的目的,还是出于中原武术自身发展的基本要求,都必须把中原武术提高到一个新的战略高度来认识,坚持"取其精华,去其糟粕"、"古为今用"的原则和态度,以"科学"为其理性支撑,以"文明"为其时代精神,以"健康"为其价值取向,以"大众"为其社会基础,深入挖掘武术文化的健身养生价值,重视开发武术文化教育价值,辩证分析传统武术学说中蕴涵的传统伦理,重构新时期的武德模式,继承与发扬优秀的传统武术,树立爱国、爱家、爱岗、敬业的良好道德风尚,在社会主义精神文明建设中、在面向新世纪的尚武精神中发挥积极的作用。

世界的武术看中国,中国的武术看中原,中原武术文化发展的好坏,对中国武术文化乃至整个中国文化的发展都会造成很大的影响。因此我们有责任也有能力,守护好一方文化圣土,同时不断将其充实完善,使其走出河南,走向世界,造福子孙后代,光耀千秋万世!

第十章
得中原者得天下
——中原军事文化

中原大地,自古就是兵家必争之地,历来都是军事角逐的主战场。众多军事战役惊心动魄,杰出军事人才纵横捭阖,著名军事思想异彩纷呈,挥洒出一幕幕撼天动地、波澜壮阔的历史画卷,孕育并形成了浓厚的中原军事文化。

第一节 中原军事文化概谈

中原军事文化源远流长,它伴随着中原文明史而产生。中原军事文化是指连绵几千年的战争在中原地区的物质生活和精神生活方面打下深刻烙印,从而产生出一种独特的区域文化要素,它包含着十分丰富的内容,涉及与军事活动相关的一切方面及其历史发展,是中原文化的重要组成部分。中原军事文化不仅体现了中原地区的传统文化底蕴,更反映了中原地区的传统精神,在中原文化中占有重要的地位,对中原文化的繁荣、发展起了重要的作用。

一、中原军事文化的主要特征

中原军事文化渗透在中原地区社会经济、政治、文学艺术、民俗民风、地域变迁、旅游事业等方面，它包含的内容十分广泛，涉及与军事活动有关的一切方面及其历史发展，形成了与其他区域文化不同的特征。

（一）对战争观的探索是中原军事文化的重要内容

中原军事文化对战争性质和作用作了许多精辟的论述。战国时期的吴起认为凡是发动战争有五个方面的原因：争名、争利、积恶、内乱、因饥；《文韬》中多次强调人心向背对战争的影响，如"同天下之利者则得天下，擅天下之利者则失天下"，以及"爱民"、"惠民"、"修德"等；《尉缭子》将战争区分为"挟义而战"和"争私结怨"两大类，认为战争的作用是镇压暴乱，制止不义行为，"故兵者，所以诛暴乱，禁不义也"。这在一定意义上已经触及到战争的性质。对于如何处理战争与政治的关系，《吴子》则明确地把战争准备与国家的政治联系起来，认为战争要取得胜利，只有一支训练有素的军队还不够，还必须有安定的后方，只有国内人民和前方军队团结一致，才能打胜仗；《文韬》第二篇《武韬》中，有《文伐》一章专门论述了如何处理军事与政治的关系，强调运用政治攻势来瓦解敌人，只有将二者紧密结合，才能达到战争目的；《尉缭子》认为"兵者，以武为植，以文为种，武为表，文为里"的卓见，即在战争的问题上，政治是根本的，军事从属于政治，军事是现象，政治是本质。

（二）善于谋略是中原军事文化的重要内涵

阅览丰富的军事典籍，纵观发生在中原大地上的众多战事，善于谋略是中原军事文化的重要内涵。在许多古代著作中经常可以看到"攻人以谋不以力，用兵斗智不斗多"、"一计之出，可以倾覆百万师；一谋之就，孤军亦可以致胜"等描述，这充分体现了运用谋略的重要性。《风后八阵兵法图》在作战中注重运用队形来克敌制胜，其充满了运用阵法的谋略智慧；《吴子》全书有四十八篇，主要体现的是"内修文德，外治武备"的谋略思想;《六韬》提出作战要文武并重,但要以谋略为先,《六韬·武韬·发启》中写到"大智不智,大谋不谋",十分注重以谋略来制胜;《尉缭子》主张在战争中运用权谋,善于使用虚虚实实的战法,来迷惑敌人。在牧野之战,周武王严申不准杀害投降者,以此瓦解商军;泓水之战以"诡诈奇谋"为主导的作战思想开始兴起;桂陵之战的"围魏救赵",马陵之战的"减灶之计",等等,这些都是善于运用谋略的实战运用。在中原军事文化里之所以重视谋略,一方面是由于古代的中原战事不断,许多贤人智士为各国君主出谋划策;另一方面,也同生产力水平低下,军事技术不发达,克服外界障碍的能力极为有限,在这种情况下,善于谋略就显得更加重要。

(三)对文学艺术的渗透是中原军事文化的主要外在形式

文学以其生动的语句、多样的表现形式记载了中原区域的军事文化,主要包括军事战争题材的小说、散文和诗歌等。其中,诗歌中的军事文化内容颇多,历代都有咏中原战事的诗文传世,如项羽的"破釜沉舟",岳母刺字"精忠报国",吉鸿昌"做官即不许发财"等,这些名言、名句,恢宏豪壮、气势磅礴,浸透着中原儿女的民族气节和文化品格,影响极大。此外,中原民间故事、谚语、歌谣、谜语中的军事文化内容也很多。中原军事文化在文学作品中的主要内容为对战争遗迹的描述、对军事雄才的缅怀、对历史上战事的评说,以及借军事典故来言志。这些中原文学反映了中原军事文化的丰厚。

二、军事文化对战斗力的影响

军事文化和战斗力之间相互影响,相互作用。战斗力是军事文化赖以生存和发展的前提和条件,制约和影响着其发展;军事文化是军事实践活动的生动反映,直接渗透和影响各项军事活动,对提高军队建设的质量,提高部队战斗力,发挥着巨大的作用。[1]

---

[1] 余子明:《中国先进军事文化理论研讨会观点综述》,《西安政治学院报》2002年第4期。

（一）军事文化对战斗力的方向起着重要保证作用

军事文化是军事实践的产物，从其萌芽到形成，与军队的自身特点息息相关，是军事实践的产物，通过军事法规制度、官兵关系以及军民关系等途径作用于战斗力，实现精神成果向物质成果的转化。实践证明，在敌我双方的生死较量中，军队必须忠实地为自己所代表的阶级、国家、民族的利益服务。

为此，古往今来，每一支军队首先都要建立和宣传自己的军事价值文化，教育官兵树立本阶级、本民族的军事价值观以及相应的理想和信念，引导军事活动向着符合本阶级、本民族利益的方向发展。不同历史时期，军队的价值取向是不一样的，作为个体军人，其信奉的理念也迥异。唐代张巡虽为文官，但积极要求作战，他足智多谋，在"安史之乱"中抗击叛军战功卓著；宋代岳飞为雪靖康之耻，壮怀一生驰骋沙场；明代戚继光为抗击倭寇大小八十余战成就了"戚家军"的美名；还有史可法忠君卫国，被俘后至死不降。这些不同时期的军人受益于优秀军事文化的熏陶，已成为后人的楷模。在当代出身于不同身份背景、成长于人民军队的优秀军人，得益于新军事文化的感召，投身于国家独立、民主自由、人民解放的伟大事业，在中国共产党领导下，历经五次反"围剿"、八年抗战、解放战争终于打出了人民当家作主的新中国，积贫积弱的国家，受尽"三座大山"压迫的人民终于获得了新生。

其次，古往今来，每一支军队都要建立自己的军事制度文化，用各种法令、法规、纪律、条令规范和制约将士的行为，强化依法治军、从严治军，以保证军事任务的完成。宋代民族英雄岳飞统帅的岳家军，纪律严明，秋毫无犯，无论是在当时和后世，都是备受赞颂的。一次，一名士卒只因拿了老百姓的一缕麻去捆绑马草，便被当场斩首示众。夜晚宿营，即使是老百姓主动打开门请大家进去，也绝没有谁会踏过门槛。军中流行的口号是"冻死不拆屋，饿死不掳掠"。金军中的中原籍士卒都争先恐后前来归附岳飞，岳家军每次作战都能有胜无败，连当时的金军也不得不承认："撼山易，撼岳家军难！"

(二)军事文化对战斗力具有凝聚和提升作用

军事文化是提高部队凝聚力和战斗力的重要因素,先进军事文化能够有效激励官兵的精神斗志,激发官兵的精武热情,增强爱军精武、英勇善战的使命感和责任感。古往今来的民族英雄,人民军队的英模人物,可谓群星璀璨,为培育革命军人的战斗精神提供了最好的标杆和典范。从文化视角来解读英雄人物,运用先进文化的多种方式,崇尚英雄人物,解析英雄本质,走进英雄内心世界,探索英雄成长轨迹,利用英雄的事迹来启发官兵,培育坚韧不拔、百折不挠的毅力,锻造英勇顽强的战斗意志。

先进军事文化具有保证人民军队性质与宗旨的奠基功能,具有增强人民军队凝聚力和战斗力的激励功能,具有提高广大官兵思想政治素质和科学文化素质的引导功能,具有陶冶官兵情操、培养高尚品德的塑造功能。

人民军队是一支有着远大政治理想和高度组织性、纪律性的军队。这支诞生于南昌城下的光荣部队曾经是弱小的,在转战于罗霄山脉的斗争中曾有一些人发生了困惑。"星星之火,可以燎原",有了先进军事文化的引领,有了一系列政治方针、战争策略的指引,我们的党、我们的军队终于摆脱了被动,摆脱了弱小,最终形成了席卷全国的燎原之势。

(三)军事文化对战斗力永续发展具有促进作用

在任何时期,任何情况下,军队的战斗力都是一个变量,而促使这个变量发生变化的因素大都与军事文化有关。军事文化对战斗力永续发展起到了积极的促进作用。

中华民族是勤劳、勇敢、富有战斗和牺牲精神的民族,我们从来就不缺乏敢作敢为的实践者,也从来就不缺乏作为一个大国、强国应有的气魄与担当。历代军事名家对国家武装建设、军队战斗力的重要性早就有了高度的认同。在《孙子兵法》中,兵圣孙武开宗明义地说道:"兵者,国之大事,死生之地,存亡之道,不可不察也。"这直接点明了加强军

事建设,保持部队战斗力的重要性。而优秀的军事文化,如坚持"义战"、维护国家统一和世界和平的军事价值观,强调谋略思维、把谋略制敌作为用兵的最高境界,令文齐武、礼法互补的治军思想,崇道尚义、以仁为本的军事伦理等,都对历朝历代保持军队战斗力永续发展、维护国家的安全和统一,发挥了积极的作用。

第二节　中原军事文化之名战

中原地区,历来是朝代更迭、历史兴衰的主战场,部落与部落间、民族与民族间、阶级与阶级间、政治集团与政治集团间爆发过无数次性质不同、类型不同的大大小小的战争。这些战争,既有谋求国家统一、争取民族独立、抵御外敌侵略和反抗奴隶主、封建主统治的正义战争,也有统治集团维持地方割据、进行侵略掠夺、镇压人民起义的非正义战争;有改朝换代战争,有统一战争,有争霸战争,有平叛战争,有农民战争,还有抗日战争,解放战争等,在这里上演着数不清的历史风云。从这些名战中可以总结出很多经验教训,温故知新,居安思危。

一、牧野之战

牧野之战,是周武王率兵与商纣王之军在牧野(今河南淇县南卫河以北地区)展开的一次战略决战,史称"武王伐纣"。

商朝共经历了600多年,到商纣王即位时期,已步入了全面危机的深渊。商纣王昏庸无能,骄横暴虐,刚愎自用,挥霍无度,沉迷于酒色淫逸的生活,对内刑罚酷虐,排斥忠良,乱杀贤士,重用奸臣;对外连年用兵,使得民众负担沉重,痛苦不堪,从而导致了整个社会动荡不安。

周是商王朝的诸侯国,从周文王姬昌起,在政治上积极修德行善,裕民富国,广罗人才,任用贤士吕尚、周公旦等;在经济上积极推行一些适应当时社会发展需要的农业措施,发展生产,国力日强,开始积极向

外扩张。在处理商周关系上,表面上恭顺服商,以麻痹纣王。周文王卒后,其子姬发继位,即周武王。周武王继承其父遗志,遵循既定的战略方针,在姜尚和周公旦的辅佐之下,继续增强军事力量,加紧进行灭商的准备工作。

根据史书记载,公元前1046年正月,周武王统率兵车300乘,虎贲3000人,甲士4.5万人,浩浩荡荡东进伐商。当时正逢大雨日夜不停,为不失战机,武王率军于正月二十八日由孟津冒雨迅速东进。从汜地(今河南荥阳汜水镇)渡过黄河后,兼程北上,至百泉(今河南辉县市西北)折而东行,直指朝歌。在进军途中,周军不以百姓为敌,并且为民除害,以争民众的支持。经过6天的行军,于二月初四拂晓抵达牧野。

面对周军的强大攻势,商朝廷上下一片惊恐。当时,商军的主力还远在东南地区,无法立即调回,无奈之中商纣王只好武装大批奴隶,连同守卫国都的商军共约17万余人,由自己率领,开赴牧野仓促迎战周军。

在二月初五的凌晨,周军排兵布阵,进行了庄严的誓师,史称"牧誓"。武王在阵前声讨纣王听信宠姬谗言,不祭祀祖宗,招诱四方的罪人和逃亡的奴隶,暴虐地残害百姓等诸多罪行,从而激发起从征将士的斗志。接着,武王又郑重宣布了作战中的行动要求和军事纪律:每前进六步、七步,就要停止取齐,以保持队形;每击刺四五次或六七次,也要停止取齐,以稳住阵脚;并且严申不准杀害投降者,以此瓦解商军。誓师后,武王下令向商军发起总攻击。他先让吕尚率领一部分精锐突击部队向商军挑战,以牵制迷惑敌人,并打乱其阵脚。尔后,周武王亲自指挥大军,以戎车与虎贲甲士向纣军冲击。商军中的奴隶和战俘心向武王,这时便纷纷起义,掉转戈矛,帮助周军作战。武王乘势以主力发起冲锋,猛烈冲杀敌军。虽有部分商贵族军队拼死抵抗,但商军十几万终未能阻挡周军破竹之势,战至天明,商军土崩瓦解。纣王见大势尽去,于当天晚上仓惶逃回朝歌,登上鹿台自焚而死。周军乘胜进击,攻占朝歌,之后武王又分兵四路出击,征伐商朝各地诸侯,肃清殷商残余势力,控制商王朝统治的主要地区,商朝最终灭亡。

牧野之战是我国古代的著名战例,其所体现的战争谋略和作战艺术,对古代军事思想的发展具有不可低估的意义,也给我们留下了深刻的启示。纵观牧野之战,可以看到,奇正并用、正确指挥,是取得作战胜利的主要因素;运用"伐谋"、"伐交",是谋求有利战略态势的基本策略;善于运用乘隙、先发制人,是夺取战场主动权的重要途径;通过战前誓师、严格军纪,是增强战斗力的有效手段。

二、泓水之战

泓水之战,是春秋初期宋、楚两国为争夺中原霸权,楚军击败宋军于泓水(今河南柘城北)的一次作战。

春秋时期,齐桓公去世后,由于中原地区失去了一匡天下的人物,各国诸侯顿时成为一盘散沙。长期以来受齐桓公遏制的楚国,企图乘机进入中原,攫取霸权,引起了中原诸小国的忐忑不安。于是一贯自我标榜仁义的宋襄公,便想凭借宋为公国、爵位最尊的地位,出面领导诸侯与楚国抗衡,以继承齐桓公的霸主地位。在当时,宋国的国力远远不及楚国。宋襄公这种不自量力的做法,激化了宋、楚间的矛盾,楚国对当年的齐桓公无可奈何,但对付此时的宋襄公却游刃有余。所以,楚国处心积虑要教训宋襄公,遂联合鲁、陈、蔡、郑、齐等国,形成与宋对立的集团,并设计使宋襄公在盂地之会中被执受辱。在盂地(今河南省睢县西北)盟会上,宋襄公拒绝事前公子目夷提出的多带兵车、以防不测的建议,轻车简从前往,结果被"不讲信义"的楚成王手下的军队活捉了起来。楚军押着他乘势攻打宋都商丘(今河南商丘县),幸亏太宰子鱼率领宋国的军民进行顽强的抵抗,才抑制了楚军的攻势,使其围攻宋都数月而未能得逞。后来,在鲁僖公的调停之下,楚成王才将宋襄公释放回国。

宋襄公遭此奇耻大辱,心生怒气,仍不自量力,坚持与楚抗衡。于周襄王十五年(公元前638年)夏,联合卫、许、滕三国出兵讨伐臣服于

楚国的郑国，以显示一下自己的威风，挽回自己曾为楚囚俘的面子。大司马公孙固和公子目夷（宋襄公的庶兄）都认为攻打郑国会引起楚国出兵干涉，劝阻宋襄公不要伐郑，可是宋襄公却执意伐郑。郑向楚求救，楚成王果然迅速起兵伐宋救郑。宋襄公得到这个消息，才知道事态严重，不得已从郑国撤军。

周襄王十五年（公元前638年）十月底，宋军返抵宋境。这时楚军犹在陈国境内向宋国挺进途中。宋襄公为阻击楚军于边境地区，屯军泓水以北，以等待楚军的到来。十一月初一，楚军进至泓水南岸，并开始渡河，这时宋军已布好阵势。宋大司马公孙固鉴于楚、宋两军众寡悬殊，宋军占有先机之利的情况，建议宋襄公把握战机，乘楚军渡河至中间时予以打击。但是，公孙固的正确建议却被宋襄公断然拒绝，从而使楚军得以全部顺利渡过泓水。楚军渡河后，遂开始布列阵势。此时，公孙固又奉劝宋襄公乘楚军列阵未毕、行列未定发动攻击。但宋襄公仍然不予接受。一直等到楚军布阵完毕，一切准备就绪之后，宋襄公这才击鼓向楚军进攻。这时一切都已经晚了，弱小的宋军根本不是强大楚军的对手，一阵厮杀后，宋军受到重创，宋襄公亦负重伤，其精锐的禁卫军全部被歼，在公孙固等人的拼死掩护下，宋襄公才得以突出重围。泓水之战最终以楚胜宋败而告终。

泓水之战，是中国古代战争史上因思想保守、墨守成规而导致失败的典型战例之一。它标志着商周以来以"成列而鼓"为主要特色的"礼义之兵"行将寿终正寝，新型的以"诡诈奇谋"为主导的作战思想开始兴起。

三、桂陵之战

战国中期，位于中原地区的魏国逐渐强大起来，不断对邻国用兵。公元前354年，魏惠王派兵攻打赵国都城邯郸，赵国向位于山东的齐国求救，齐王任命田忌为统帅、孙膑为军师，火速前往援救赵国。田忌原想率兵直奔赵都邯郸，与魏军决一死战。但军师孙膑建议说，魏国出动全部精锐部队攻打赵国，国内必定空虚，没有重兵把守。因此，我们应攻打魏国都城大梁(今河南开封)。这样，魏军必定会停止对邯郸的包围，回兵救援本土。田忌听从了孙膑的建议，带领齐兵向魏都大梁进军。消息一经传开，魏将庞涓慌忙从赵国退兵，全速赶回魏国救援。而这时，齐军已在魏军南撤必经之地桂陵(今河南长垣)设伏，以逸待劳。魏军长途跋涉，筋疲力尽，又遭到齐军的突然伏击，大败而归。赵国也很快被解围，史称"桂陵之战"，孙膑的这一战法后来被概括为"围魏救赵"。

四、马陵之战

公元前339年，魏国和赵国攻打韩国，韩国向齐国告急。齐国派田忌率兵前往，直奔大梁。魏将庞涓听到消息，放下韩国赶回，但齐军已经越过齐境而西进。魏惠王起倾国之兵迎击齐军，仍以庞涓为将，太子申为上将军，随军参与指挥，誓与齐军决一死战。

孙膑见魏军来势凶猛，且敌我力量众寡悬殊，只可智取，不可力敌，便决定采用欲擒故纵之计，诱庞涓上钩。他命令军队由外黄向马陵方向撤退。马陵位于鄄邑北60华里处，沟深林密，道路曲折，适于设伏。孙膑命令兵士第一天挖10万个做饭的灶坑，第二天减为5万个，第三天再减为3万个。庞涓一见大喜，认为齐军撤退了3天，兵士就已逃亡过半，便亲率精锐之师兼程追赶。天黑时赶到马陵，命兵士点火把照路。火光下，只见一棵大树被剥去一块树皮，上书"庞涓死于此树之下"8个大字。庞涓顿悟中计，刚要下令撤退，齐军伏兵已是万箭齐发。魏军进退两难，阵容大乱，自相践踏，死伤无数。庞涓自知厄运难逃，大叫一声："一着不慎，遂使竖子成名!"拔剑自刎。齐军乘胜追击，正遇太子申率后军赶到，一阵冲杀，魏军兵败如山倒。齐军生擒太子申，大获全胜。史称此战为"马陵之战"，称孙膑的战法为"减灶之计"。此战后，魏国由盛转衰，孙膑则因善于用兵而名扬天下。

五、成皋之战

秦末农民大起义推翻秦王朝统治后,政治形势发生了重大而急剧的变化,起义军首领项羽和刘邦为争夺统治权而展开长期战争,历史由此进入了楚汉相争时期。

成皋之战,始于汉高帝二年(公元前205年)五月,迄于汉高帝四年(公元前203年)八月,前后历时两年零三个月左右。它是西楚霸王项羽和汉王(即后来的汉高祖),围绕战略要地成皋(今河南荥阳汜水镇)而展开的一场决定汉楚兴亡的持久争夺战。此战,是中国历史上著名的战略防御战。在这场战争中,双方共投入百万以上兵力。刘邦及其谋臣始终注意政治、军事、外交的配合,主战场与次战场的呼应,前方与后方的协调,将正面相持、翼侧迂回和后方袭扰结合起来,调动、疲惫、削弱强敌,经反复搏斗,终于完全改变了力量对比,为灭楚兴汉奠定了坚实基础。成皋之战,是楚汉战争中具有决定性意义的一仗,从而成为我国古代战争史上以弱胜强的又一成功典范。

六、昆阳之战

西汉末年,政治腐朽,危机四伏。王莽夺汉室皇位,建立"新"政权后,阶级矛盾更趋激化。农民起义遍及河水(黄河)南北和江汉地区,其中绿林、赤眉声势最大。农民军推举汉室后裔刘玄为帝,恢复汉制,年号更始。更始政权的建立,标志着农民起义进入新的阶段。

公元23年,刘玄政权为阻止王莽军南下,保障主力夺取战略要地宛城(今河南南阳),派上公王凤、大将王常、偏将刘秀等率约2万人攻下昆阳、定陵(今河南郾城西)、郾县(今河南郾城南)。王莽派大司空王邑火速赶赴洛阳,与大司徒王寻调集各州郡兵40余万南进,企图一举消灭汉军。王莽军队到达颍川(今河南禹州),迫使刘秀的部队撤回昆阳(今河南省叶县)。当时昆阳汉军仅八九千人,一些将领见王莽军声势浩大,欲弃城退守荆州故地。刘秀以"合兵尚能取胜,分散势难保

全"的道理,说服各位将领固守昆阳。此时王莽军已逼近城北,汉军无路可走,乃决定由王凤、王常等率众守城,刘秀率13名骑兵赴定陵、郾县调集援兵。

刘秀等抵定陵、郾县后,说服不愿出兵的守将,率步兵骑兵1万多人救援昆阳。此时王莽军久战疲惫,锐气大减。刘秀亲率千余精锐为前锋,反复猛冲,斩杀王莽军千余人,汉军士气大振。昆阳守军见城外汉军取胜,乘势出击,内外夹攻,王莽军大乱,纷纷夺路逃命,互相践踏,死伤惨重。又恰遇雷雨,王莽军万余人被淹死。

昆阳之战,刘秀等汉军将领,以昆阳守军钳制强敌,用精干援军捣敌要害,大破王莽军主力,为汉军进军洛阳、长安,推翻新莽政权创造了条件,成为中国古代战争史上以少胜多、以弱胜强的著名战例。

七、林南战役

林南战役,是抗日战争时期,八路军第一二九师在河南省林县、辉县地区对日伪军发动的进攻战役。

1943年7月,伪第二十四集团暂编第七军军长兼前敌总指挥刘月亭率伪暂编第五军、第七军和太行保安队各一部,共约2万人,与日军第三十五师团的三个步兵大队相配合,企图以林县为据点,继续向太行区进犯。为保卫太行抗日根据地,八路军第一二九师决定以太行军区、冀南军区主力各一部、冀中警备旅和太行五分区地方武装,共约15个团的兵力,由太行军区司令员李达统一指挥,分为东、西两个作战集团,发起林南战役。战役发起前,八路军在群众中广泛宣传敌伪向我根据地进攻的企图,组织群众坚壁清野,以掩护参战八路军集结和配合作战。8月18日,西集团猛烈分割穿插,直指林县县城及其外围据点。经过20个小时的战斗,占领伪军指挥部及伪保安司令部,伪前敌总指挥刘月亭负伤潜逃,伪军参谋长何光弟被击毙。19日,西集团又连克马圈、西坛等据点,全歼守军;东集团全歼了驻守在南、北陵阳、东贤城、姚村等村的伪军。20日起,八路军乘胜扩大战果,分别收复东姚集、李

家厂、鹤壁集和合涧、原康等地。此后,又相继打退了安阳、辉县出援日军1400余人的进攻。

林南战役历时9天,八路军共歼灭日伪军7000余人,缴获山炮1门、迫击炮20门、轻机枪83挺、步枪3118支,击落飞机1架,攻克据点80余处,解放了林县以南、辉县以北拥有40余万人口的地区,开辟了豫北抗日根据地。9月1日,《新华日报》太行版在《评八路军豫北大捷》一文中指出:林南战役是太行山上三年来继百团大战之后最大的一役。这个战役的胜利,不仅在军事上打击了敌人的"蚕食"企图,粉碎了碉堡万能的妄说和欺骗,而且在政治上摧毁了敌寇"以华制华"、培植伪军的政策。

八、豫东战役

豫东战役是解放战争时期,中国人民解放军华东野战军西线兵团和中原野战军一部在河南省开封及睢县、杞县地区,对国民党军进行的城市攻坚战与运动战相结合的战役,亦称"开封睢杞战役"。

豫东战役可分为三个阶段。第一阶段:开封战斗,根据当时的敌情以及地形等条件,华东野战军代司令员兼代政治委员粟裕,决定奇袭开封,1948年6月17日,华东野战军2个纵队发起对开封城的全面进攻,至22日早晨,攻占龙亭核心阵地,结束开封战斗,全歼国民党守军3万余人。第二阶段:睢杞战斗,从6月26日至7月2日,华东野战军在睢县、杞县地区,歼灭区寿年兵团部,活捉兵团司令区寿年。第三阶段:帝丘店战斗,给予黄百韬兵团以打击后成功撤退。豫东战役共歼灭国民党军9万多人,是继东北冬季攻势以后歼灭国民党军队最多的一次战役。

粟裕回忆豫东战役时说:"这次战役,是一次包括攻坚战和运动战在内的规模较大、持续时间较长的大兵团作战,也是我亲身经历的最复杂、最剧烈、最艰苦的战役之一","这是华东野战军主力转入外线作战后进行的第一个大歼灭战,也是解放战争开始以后的整整两年中华东野战军进行的第一次最大的歼灭战"。①

豫东战役的重要意义,不但在于歼灭了中原国民党军队的大量有生力量,打破了中原战场上的僵持局面,而且证明人民解放军依托老解放区和中原新解放区的支援,已经有可能在这个地区大规模歼灭国民党军队的有生力量,彻底解决中原问题。7月11日,毛泽东要周恩来为中共中央、中央军委起草贺电,指出:这个战役的胜利"正给蒋介石'肃清中原'的呓语以迎头痛击,同时,也正使我军更有利地进入了中国人民解放战争的第三年度"。

第三节　中原军事文化之名人

数千年来,中原大地军事人才灿若星河,光耀神州。他们不仅熟谙领兵用计之道,而且深知作战指挥之法;既能运筹帷幄之中,又可决胜千里之外。他们中的很多人,既建立了名垂青史的赫赫战功,又留下了彪炳千秋的军事理论。

一、黄帝

黄帝,生于河南省新郑市的轩辕丘,是有熊国君少典的次子,姓公孙,因他发明了轩冕,故称之为"轩辕"。又因他以土德称王,土色为黄,故称作黄帝。据传他出生几十天就会说话,15岁就被群民拥戴当上轩辕部落酋长,37岁登上天子位。少年时思维敏捷,青年时敦厚能干,成年后聪明坚毅。

有熊国在今河南以新郑为中心的新密、荥阳、登封、禹州等地。时蚩尤暴虐无道,兼并诸侯,当时的天下共主、发明农耕和医药的炎帝神农氏已经衰落,酋长们互相攻击,战乱不已,生灵涂炭,神农氏无可奈

---

① 粟裕:《粟裕回忆录》,解放军出版社2007年版,第423~424页。

何,求助于黄帝。黄帝毅然肩负起安定天下的责任,黄帝与蚩尤战于涿鹿,双方的战士英勇无畏,战斗十分激烈。黄帝在大将风后、力牧的辅佐之下,终擒蚩尤而诛之,诸侯尊为天子,以取代炎帝,成为天下的共主。

黄帝战胜了炎帝与蚩尤以后,在南下过程中还打了许多仗,《帝王世纪》记载:"凡五十二战,而天下大服。"《轩辕黄帝传》曰:"诸侯有不从之者,帝皆率而伐之,凡五十二战,天下大定。"正是这一系列的战争中,黄帝积累了丰富的实战经验,形成了自己独特的军事谋略思想,也正是有着这样杰出的军事谋略,黄帝才能使"天下大服"、"天下大定"。

黄帝在位时间很久,国势强盛,政治安定,文化进步,有许多发明和制作,如文字、音乐、历数、宫室、舟车、衣裳和指南车等。相传尧、舜、禹、汤等均是他的后裔,因此黄帝被奉为中华民族的共同始祖。

二、妇好

妇好,是历史上有据可查的第一位女英雄,是我国最早的女政治家和军事家。根据从其墓中挖掘出的文物推断,她的名字应该是叫"好","妇"则为亲属称谓。据记载,商朝国王武丁有六十多个妻子,只有三人拥有王后的地位,妇好是第一个,也是武丁最爱的一位,她多次受命率领军队东征西讨拓展疆土,还经常主持当时的各种祭祀活动,又任占卜之官。

在已经出土的甲骨文献中,妇好的名字出现的频率非常之高,仅在安阳殷墟出土的1万余片甲骨中,提及妇好的就有200多次。妇好虽贵为王后,但是她不爱"红装"爱"武装"。据出土的甲骨文记载,当时商朝的北方边境发生战争,交战双方相持不下,妇好却自告奋勇,主动请缨,要求率兵前往助战。国王武丁当时犹豫不定,就通过占卜的方式来进行确定。在那个时代,人们迷信鬼神,崇尚天命,非常盛行祭祀占卜,特别是商王室和奴隶主统治阶级,几乎所有国家大事都要经过反复占卜、祈问鬼神来进行裁决。通过占卜后,决定派妇好出兵,没想到,妇好一到前线，调度指挥有方，而且身先士卒，很快就击败敌人，大获全胜。从此以后，武丁就让她担任商王朝的军事统帅，她东征西讨，打败了周围二十多个小国。那时候作战，出动的人数都不是很多，一般也就是上千人。但是根据记载，武王命她去征伐商王朝的宿敌羌国的时候，一次带兵就有13000多人，也就是说差不多全国一半以上的军队都交给她了，由此可以看出，妇好善于带兵打仗，并且作战勇猛。根据考古发现，在妇好墓中出土的数件武器中，有一件重8.5公斤的龙纹大铜钺和另一件重9公斤的虎纹铜钺，因为上面刻有"妇好"的字样，所以断定是其生前曾使用过的兵器。妇好使用如此重的兵器，可见其武艺超群，力大过人。更重要的是，钺在古代是军权和王权的象征。可以断定，她在那个时代一定是个指挥千军万马的女将军。

令人遗憾的是，这位出类拔萃的女将军却不幸英年早逝，据推测她死时仅30多岁。她的去世，令武丁非常痛心，把她葬在自己的王宫旁边，并追谥曰"辛"，商朝的后人们尊称她为"母辛"。

三、姜尚

姜尚，河南卫辉人，姓姜，名尚，一名望，字子牙，又称"姜子牙"，尊称太公望，武王尊之号为"师尚父"，商末年人。

姜太公半生寒微，择主不遇，飘游不定，但他能动心忍性，观察风云，等待时机，终遇明主，辅佐姬昌，修德振武，以求兴周。周武王伐纣，太公为军师，牧野大战，灭商盛周，立了首功。周初分封，姜太公被封为齐国君主，他治国有方，创建了泱泱大国，遗风犹存，累世相续，为后来的齐桓公"九合诸侯，一匡天下"，成为五霸之首奠定了基础。

姜太公是一位具有满腹韬略的贤臣和非凡的政治家、军事家，一直受历代统治者崇尚。在唐宋以前，姜太公被历代皇帝封为武圣，唐肃宗封姜太公为武成王，宋真宗时，又封姜太公为昭烈武成王。到了元朝时期，民间对姜太公增加了一些神话传说。到明代万历年间，许仲琳创作了《封神演义》小说，从此，姜太公由人变成了神，并且为民间广为信

奉。

综观姜太公一生的建树，在军事、政治、经济、思想等方面都有卓越贡献，其中尤以军事最著，所以太史公言"后世之言兵及周之阴权皆宗太公为本谋"，称得上兵家之鼻祖，军事之渊薮。可以说，没有太公理论及其所建立的齐国兵家，则不会有如此博大精深、智谋高超、理论完整、源远流长、绵延不断、影响巨大的中国兵学理论学说。中国古今著名的军事家孙武、鬼谷子、黄石公、诸葛亮等都学习吸收了太公《六韬》的精华，太公的文韬武略被当今世界上的政治、经济、管理、军事、科技等各个领域所借鉴。今天，我们在研究中国古代的治国方略、用兵之道时，不能不重视太公的杰出贡献和思想价值。

四、鬼谷子

鬼谷子，姓王名诩，春秋时代卫国（今河南鹤壁市淇县）人，是"诸子百家"之一，纵横家的鼻祖，也是一位卓有成就的教育家，是中国历史上一位极具神秘色彩的人物。"鬼谷子"之名，是由其出生地或隐居地"归谷山"而得，因"鬼"、"归"二字同音相近，一音之传，兼之"鬼"字更富传奇色彩，故自号曰"鬼谷"。

相传，鬼谷子常年隐居在云梦山，并在此教徒授课。据说，鬼谷子招收徒弟从不挑剔，是人就招。他的徒弟有孙膑、庞涓、苏秦、张仪、毛遂、乐毅、范雎、财泽、邹忌、魏僚、李斯等，商鞅也曾师从鬼谷子。鬼谷子特别钟爱为人诚恳真挚的孙膑，将自己毕生所学都全部传授给了孙膑。由于培养弟子众多，有些还颇有名气，所以，这个地方被称为"天下第一军校"。

鬼谷子的主要著作有《鬼谷子》又叫做《捭阖策》和《本经阴符七术》。其中，《鬼谷子》一书是其后学者根据其言论整理而成，被完整地保留在道家的经典《道藏》中。内容十分丰富，涉及政治、军事、外交等领域，主要侧重于权谋策略及言谈辩论技巧。在历史上，学者们对《鬼谷子》一书褒奖者较少，而批评者较多。其原因就是，作为纵横家所崇尚的是权谋策略及言谈辩论的技巧,这其中所包含的思想观念,与我国历史上儒家所推崇的仁义道德是相悖的,甚至是儒家嗤之以鼻的。其实,不管是在外交上还是在作战中,都必须讲究谋略艺术;不管是在商业谈判之中还是在人际交往之中,都必须讲究言谈的技巧。当年苏秦就是凭借其三寸不烂之舌的高超雄辩之术,合纵六国,配六国相印,统领六国共同抗秦,曾经显赫一时。而张仪又凭借其谋略与游说的智慧,使六国合纵土崩瓦解,为秦国立下不朽功劳。《鬼谷子》作为纵横家权谋策略和言谈辩论的总结,其价值是不言自明的,虽然历代都存在着对纵横之学的偏见和歧视,但我们还是要辩证地看待其价值。

五、范蠡

范蠡(约公元前536~前448年),字少伯,是春秋战国时期著名的政治家、军事家,还是一位杰出的商人,被誉为治国良臣,兵家奇才,商人始祖。范蠡不仅能够治国用兵,还能够齐家保身,是先秦时期罕见的智士,尽管他出身贫寒,但聪敏睿智、胸藏韬略,在年轻的时候,就学富五车,上通天文、下知地理,满腹经纶,文韬武略,无所不精。

根据历史记载,在公元前496年,吴国和越国发生了槜李之战(今浙江嘉兴),吴王阖闾阵亡,因此两国结下深仇大怨,导致连年战争不断。到公元前494年,经过三年的备战,阖闾之子夫差为报父仇与越国在夫椒(今江苏太湖马山)进行决战,面对来势凶猛的吴军,范蠡建议勾践守住城池,不要跟他们作战。勾践不同意,非要跟吴国人拼个死活,结果越军大败,勾践带领残兵败将逃入会稽山,被吴军围困起来。此时,勾践后悔没有听范蠡的话,在穷途末路之际,范蠡又建议勾践向吴王求和,勾践派大夫文种到吴王营里去求和。经过一番周折,吴王答应了越国的求和,但是要求勾践必须亲自到吴国去。文种回去向勾践报告了。勾践把国家大事托付给文种,自己带着夫人和范蠡到吴国去。在吴国勾践卧薪尝胆,范蠡跟着做奴仆的工作。三年后归国,勾践立志报仇雪耻,他叫文种管理国家大事,叫范蠡训练人马。范蠡与文种研究

了兴越灭吴的九大方法,其中之一就是采用"美人计",范蠡亲自跋山涉水,到处寻找,终于在苎罗山(在今浙江诸暨南)上找到一个美人,名叫西施。勾践就派范蠡把西施献给夫差,在历史上谱写了西施深明大义献身吴王,里应外合兴越灭吴的传奇篇章。范蠡辅佐越王勾践二十余年,励精图治,终于三千越甲吞并了吴国,成就越王霸业,被尊为上将军。

据民间传说,范蠡帮助越王打败吴王成就了霸业之后,急流勇退,隐姓埋名,泛舟五湖,经营农业和商业,并且做得十分成功。

六、吴起

吴起(约公元前440～前381年),战国初期著名的政治改革家,卓越的军事家、统帅、军事改革家,卫国左氏(今山东省定陶,一说曹县东北)人,曾长期屯兵河南孟津。后世把他和孙子连称"孙吴",著有《吴子》,《吴子》与《孙子》又合称《孙吴兵法》,在中国古代军事典籍中占有重要地位。

吴起镇守西河(今河南孟津一代)期间,强调兵不在多而在"治",首创考选士卒之法:凡能身着全副甲胄,执12石之弩(12石指弩的拉力,一石约30公斤),背负矢50个,荷戈带剑,携三日口粮,在半日内跑完百里者,即可入选为"武卒",免除其全家的徭赋和田宅租税,并对"武卒"严格训练,使之成为魏国的精劲之师。吴起治军,主张严刑明赏、教戒为先,认为若法令不明,赏罚不信,虽有百万之军亦无益,曾斩一未奉令即进击敌军的士卒以明法。

吴起做将军时,和最下层的士卒同衣同食。睡觉时不铺席子,行军时不骑马坐车,亲自背干粮,和士卒共担劳苦。士卒中有人生疮,吴起就用嘴为他吸脓,因而军士皆能效死从命。

魏文侯死后,吴起继续效命于他的儿子魏武侯,并趁魏武侯视察西河时谏其以德政治国。后遭魏相公叔的谗害,被迫离开魏国到楚国,被楚悼王任命为相,主持变法强国。楚悼王死后,变法因过于仓促,根基

不固而夭折,吴起亦于同年被楚贵族射杀并车裂。

七、张良

张良,字子房,韩都(今河南新郑)人。秦汉时期杰出的政治家、谋略家、西汉开国元勋,与萧何、韩信同被称为汉初三杰,被封留侯,谥文成侯。

据史料记载,张良曾刺杀过秦始皇。张良出身于贵族世家,其祖父、父亲都是韩的相国,到张良时代,韩国已逐渐衰落,当秦灭韩之后,他们全家都被遣散,张良心存亡国亡家之恨,并把这种仇恨集中于反秦。张良找到了当时的一位贤士,共同制定谋杀秦始皇的行动计划,他们让一位大力士,特意制造了一只重120斤(约合现在60斤)的大铁锤。公元前218年,秦始皇东巡,张良得知消息,就和这个大力士暗中埋伏,在博浪沙(今河南原阳县东南)袭击秦始皇,由于秦始皇多次遇刺,所以早有预防准备,所有车辇全部四驾,时常换乘座驾,张良自然很难判断哪辆车中是秦始皇,因此只是误中了随行车辆。秦始皇大为震怒,命令全国大肆搜捕凶手,捉拿刺客。为此,张良改名换姓,逃匿于下邳(今江苏睢宁西北)避祸。

张良在下邳避祸期间,有一段神奇的传说。一天,他在一座桥头欣赏风景时,见到一位穿着粗布短袍须发皆白的老人过桥,这个老人走到张良的身边时,故意把鞋脱落桥下,然后转脸冲着张良叫他下去给他捡鞋,张良见他说话难听,就想动手打他,但想到对方是个老人,还是强忍心中的不满,到桥下把鞋子拾上来交给老人。随后,老人又跷起脚来,命张良给他穿上。张良觉得既可气又可笑,此时的张良真想挥拳揍他,但他看到老人久历人间沧桑,饱经漂泊生活的样子,就强压怒火,膝跪于前,小心翼翼地帮老人穿好鞋。可没有想到老人非但不谢,反而仰面长笑而去。张良呆呆地站在那里看着老人而去,只见那老人走出百余步之后,又返回桥上,对张良嘱咐道:孺子可教也。五天后,天明时分,还到这座桥上等我。张良至此方才省悟老人不是普通人。后来老

人交给张良一部《太公兵法》，从此，张良日夜研习兵书，学有所成。

秦末农民起义中，刘邦攻下下邳后，拜张良为厩将。张良多次用《太公兵法》的道理向刘邦献策，成为刘邦的重要谋士。刘邦由于采纳了张良的计谋，终于比项羽抢先一步进入关中；鸿门宴上帮助刘邦脱离险境；明修栈道，暗度陈仓，为刘邦阵营的巩固发展以及日后东进，取得了重要的保证；在刘邦兵败危亡之际，又是张良匠心独运，为刘邦想出了一个利用矛盾、联兵破楚的策略即"下邑之谋"，扭转了楚汉战争的局势，使刘邦由战略防御转为战略进攻；还有兵围垓下的"四面楚歌"，以及劝都关中、谏封雍齿，等等，刘邦称其"运筹帷幄中，决胜千里外"。

八、花木兰

花木兰，河南商丘虞城县营廓镇人氏，是位千古传颂的巾帼英雄。她女扮男装，代父从军，抗敌御侮，不但在我国家喻户晓，而且随着美国迪斯尼公司卡通片《花木兰》的热播，美名传遍全球，新闻媒体称赞"古有神州花木兰，替父从军英名响；今有卡通'洋木兰'，融中贯西四海扬"。

隋恭帝义宁年间，突厥犯边，朝廷募兵，木兰之父名在军册，木兰看到父亲年老体弱，弟弟年幼，便女扮男装，代父从军，征战疆场一十二年，屡建功勋，无人发觉她是女流。回来后，天子封尚书，木兰不受，恳请省亲。她带领军士返家后，脱去战袍，换上闺装，跟去的士兵大为惊讶，认为这是自古未闻的奇事，于是回报天子。天子闻讯立召木兰回朝，欲纳木兰为妃，木兰以死相拒，撞死在金殿上。唐代，追赠她为"孝烈将军"。

花木兰的事迹流传至今，主要应归功于《木兰辞》这首北朝民歌，这是一篇由宋代郭茂倩编的长篇叙事诗歌，歌颂了花木兰女扮男装替父从军的传奇故事。

其实木兰并不姓花，而是姓魏，这在元代所立《孝烈将军祠像辨证记》碑中有详细记载。明代剧作家徐渭编写戏剧《雌木兰从军》，为了

人名好听,根据木兰花,采取移花接木,将"魏木兰"改成了"花木兰",后来就流传下来。

在花木兰身上,汇聚了中华民族妇女的种种传统美德,她委身事君,忠也;克敌制胜,勇也;辞封拒赏,廉也;事亲终身,孝也;久处戎役,守身不失,贞也;五德俱全。同时,她开辟了男女平等的新纪元。木兰精神为世世代代所敬仰。

九、岳飞

岳飞,河南汤阴人,他20岁投军,参加抗金战斗。靖康元年(1126),金军南侵,攻破东京开封府,康王赵构在相州(今河南安阳)建置兵马大元帅府,岳飞奉命带领三百铁骑,大败金兵,跟随刘浩解了东京之围。

岳飞塑像

靖康二年(1127),金灭北宋,掳徽宗赵佶、钦宗赵桓及皇家宗室北归。五月,康王赵构(即宋高宗)于南京继位,史称南宋。初期,宋高宗主张收复失地,启用了大批主战将领,其中就有岳飞。岳飞坚决反对议和,主张抗战到底。宋高宗并未采纳岳飞的建议,并以越职为由将岳飞罢官。之后岳飞北上，入河北招讨使张所军中，后随张所、王彦、宗泽等抗击金军，屡立战功。

绍兴九年（1139），岳飞在鄂州（今湖北武昌）听说宋金和议将达成，立即上书表示反对，并直接抨击了相国秦桧出谋划策、用心不良的投降活动，使"秦桧衔之（抱恨）"。

绍兴十年，金国撕毁绍兴和议，金兀术等分四路来攻。由于没有防备，宋军节节败退，城池相继失陷。随后高宗命韩世忠、张俊、岳飞等出师迎击。很快，在东、西两线均取得对金大胜，失地相继收回。岳飞挥兵从长江中游挺进，实施锐不可当的反击。岳家军进入中原后，受到中原人民的热烈欢迎。这年七月，岳飞亲率一支轻骑驻守河南郾城，和金兀术一万五千精骑发生激战。岳飞亲率将士，向敌阵突击，大破金军"铁浮图"和"拐子马"，把金兀术打得大败。郾城大捷后，岳飞乘胜向朱仙镇进军（离金军大本营汴京仅四十五里），金兀术集合了十万大军抵挡，又被岳飞打得落花流水。岳飞这次北伐中原，一口气收复了颍昌、蔡州、陈州、郑州、郾城、朱仙镇，消灭了金军有生力量，金军全军军心动摇，金兀术连夜准备从开封撤逃。南宋抗金斗争有了根本的转机，再向前跨出一步，沦陷十多年的中原，就可望收复了。岳飞兴奋地对将士们说："直抵黄龙府，与诸君痛饮尔！"

就在抗金战争取得辉煌胜利的时刻，朝廷连下十二道金牌，急令岳飞"措置班师"。在要么班师、要么丧师的不利形势下，岳飞明知这是权臣用事的乱命，但为了保存抗金实力，不得不忍痛班师。岳飞的抗金战斗，至此被迫中断。岳家军班师时，久久渴望王师北定中原的父老兄弟，拦道恸哭。岳飞为了保护老百姓的生命财产，故意扬言明日渡河，吓得金兀术连夜弃城北窜，准备北渡黄河，使岳飞得以从容地组织河南大批人民群众南迁到襄汉一带，才撤离中原。这时，有一个无耻的书生骑马追上金兀术扣马而谏："太子（兀术）毋走，京城可守也，岳少保兵且退矣。"金兀术又整军回到开封，不费吹灰之力，又占领了中原地区。

岳飞一回到临安，立即陷入秦桧、张俊等人布置的罗网。绍兴十一年(1141),他遭诬告"谋反",被关进了临安大理寺,监察御史万俟亲自刑审、拷打,逼供岳飞。与此同时,宋金政府之间,正加紧策划第二次和议,双方都视抗战派为眼中钉,金兀术甚至凶相毕露地写信给秦桧:"必杀岳飞而后可和。"在内外两股恶势力夹击下,岳飞正气凛然,光明正大,忠心报国。从他身上,秦桧一伙找不到任何反叛朝廷的证据,韩世忠当面质问秦桧,秦桧支吾其词"其事体莫须有"。韩世忠当场驳斥:"'莫须有'三字,何以服天下!"绍兴十一年农历除夕夜,高宗下令赐岳飞死于临安大理寺内,时年39岁。岳飞部将张宪、儿子岳云亦被腰斩于市门。民族英雄岳飞,就在"莫须有"的罪名下,含冤而死。临死前,他在供状上写下"天日昭昭,天日昭昭"八个大字。这是悲愤的呼喊!死后20年,高宗禅位,孝宗为他平反,谥武穆,后宁宗改谥忠武,追封为鄂王。

岳飞作为我国历史上的民族英雄,其精忠报国的精神深受中国各族人民的敬佩。他善诗词书法,在出师北伐、壮志未酬的悲愤心情下写的千古绝唱《满江红》等充满爱国激情的佳作和《前出师表》、《还我河山》等名帖,至今仍是令人士气振奋的佳作。岳飞留有《岳武穆集》,岳飞精神已成为中华民族的巨大精神财富,"岳母刺字"、"精忠报国"的千古佳话,将代代传颂。

十、戚继光

戚继光(1528~1587),明朝抗倭名将、民族英雄、军事家。字元敬,号南塘,又号孟渚。祖籍河南卫辉,后迁定远(今属安徽),再迁山东登州(今蓬莱)。出身将门,自幼喜读兵书,勤奋习武,立志效国。

受父亲教育影响,戚继光从小喜爱军事,并立志做一个正直的文武全才的军人。当时,中国的沿海常常受到倭寇的侵扰,戚继光十分痛恨倭寇的暴行,16岁时,他曾经写下一首诗:"封侯非我愿,但愿海波平。"意思是说,做官并不是他的愿望,他的愿望是祖国海疆的平静。17岁那年,他继承父亲的职务,开始了金戈铁马的军事生涯。

时浙江多被倭患,而旧军素质不良。戚继光招募农民和矿徒,组成新军。严明纪律,赏罚必信,并配以精良战船和兵械,精心训练;他还针对南方多湖泽的地形和倭寇作战的特点,审情度势,创造了攻防兼宜的"鸳鸯阵"战术,以12人为一队,配以盾、枪、叉、钯、棍、刀等长短兵器,因敌因地变换队形,灵活作战。每战多捷,世人誉为"戚家军"。戚继光于闽、浙、粤沿海诸地抗击来犯倭寇,历十余年,大小八十余战,终于扫平倭寇之患。

戚继光的主要著作是两部不朽的军事名著,分别是1560年(嘉靖三十九年)开始编写的《纪效新书》和1571年(隆庆五年)写成的《练兵纪实》。《纪效新书》是他在浙江任参将时抗击倭寇的经验总结,也是他训练士兵的军事教材。他把实地训练士兵的条目汇编成册,在难懂的地方加上图解,使得军官和士兵们都容易理解。《练兵纪实》概括了他在蓟镇期间的军事经验,除了讲训练和教育士兵,还就培养和使用将士提出一整套的理论和方法,又针对北方作战的特点,制订了车、骑、步兵配合作战的原则和措施。戚继光通晓古代兵法,同时又不墨守成规。他通过总结自己的实践经验,因此能在古代军事学的基础上有所创新。

十一、吉鸿昌

吉鸿昌(1895~1934),出生于河南省扶沟县吕潭镇一个贫苦农民家庭,18岁加入冯玉祥的队伍,开始戎马生涯,他有胆有谋,作战勇敢,有"吉大胆"之称,在北伐战争中,其所率部队被称为国民革命军第二集团军的"铁军"。1929年任国民革命军第二集团军第十军军长和宁夏省政府主席。

1931年,吉鸿昌因不愿替蒋介石打内战,被蒋解职并勒令出国"考察"。在美国纽约,一次,他穿着整齐的军装,率领一行人走在街上,突然有人拦住他不怀好意地问:"你是日本人吧?!"吉鸿昌叫翻译回答说:"不,我是中国人!"对方听了摇摇头表示不相信地说:"中国人?东亚病夫,不可能有这样魁梧、高大的军人……"又一次,他到一家邮局寄

送东西，那里的工作人员又明知故问地说："你是哪国人？"他大声说道："我是中国人！"对方奚落地说："地图上已经找不到中国了。"接连受到这样的嘲笑和侮辱，使他异常气愤，甚至连饭也吃不下去了。当其妻子和属下劝慰他的时候，他严肃地说："侮辱我吉鸿昌本人，我并不在乎，但是我们代表中国来美国考察的，受侮辱的是我们整个国家，整个民族啊！"他坚决地表示："下次外出时，就带上'我是中国人'的牌子，让外国人都知道中国人是有血性的，有五千年文明史的中华民族一定会重新振兴起来的！"果然，他用草板纸自制了一个约半尺长的长方形牌子，用毛笔写着"我是中国人"几个大字，并在下边注上英文。他挺着胸膛，昂首阔步地穿过围观的人群，显示出中华民族的骄傲。

民族英雄吉鸿昌

　　1932年"一二八"事变后吉鸿昌回国，加入中国共产党。1933年5月，联合冯玉祥、方振武在张家口组成察哈尔民众抗日同盟军，任第二军军长、北路前敌总指挥兼张家口警备司令，率部向察北日伪军进击，连克康保、宝昌（今并入内蒙古太仆寺旗、正镶白旗、正蓝旗）、沽源、多伦四县，将日军驱出察境。察北四城的收复，极大地鼓舞了全国人民的斗志。然而，蒋介石却反诬同盟军破坏"国策"，令何应钦指挥16个师与日军夹击同盟军。抗日同盟军失败后，吉鸿昌潜回天津，继续进行抗日反蒋活动。

1934年11月9日，吉鸿昌在天津法租界被国民党特务刺伤后被捕。14日，"引渡"给国民党政府，关进天津陆军监狱。22日，秘密押解至北平军分会军法处。24日被杀害，殉难前，吉鸿昌从容走上刑场，以树枝作笔，以大地为纸，写下了浩然正气、感天动地的就义诗："恨不抗日死，留作今日羞。国破尚如此，我何惜此头！"然后在刑场上慷慨陈词："我为抗日而死，不能跪下挨枪，我死了也不能倒下！给我拿个椅子来，我得坐着死。"坐在椅子上又向敌人说："我为抗日死，死得光明正大，不能在背后挨枪。你在我眼前开枪，我要亲眼看到敌人的子弹是怎样打死我的。"当刽子手在他面前举起枪时，他凛然高呼："抗日万岁！""中国共产党万岁！"壮烈牺牲，时年39岁。

1984年，在吉鸿昌烈士牺牲50周年前夕，扶沟人民在烈士陵园吉鸿昌烈士陈列馆前，为烈士塑了铜像。邓小平为河南人民出版社出版的《吉鸿昌将军牺牲五十周年纪念辑》题写了书名。聂荣臻亲笔题词："民族英雄吉鸿昌烈士永垂不朽！"1995年，在吉鸿昌烈士诞辰100周年之际，李鹏、乔石、李瑞环、刘华清、张爱萍、迟浩田、程思远等党和国家领导人分别为吉鸿昌烈士题了词。2009年9月14日，他被评为100位为新中国成立作出突出贡献的英雄模范之一。

十二、许世友

许世友（1906～1985），河南新县人，原名仕友，字汉禹。中国人民解放军高级将领，曾任红四军军长、八路军第129师386旅副旅长、胶东军区司令员、华东野战军第九纵队司令员、山东军区司令员、志愿军第三兵团司令员、人民解放军副总参谋长、国防部副部长兼南京军区司令员、广州军区司令员、中共中央军委常委等职，1955年被授予上将军衔。

童年时期的许世友,因家境贫困8岁就进入嵩山少林寺当和尚习武,八易春秋,经过千辛万苦的磨炼,他练成了武艺高强、钢筋铁骨的硬汉。1926年8月,他在武汉国民革命军第一师第一团任连长时,接受革命思想,于当年9月参加了共产主义青年团,投身革命。1927年8月,在革命处于低潮时,转为中国共产党党员,并于当月返回家乡参加中国工农红军,在几次游击战斗中,他都冲锋在前,表现勇敢,11月参加了著名的黄麻起义,开始了在人民军队的漫长革命生涯。

许世友将军塑像

1928年至1930年许世友先后担任红军第三十一师司令部特务队班长、排长、连长。许世友能征善战,在险恶的战争环境中对革命事业忠心耿耿。在此期间,曾7次参加敢死队,2次担任敢死队队长,4次负伤,每次都出色地完成了任务。

1933年10月,任红四方面军第九军副军长兼二十五师师长的许世友,率部在四川万源抗击刘湘为首的四川军阀对川陕革命根据地和红四方面军的"六路围攻"。在长达4个月的坚守防御战中,许世友指挥3个团的兵力,发扬与阵地共存亡的气概,运用灵活机动的战术,打垮了在数量上占绝对优势的敌人,胜利完成了保卫战任务。在激战中,许世友身先士卒,在同敌人短兵相接时,挥舞特制龟头大刀,展开惊天动地的肉搏战,一把纯钢的大刀,竟然砍得缺锋卷刃。此战结束后,被提升为红四方面军第四军军长。

许世友原来叫许仕友,在二万五千里长征的路上,他第一次见到毛泽东。毛泽东问他:我经常听到你的名字,没有见到你这个人。你的名字是哪几个字呀?许世友回答说:我的幼名叫友德,姓是言午许,家谱上是仕字辈,父母给取名叫许仕友。参加红军后,我有空就学认字,才发觉"仕"字是做官的意思,便把"仕"改为"士",那个时候想,这一字改后,当了红军战士就名副其实了!毛泽东听后对许世友说:你看,把"士"字改用"世界"的"世"字好不好?这一改,你就成为世界之友了!我们的红军战士不但事事处处要想到中国,还要放眼世界哟!从那以后,许世友就照毛泽东说的把"士"改为"世"了。

抗战开始后,许世友随朱德、彭德怀、邓小平等奔赴抗日前线。1938年10月,他任八路军第一二九师第三八六旅副旅长。1939年初,日军纠集3万多人,分兵十余路,向我冀南抗日根据地发起大规模"扫荡"。2月上旬,许世友和旅长陈赓在威县以南香城固地区,以预伏的方式,诱歼日军一个加强步兵中队,击毙敌大队长以下200余人,生擒8人,缴获其全部装备,给日寇以沉重打击,大震了我军的声威。

解放战争时期,许世友已经是一位战功赫赫的名将。在陈毅指挥下,他率部队参加了著名的莱芜、孟良崮等重大战役,指挥华东野战军东线兵团转战齐鲁,接连取得胶东保卫战、张(店)周(村)昌(东)潍(县)和兖州诸战役的胜利,粉碎了国民党军队对山东的重点进攻。

全国解放后,身经百战、屡建战功的许世友征鞍未歇,继续转战。1953年参加抗美援朝任中国人民志愿军第三兵团司令员,参与了当年的夏季反击战役,这次战役突破了敌人的防线,促进了朝鲜停战的实现。1973年底,许世友调任广州军区司令员。次年1月,指挥西沙自卫反击战严惩了入侵的南越军队。1979年初,许世友不顾年逾古稀,指挥了广西方向的对越自卫反击作战。

许世友在近60年的戎马生涯中,忠于党、忠于人民,忠于马克思列宁主义、毛泽东思想,英勇善战,出生入死,把毕生精力贡献给了无产阶级革命事业。他善于学习和运用毛泽东思想,积累了丰富的作战经验,

指挥过一系列重要战役、战斗,组织过大兵团作战,表现出卓越的军事才能,是我军从战士逐级成长起来的难得的优秀军事指挥员之一。

第四节　中原军事文化之名著

中原地区是一个战争与文明有着同样悠久历史的地方,人们在数千年错综复杂的战争实践中积累了丰富的战争经验,并将之总结、概括成谈兵论战的军事典籍。军事典籍出现时间早,内容丰富,种类繁多,富含哲理。

一、《风后八阵兵法图》

《风后八阵兵法图》,是我国历史上目前发现最早的一套完整兵法。该图共分九幅,一幅为八阵正图,其他八幅为八个阵式,即天覆阵、地载阵、风扬阵、云垂阵、龙飞阵、虎翼阵、鸟翔阵、蛇蟠阵。图旁附有文字说明,详细介绍了每个阵式在特殊环境下进攻退守的战术应用。

相传,《风后八阵兵法图》是黄帝和风后共同发明的。根据《史记》载,风后为轩辕黄帝的一员大将,还曾经为黄帝研制了指南车。在河南密县(今河南新密市)云岩官遗存的唐朝军事家、常州刺史独孤及的《云岩官风后八阵图》碑中,详细记载了《风后八阵兵法图》研发的事情。此图的发现,把我国兵法研究的历史向前推进了 2500 多年。

据《史记》、《山海经》等记载:在蚩尤兴师作乱,侵犯中原,黄帝当时因缺将少术,九战九败于蚩尤,便率兵退守至今新密一带练兵讲武,建立宫殿(即轩辕黄帝宫)。为了讨伐蚩尤,黄帝拜风后、力牧、常先、大鸿为将,并在此与风后发明了我国最早的《八阵兵法图》。当蚩尤再度侵犯中原时,黄帝运用八阵兵法,在河北涿鹿一带战败蚩尤,从而统一了中原。自从黄帝开始,《风后八阵兵法图》在历朝历代都发挥了十分重要的作用。在春秋时代,当时魏国所使用的鹤列阵,成周所使用的熊罴阵，以及昆阳使用的虎豹阵，都是源自《风后八阵兵法图》，据有关史料显示，就连诸葛亮的八阵图也是根据黄帝和风后的八阵兵法而创造的。

中国古代作战是非常讲究阵法即作战队形的，称之为"布阵"，布阵得法就能充分发挥军队的战斗力，克敌制胜。《风后八阵兵法图》的发现，对我国古代军事史、古代军事理论的形成和发展等有重大的学术意义和价值。《风后八阵兵法图》堪称为中国兵法的起源，也是世界上最早最完整的一部军事著作。在现代战争中，黄帝与风后的八阵兵法仍在继续向前发展，成为握机制胜的一大法宝，因而，黄帝八阵兵法在军事史上的贡献是伟大而空前的。

二、《吴子》

《吴子》，战国初期军事家、政治家吴起所著。据《汉书·艺文志》说，有四十八篇。现存《吴子》仅六篇，即《图国》、《料敌》、《治兵》、《论将》、《变化》、《励士》。书中体现的主要谋略思想是"内修文德，外治武备"，在战争观、战略战术思想、治军思想等方面都有精辟的论述。

关于战争的起源，《吴子》力图从社会方面去寻找原因。他认为凡是发动战争有五个方面的原因：一曰争名，二曰争利，三曰积恶，四曰内乱，五曰因饥。这在世界军事史上对战争根源的探索是最早的。当然，吴起这种看法还停留在表面上。但是，从社会方面去探寻战争产生的一些原因，这在当时还是有进步意义的。

关于战争与政治的关系，《吴子》强调把政治放在首位。认为战争要取得胜利，只有一支训练有素的军队还不够，还必须有安定的后方，只有国内人民和前方军队团结一致，才能打胜仗。《吴子》还阐述了国家、军队和人民三者的关系，认为军事上取得胜败的关键取决于人民的支持，总之，就是政治决定军事。

《吴子》在战略上很重视战争的准备，把加强战备放在第一位。在《料敌》篇中，他精辟地阐述了齐、秦、楚、燕、韩、赵、魏七国的政治、经

济、军事、地理、民情等状况，要武侯依据这些特点，制定对付列国的不同作战方针和战法。

《吴子》提出了著名的"见可而进，知难而退"的战术原则。主张战前一定要充分了解敌方的情况，当发现敌军处于昼夜长途行军，粮食已尽，气候不利，将士怨怒，或人数不多，水土不服，疾疫流行、救兵不至等困境时，要"击之勿疑"；相反，而当敌国地广民富，上下团结，赏罚严明，兵力众多，武器装备精良，有大国之援，己不如敌时，则应"避之勿疑"。

《吴子》提出了根据敌情、地形灵活用兵的原则。他针对击强、击众、谷战、水战、遭遇战等不同情况提出了各种不同打法。在战争中的攻、守、进、退，要根据变化的客观实际而定。面对急剧变化的情况，强调将领必须实施迅速果断的指挥，而不能优柔寡断。

《吴子》注重在战争中发挥人的主观能动作用。认为在战争中，人必须努力掌握从事战争的各种技能和适应各种复杂环境的本领。他认为，是人在战争中，往往因为缺少某种本领而送了性命，因为不习惯于某种情况而打败仗。这种主张是对生死胜败由天定的宿命论的否定。

《吴子》提出了"以教戒为先"的治军原则。要对士卒进行政治教育，教他们掌握礼仪，提高思想素质，增强荣辱感，认为士卒有了荣辱羞耻之心，则大足以战，小足以守。要积极开展军事训练，认为只有经过严格教练的军队才能无往不胜。因此，要求士卒必须善于使用兵器，利用地形，明了战法，熟悉各种战阵等，而且还主张采取群众性的练兵方法，要求士卒们互教互学，共同提高。

《吴子》提出"颁赐有功者"的激励原则。认为要通过各种方法来激励士气，对于有功劳者，要根据功劳大小，进行不同的奖励，而且对于有功者的家庭也要进行不同的奖赏，对于在作战阵亡的将士家属，每年都要进行慰问和安抚，同时鼓励没有立功的士卒要争取立功。认为一支没有严格纪律的军队，是没有战斗力的，提出要"进有重赏，退有重刑"，要求将帅与士卒同甘共苦，以激励士气，还要做到任仁为贤，认为

仅有匹夫之勇是不能当作将领的。

三、《六韬》

《六韬》是中国古代的一部著名兵书,又称《太公六韬》、《太公兵法》,一般认为此书成于战国时代,为周初太公望(即吕尚、姜子牙)所著。《六韬》包含《文韬》、《武韬》、《龙韬》、《虎韬》、《豹韬》和《犬韬》六篇,全书以太公与文王、武王对话的方式编成,内容极为丰富广泛,涉及战争观、战争谋略、作战指导和军事人才思想等多方面的军事理论,是一部集先秦军事思想之大成的著作,对后代的军事思想有很大的影响,被誉为是兵家权谋类的始祖,现已翻译成日、法、朝、越、英、俄等多种文字。

《六韬》在战略战术上,有许多独到之处。认为将帅用兵要做到事权专一,兵力集中,行动统一,这样才令行禁止,雷厉风行,机动灵活,不受牵制,才能取得战争的主动权。认为作战中最重要的是奇正变化,要变化无穷,因敌而动,谋取别人意想不到的胜利,机动灵活地运用各种战略战术,而不能死守教条,固步自封。对于攻城,它认为最好的办法是围困打援,迫敌投降。重视地形、天候对战术的影响,总结了步、车、骑兵种各自的战法及诸兵种的协同战术等。

《六韬》提出了政治攻心,瓦解敌人的政治作战思想。认为运用政治攻势来瓦解敌人,可以达成军事作战达不到的效果,并且能够为军事作战创造有利的条件。《六韬》第二篇《武韬》中,有《文伐》一章,所谓"文伐"即今天所说的政治攻势,与"武伐"相对。可见吕尚已经认识到了军事斗争与政治斗争的关系,即为了夺取战争的胜利,不能一味靠军事进攻,还必须善于实施政治攻势,只有将军事作战与政治作战紧密结合,才能顺利地实现战争目的。

《六韬》提出作战要文武并重,但要以谋略为先。《六韬·武韬·发启》中写到"全胜不斗,大兵无创","大智不智,大谋不谋",其意思是说在战争中要以智取胜,以最小代价换取最大的胜利,真正高明的将帅运用智慧于无形之中,使人不见其智,运用谋略于作战之前,使人对其意图不能察觉。还提出对付那些强大的敌人,最好的办法是表面上看起来顺应敌人的意图,实际上则秘密地运用谋略,以谋略来制胜。

《六韬》比较系统地阐述了将领的自主权问题。书中明确记述了将帅受命出征前,国君于太庙进行誓师,把象征指挥权的斧钺授给将帅的专门仪式,郑重提出将帅应有统率三军,自主指挥部队的权利。只有将领有了自主权,才可能掌握作战的主动权。也就是"将在外,君命有所不受"。军队不能由国君在中枢机构中具体指挥,而应完全由将领根据战场上的实际情况来指挥,这样才能取得胜利。

四、《尉缭子》

《尉缭子》是中国古代颇有影响的一部兵书,相传是由著名的军事家尉缭所著,但在学术界对此还有争议。《尉缭子》作为战国时产生的兵书,所论述的战略战术等一系列军事思想都有一定的创见。

《尉缭子》在战争观方面,认为战争有正义与不义之分。将战争区分为"挟义而战"和"争私结怨"两大类,倡导"诛暴乱,禁不义"的正义战争,反对杀害人家的父兄,掠夺人家的财物,奴役人家的子女的非正义战争。主张"王者伐暴乱"的战争要以"仁义"为本,既不能轻率发动战争,又不能废止战争。认为"兵者,以武为植,以文为种,武为表,文为里",认识到政治是根本,军事是政治的发展和表现。认为经济是治国之本,是进行战争的物质基础,主张发展耕织,只有富国才能强军。

《尉缭子》在治军思想方面,既重视将帅的政治品德和个人的模范作用,又高度重视军队的法制建设。认为将帅要做到秉公执法,恩威并施,吃苦在先,临战忘危,处处要起带头表率作用;认为军队必须建立严密的管理制度,"凡兵,制必先定","明制度于前,重威刑于后",制定了较完备的战斗、内务、纪律条令,书中记述有各种赏罚的具体规定和要求,做到赏罚严明,强调法制必须与教化相结合,"先礼信而后爵禄,先廉耻而后刑罚,先亲爱而后律其身",坚持统一的方针政策,恩威兼施,思想教育与严格管理相结合,以达到"治"的目的。

《尉缭子》提出了一些有价值的战略战术思想。认为"专一则胜,离散则败",主张集中优势兵力,见机行事;主张要先机而动,发动突然袭击;主张在战争中运用权谋,善于使用虚虚实实的战法,来迷惑敌人。特别是他结合战国时期围城战的实践,提出了一整套攻、守城邑的谋略,很富有新意,认为要根据不同情况采取不同的方法,如果敌人的地域面积大而城池比较小,必先占领广阔的土地;如果城池较大而地域面积狭小,必先攻占它的城池;土地广阔而人口少的,就要控制它的枢纽要害;城市狭小而人口稠密的,就构筑土山攻城,等。

《尉缭子》杂取法、儒、墨、道诸宗思想而论兵,在先秦兵书中独具一格,它丰富而具体的军制、军令等内容,具有重要的史料价值,对后世有深远影响。但主张治国治军用法严酷,则是糟粕。

中原军事文化,博大精深,源远流长,是中原文化不可或缺的重要组成部分,学习和研究中原军事文化,既要能够做到"汇通古今",传承中原军事文化的优良传统,又要能够"推陈出新",创新和发展先进军事文化,不断提升军事文化的影响力和感染力,以实现文化愉悦身心、陶冶情操、振奋精神的功能。

后　记

　　文化是一个民族的精神和灵魂,人类古代文明分别发端于尼罗河、恒河、两河流域和黄河流域。中原文化以其深邃、厚重和朴实,标示着黄河文明的基因图谱,传递着中华传统文化的精神魂魄。同时,中原文化又有着广泛的认同感,既有博大精深的内涵,又与社会生活息息相关,使人感到这种文化的展现就在自己身边,实实在在、时时刻刻感同身受。全面认识中原传统文化,扬弃更新、拓展升华、能动运用,使之与当今社会相适应,与现代文明相协调,是发掘、发展中原文化的时代课题。基于此,我们组成课题组,以《中原文化集萃》为题,编撰出版了该书。

　　在书稿形成过程中,王明贵、庄培国主持了该书提纲的编写。参加撰稿的人员是(按题序排列):绪论,王明贵、张永安;第一章、第二章,庄培国、袁志文;第三章、第五章,张永安;第四章、第六章,马凤实;第七章、第八章,李昌业;第九章,曹明改;第十章,郑培军。庄培国、李世增、马凤实、袁志文负责全书的通稿。

　　《中原文化集萃》在编写过程中,得到河南人民出版社的大力支持和帮助。该书出版后,得到广大读者的鼓励与肯定。根据读者的建议,我们又对内容进行了补充与完善,现予再版。本书素材大多来源于公

开出版物,我们学习借鉴了有关专家学者的研究成果,并对参考文献进行了注释,有的材料由于经网站多次转载或因资料年代久远,未能查找到文献出处及作者,在此一并表示诚挚的感谢。由于我们水平有限,书中难免有不当和疏漏之处,敬请广大读者批评指正。

编 者

2012年5月